Stefan W. Elfenbein

The New York Times

Macht und Mythos eines Mediums

Fischer Taschenbuch Verlag

Originalausgabe
Veröffentlicht im Fischer Taschenbuch Verlag GmbH,
Frankfurt am Main, November 1996

© 1996 Fischer Taschenbuch Verlag GmbH, Frankfurt am Main
Gesamtherstellung: Clausen & Bosse, Leck
Printed in Germany
ISBN 3-596-13219-3

Gedruckt auf chlor- und säurefreiem Papier

Inhalt

Keine der großen amerikanischen Institutionen wurde so oft beschrieben und doch so wenig untersucht wie die ›New York Times‹. Nicht eine einzige seriöse wissenschaftliche Arbeit größeren Umfangs wurde je in Angriff genommen. Erstaunlicherweise existiert über die Institution, die sich einst als die Zeitung objektiver und vollständiger Berichterstattung in den USA bezeichnete, als das Nachrichtenarchiv, dem sich Generationen von Politikern und Wissenschaftlern als Chronik ihrer Zeit zuwandten, nur eine Handvoll gedruckter Quellen.

HARRISON SALISBURY[1]

Vorbemerkung

We make our news judgments in good faith. We are not disposed to frame,
declare, debate and defend our premises.

JOSEPH LELYVELD, CHEFREDAKTEUR DER NEW YORK TIMES [1]

Ein rundes Jubiläum, eine aufsehenerregende Hollywood-Produktion und die neuesten politischen Entwicklungen in den USA machen die Frage nach der Rolle der führenden amerikanischen Medien im Machtgefüge des Landes aktueller denn je. Zum einen feierte die *New York Times*, zweifellos die angesehenste und einflußreichste Zeitung der Vereinigten Staaten und eine der meistzitierten Medienstimmen weltweit, im Spätsommer 1996 den einhundertsten Jahrestag ihrer Neugründung durch den legendären Verleger Adolph Ochs, zum anderen brachte Oliver Stones Politdrama *Nixon* das Schicksal des Präsidenten in Erinnerung, der am Einfluß der Medien scheiterte. Waren es doch die *New York Times* und die *Washington Post*, die durch ihre engagierte Berichterstattung über die Verwicklungen der amerikanischen Regierung im Indochina-Konflikt und über die Affäre um Watergate nicht nur das Ende des Vietnam-Krieges einleiteten, sondern auch Richard Nixons Karriere besiegelten. Die durch diese Nachrichten aufgebrachte Öffentlichkeit bewirkte, daß der Präsident im August 1974 endgültig das Weiße Haus verlassen mußte, wodurch das Land innen- wie außenpolitisch vor noch größerem Schaden bewahrt wurde.

Bis heute gilt die Veröffentlichung der sogenannten Pentagon Papers – streng geheime Staatsdokumente über die militärischen Interventionen der USA in Vietnam – nicht nur als größter Erfolg der *New York Times*, sondern auch als Meilenstein in der amerikanischen Zeitungsgeschichte und Symbol für die im ersten Zusatzartikel der amerikanischen Verfassung garantierte Presse- und Meinungsfreiheit. Die Offenlegung der Geheimpapiere im Jahre 1971, die Nixons Außenpolitik massiv in Frage stellte und ihm dadurch das Vertrauen der Öffentlichkeit entzog, konnte selbst durch eine vom Präsidenten erwirkte gerichtliche Verfügung nicht verhindert werden. Die Veröffentlichung der Pentagon Papers – Ausgangspunkt dieses Buches – wurde zum Triumph der Zeitung und half, das Ansehen der Institution *New York Times* im In- und Ausland auf Dauer zu festigen. Gerade dieses Prestige verhinderte aber bisher auch eine ernsthafte Beschäftigung mit der Frage, ob die *New York Times* ihrem großartigen Ruf auch heute noch gerecht wird.

Tatsächlich weisen seit Jahren einige der bekanntesten amerikanischen Wissenschaftler wie Noam Chomsky und Ben Bagdikian warnend auf einen Strukturwandel in den großen amerikanischen Medienunternehmen hin. Renommierte Zeitungen wie das *Wall Street Journal*, die *Washington Post*, aber auch die *New York Times* hätten sich in den vergangenen Jahrzehnten, so vermutet auch der Autor und Redakteur von *Rolling Stone*, William Greider, weit von den Werten entfernt, die ein unabhängiges und kritisches Medium ausmachten. Eine Entwicklung, die allerdings an einem konkreten Beispiel bislang nicht untersucht wurde. Dieses Buch soll diese Lücke füllen und mit der *New York Times* einen Medienkonzern beleuchten, der heute eine einzigartige Schlüsselposition im Spannungsfeld von Politik und Wirtschaft, veröffentlichter Meinung und öffentlicher Meinungsbildung innehat. Würde Greider mit seiner Vermutung allerdings recht behalten, hätte dies weitreichende Folgen. Denn die Funktion der führenden Medien in einer funktionierenden Demokratie besteht, wie es die *New York Times* selbst formuliert, neben der umfassenden Informationsübermittlung und der Förderung des Meinungsaustausches zwischen Volk und Regierung vor allem in der genauen Beobachtung und kritischen Interpretation der politischen und sozialen Verhältnisse beziehungsweise Veränderungen im Land. Vorrangiges Ziel sollte sein, auf den politischen Diskurs so Einfluß zu nehmen, daß die Rechte des »Volkes« geschützt bleiben und die Interessen der Eliten sorgfältig geprüft werden. Ob die führenden Medien in den USA heute tatsächlich, wie Greider vermutet, mit den wichtigsten Machtzentren im Lande kooperieren, anstatt ihrer Funktion als unabhängige und verantwortungsbewußte »Vierte Gewalt im Staate« gerecht zu werden, sollen die folgenden Kapitel zeigen. Gerade angesichts der sich abzeichnenden Neuorientierung von Politik und Gesellschaft – die möglicherweise auf den weitreichenden Werteverlust in Zusammenhang mit dem Ende des Kalten Krieges zurückzuführen ist – würden heute unabhängige und kritische Medien mehr denn je benötigt, um sich den stärker werdenden neokonservativen und antidemokratischen Strömungen entgegenzustellen. Die folgenden Beispiele mögen einen Eindruck von der aktuellen politischen und ideologischen Stimmungslage in den Vereinigten Staaten vermitteln:

»Wie in einem Fieberanfall rückt Amerika nach rechts«, schrieb beispielsweise *Der Spiegel*,[2] nachdem Bill Clintons demokratische Partei im November 1994 bei den Wahlen zum Kongreß eine Niederlage von historischem Ausmaß erlitten hatte. Als kurz darauf die 104. Legislative der US-Geschichte zusammentrat, waren erstmals seit vierzig Jahren beide Kammern in republikanischer Hand. Vorsitzender des Repräsentantenhauses, Amerikas höchstem Amt nach denen des Präsidenten und seines Stellvertreters, wurde der kämpferische Rechtsintellektuelle Newt Gingrich. Mit Unterstützung des damaligen Mehrheitsführers im Senat, Robert Dole, versucht der sich als »Gegenpräsident« aufspielende Gingrich – unbestritten Kopf der neokonservativen Revolution – seitdem politische Macht in seinen Händen zu bündeln. Der erste Coup gelang beiden mit dem Boykott des nationalen Haushaltsplanes für das Jahr 1996. Die monatelange Zahlungsunfähigkeit der Regierung und ein zum Statisten im Weißen Haus degradierter Präsident waren die Folge. Als daraufhin die Chancen für eine Wiederwahl Clintons zusehends sanken, schienen auch die wichtigsten Medien das politische Lager zu wechseln. Das Nachrichtenmagazin *Time* ernannte Gingrich zum »Mann des Jahres«, und auch die *New York Times* hegte Anfang 1995 keinen Zweifel daran, daß nunmehr »Newt Gingrich die zentrale Gestalt unter Amerikas Politikern, einschließlich Bill Clintons«, sei.[3] Die Verwirklichung der von den neuen Konservativen geplanten Reformen von Staat und Gesellschaft hätte schwerwiegende Auswirkungen auf die freiheitlichen Grundrechte und die Idee der sozialen Gerechtigkeit in den USA. In Gingrichs Plänen zur »Erneuerung« Amerikas ist ein drastischer

Finanzabbau in den Bereichen Soziales, Umweltschutz und Bildung vorgesehen, der das Ende des seit über siebzig Jahren bestehenden Anspruchs auf Fürsorge im Sozialfall oder die Streichung von Kindergeld für Minderjährige ebenso fordert wie die Abschaffung der ohnehin spärlichen staatlichen Kunstförderung. Ganz den Moralvorstellungen der weißen Mittelschicht entsprechend, begründet Gingrich letzteres etwa mit der Aussage, die durch die öffentlichen Gelder finanzierte Avantgarde verhalte sich »ganz offensichtlich pervers, pornographisch und alles in allem staatszersetzend«.[4] Im Rahmen der neuen »patriotischen Korrektheit« und der Förderung des Nationalstolzes sollten darüber hinaus in den Schulbüchern, so befürchten linke Kritiker, Geschichten über Konfliktsituationen aus der amerikanischen Geschichte und Gegenwart durch heldenhafte Eroberungssagas – Fälle gibt es ja genug, man denke beispielsweise an Kuwait – ersetzt werden, um so die heranwachsenden Patrioten schon vom Kindesalter an auf Amerikas einzigartige politische Rolle in der Welt vorzubereiten. Die Stimmen der geschwächten Opposition würden, ginge es nach Gingrich und Dole, mit allen politischen Mitteln zum Verstummen gebracht werden, und Proteste von Bürgerrechtsgruppen und Minderheiten – zusätzlich bedroht durch eine verschärfte Strafgesetzgebung – blieben im Amerika der neokonservativen Revolution so gut wie chancenlos.

Unterstützung erhält der moralische und politische Rechtsruck in Washington aus den unterschiedlichsten Lagern. Als der Mann, der in den vergangenen Jahren überhaupt erst dafür sorgte, daß die Ideen der neuen Konservativen flächendeckend Verbreitung fanden – selbst von Gingrich hatten vor der Wahl im Herbst 1994 nur Eingeweihte gehört –, gilt Radiomoderator Rush Limbaugh. Umgehend nach Gingrichs Einzug ins Kapitol nutzte Limbaugh dessen aggressive Parolen und Popularität, um die Vorstellungen der neokonservativen Revolution zu propagieren. Schon im Frühling 1995 waren »Onkel Rushs« Empfehlungen zur politischen Zukunft des Landes in jedem zweiten Wohnzimmer der Nation zu hören, und heute wird die Sendung des erfolgreichsten aller amerikanischen Radiokommentatoren über mehr als 660 Radio- und Fernsehstationen auch bis in die entlegensten Winkel des Kontinents ausgestrahlt. Schätzungsweise zwanzig Millionen Amerikaner verfolgen drei Stunden täglich die Kampagnen gegen Präsident Clinton, die

Demokraten und gegen jeden, der es wagt, der ideologischen Erneuerung entgegenzuwirken.[5] »Einige der wenigen noch im Lande verbliebenen Liberalen müßten am Leben gelassen werden«, dröhnt der Talk-Master beispielsweise, einfach deshalb, so Limbaugh, »damit sich unsere Kinder und Kindeskinder noch an diesen Überbleibseln einer aussterbenden Art erfreuen können.«[6] Eine Zeitlang pflegte Limbaugh Anruferinnen, die sich am Telefon für das Recht auf Abtreibung einsetzen wollten, mit Staubsaugergeräuschen zu übertönen oder beschimpfte illegale Einwanderer – eines der Lieblingsthemen des Kommentators – als »Maden« und »Schmarotzer«. Ein Beispiel, das den immensen Einfluß seiner Sendung verdeutlicht, war eine 1995 von der Clinton-Regierung beschlossene Vergabe von Entwicklungshilfe an einige Staaten der Dritten Welt. Einer Studie der Universität von Maryland zufolge lehnten, nachdem das Thema im Radio kommentiert worden war, fünfundsiebzig Prozent der Amerikaner Finanzzuschüsse für andere Länder ab. Wie hoch, so wurde in der Studie weiter gefragt, wohl der Anteil der Entwicklungshilfe am Gesamtbudget der USA sei? Die meisten antworteten: achtzehn Prozent, obwohl die Zuschüsse zur Entwicklungshilfe in Wahrheit nur weniger als ein Prozent des Staatshaushaltes ausmachten.[7] Limbaugh und Co. war es offenbar gelungen, die nationale Debatte über dieses Thema mit fiktiven Behauptungen anzuheizen.

Ebenso bedenklich wie Demagogie und Propaganda der Talk-Radios ist die ebenfalls durch die Medien geförderte Seriosität von »Wissenschaftlern«, die noch vor einigen Jahren weitgehend unbeachtet geblieben waren: Eine Anzahl amerikanischer Psychologen und Soziologen beschäftigt sich heute mit einer Demontage der Errungenschaften der Generation der sechziger Jahre – der Protestler, die schließlich auch Nixon zu Fall brachten.[8] Mit Hilfe sogenannter »wissenschaftlicher Fakten« wird beispielsweise die »sexuelle Befreiung« in Frage gestellt oder der Nutzen von Sexualkunde im Schulunterricht bezweifelt. So widmeten *Time* und *Atlantic Monthly* neuesten Verhaltensstudien seitenlange Titelgeschichten, in denen eine neue Prüderie zu Hause, am Arbeitsplatz und in der Schule propagiert wird. Zur Disposition steht ebenfalls eine weitere Errungenschaft der frühen siebziger Jahre, die *affirmative action*, eine Quotenregelung, die Minderheiten in den USA, besonders Afroamerikanern, den Zugang zu Studien- und Arbeitsplätzen erleichtern soll: So beklagten derartige »Wissenschaftler« in verschiedenen Zeitungen diese Regelung als »umgekehrten Rassismus«, der eine unfaire und unwirtschaftliche Bevorzugung farbiger und, so die Autoren, leistungsschwächerer Bewerber mit sich bringe. Dieses öffentliche Lamento ist Wasser auf die Mühlen des Soziologen Charles Murray, dessen Buch *The Bell Curve* schon 1994 in den wichtigsten Nachrichtensendungen der USA diskutiert und in fast allen Zeitungen des Landes besprochen wurde. Die Journalisten berichteten ausführlich – zum Teil fasziniert – über Murrays »wissenschaftliche Beweise« unter anderem für die von den Neokonservativen immer wieder vorgebrachte These, die schlechten Ergebnisse der Intelligenztests von Afroamerikanern bewiesen, daß Intelligenz keine Sache von Erziehung und Ausbildung, sondern schlicht der Gene sei. Staatlich geförderte Hilfsprogramme für Schwarze seien deshalb sinnlos und zudem volkswirtschaftlich unvernünftig, da die Nutznießer nicht das geringste Interesse hätten, die eingesetzten finanziellen Mittel jemals zurückzuzahlen. Obwohl auch sehr scharfe Kritik an Murrays Thesen geäußert wurde, machte die unverhältnismäßig groß angelegte Medienkampagne, die mit einer Titelgeschichte des Sonntagsmagazins der *New York Times* begann,[9] Murray und dessen Thesen überhaupt erst bekannt. Jim Naureckas, Chefredakteur von *Extra!*, der Zeitschrift des medienwissenschaftlichen Forschungsinstituts FAIR (Fairness and Accuracy in Reporting) in New York, fragte daraufhin: »Warum ist *The Bell Curve* plötzlich ein ernstzunehmendes Buch, dem Titelgeschichten, Nachrichtensendungen, ja sogar ganze Zeitungsausgaben gewidmet werden?«[10]

Die Antwort liegt, so vermutet Naureckas, in der Wahl des richtigen Zeitpunkts: Autoren wie Murray lieferten Argumente, die sich geradezu harmonisch in die aktuelle politische Stimmung in den USA und das politische Konzept konservativer Politiker einfügten und eine »intellektuelle« Rechtfertigung für deren schleichenden Rassismus und die geplante Demontage des Sozialstaates lieferten. Tatsache sei, daß die Mehrheit der amerikanischen Medien nicht konsequent über diese Zusammenhänge aufkläre, sondern im Gegenteil durch unkritische Berichterstattung und verharmlosende Kommentare den allgemeinen Rechtsrutsch noch unterstütze.

Unübersehbar beziehungsweise unüberhörbar ist es den neuen Konservativen in den vergangenen Jahren jedenfalls gelungen, ein Netzwerk von Radio- und Fernsehsendern, Zeitschriften und Magazinen aufzubauen, das sich konsequent für ihre Ziele einsetzt. Nachrichtenblätter wie *The New Criterion, The American Spectator* oder *Washington Times*, die vor einiger Zeit noch völlig unbedeutend waren, verbreiten heute, unterstützt durch Spenden aus der Wirtschaft in Millionenhöhe,[11] die Propaganda der Konservativen ebenso wie die Radio- und Fernsehshows von Rush Limbaugh und ähnlich gesinnter Talkmaster. Einst liberale Verlagshäuser profilieren sich mit fragwürdigen Publikationen, und landesweit organisierte Kolumnisten attackieren das Programm der Clinton-Regierung. Offen bleibt die Frage, welche Position nun die führenden amerikanischen Medien angesichts dieser Entwicklungen einnehmen oder in der Zukunft bereit sind einzunehmen. Kann oder will im besonderen die *New York Times* ihrer großen Verantwortung als *national newsleader* und »Vierte Gewalt im Staate« – so wie im Jahre 1971 unter Nixon geschehen – noch gerecht werden?

An diesem Punkt setzt die hier vorgestellte Untersuchung an. Sie geht davon aus, daß die *New York Times*, ebenso wie die New York Times Company, der Mutterkonzern der Zeitung, in einem Zeitraum von weniger als drei Jahrzehnten starke ideologische und strukturelle Veränderungen durchlaufen hat und heute eine machtpolitische Position in den USA einnimmt, deren Bedeutung und Funktionsmechanismen bisher weder kritisch untersucht noch vollkommen verstanden sind. Im Verlauf dieser Analyse wird deshalb nach den Gründen, dem Fortgang und den Auswirkungen dieser Veränderungen gefragt. Aufgrund der nationalen Führungsposition der *New York Times* können die Ergebnisse auch als Schlüssel zum Verständnis der etablierten Medien in den USA insgesamt dienen und darüber hinaus auf ähnliche Entwicklungen in der deutschen Medienlandschaft aufmerksam machen. Als Beginn und Ausgangspunkt der Umstrukturierung der Zeitung wird die im ersten Kapitel ausführlich beschriebene Veröffentlichung der Pentagon Papers angenommen: Als Antwort auf die oppositionelle Berichterstattung der sechziger Jahre versuchte Präsident Nixon die Bewegungsfreiheit der einflußreichen Presse einzuschränken. Eine der Folgen war die Veröffentlichung der geheimen

Vietnam-Papiere durch die *New York Times*. Es wird in diesem Buch – ganz im Gegensatz zur allgemein üblichen Darstellung des Sachverhaltes – davon ausgegangen, daß die Publikation der Dokumente weniger der Erfüllung des Informationsauftrages der Zeitung als vielmehr dem Kräftevergleich zwischen Zeitung und Regierung diente – ein Kampf, aus dem die *New York Times* als Sieger hervorging. Damit war, so die These, die Basis für eine neue Stellung der Zeitung im amerikanischen Machtgefüge geschaffen.

Weiterhin wird davon ausgegangen, daß nach der Offenlegung der Vietnam-Dokumente das zum Teil zufällige Zusammentreffen sehr unterschiedlicher Faktoren die Veränderung der *New York Times* unterstützte. Einer historisch-chronologischen Linie folgend, werden diese politischen, wirtschaftlichen und soziologischen Faktoren in den nachfolgenden Kapiteln im einzelnen dargestellt und ihre Bedeutung für den Entwicklungsprozeß der Zeitung aufgeschlüsselt. Das zweite Kapitel gibt einen Einblick in die Geschichte der *New York Times*, für deren Verständnis das politische und soziale Umfeld der Verlegerfamilie Ochs / Sulzberger von entscheidender Bedeutung ist. Der Person Arthur Ochs Sulzbergers wird besondere Beachtung zuteil, da er als Vorsitzender der New York Times Company und als Verleger der *New York Times* von 1963 bis 1992 die Geschicke des Unternehmens wesentlich beeinflußte. Eine Darstellung der Kooperation des anfangs unerfahrenen Sulzberger mit dem machthungrigen, im Unternehmen aufstrebenden A. M. Rosenthal, Chefredakteur von 1968 bis 1986, leitet über zum dritten Kapitel, in dem Rosenthals Herkunft, Ideologie und der von ihm durchgeführte personelle und hierarchische Umbau des Nachrichtenressorts der Zeitung beschrieben werden. Das vierte Kapitel beschäftigt sich mit Rolle und Position der *New York Times* im amerikanischen Wirtschaftssystem. Die Auswirkungen der Finanzkrise New York Citys und der *New York Times* Mitte der siebziger Jahre dienen als Ausgangspunkt, um die Verflechtungen der Zeitung mit anderen Unternehmen zu beschreiben. Dies geschieht u. a. durch eine Untersuchung der Positionen der Aufsichtsratsmitglieder der New York Times Company in Führungsgremien außerhalb des Medienbereiches. Im fünften Kapitel wird Präsident Reagans ausgeklügelte Medienpolitik analysiert und die mit ihr verbundene Veränderung der Beziehungen der *New*

York Times zum Weißen Haus dokumentiert. Die Interpretation aller Ergebnisse soll am Ende nicht nur den möglichen Wandel der *New York Times* dokumentieren, sondern darüber hinaus auch die Frage beantworten, ob, und wenn ja: wie weit, sich die Zeitung von den für sich selbst in Anspruch genommenen Idealen einer unabhängigen Presse im demokratischen Rechtsstaat entfernt hat. Oder mit anderen Worten: ob die einflußreichste Zeitung des Landes auch heute noch in der Lage und willens ist, ihrer so oft beteuerten Rolle als objektive Informantin der Öffentlichkeit und unparteiische Wächterin zu entsprechen.

Die Pentagon Papers

That unique episode in American publishing symbolizes the metamorphosis of ›The Times‹ from a newspaper which recorded actions to one which has become, like it or not, a very considerable part of the action.

HARRISON SALISBURY[1]

1

Die Veröffentlichung der Pentagon Papers 1971 und die anschließende Aufdeckung der Watergate-Affäre stehen symbolhaft für die in einer funktionierenden Demokratie auftretenden Spannungen zwischen Regierung und Medien. Bezüglich dieser besonderen und oft konfliktreichen Beziehung ereignete sich in der ersten Hälfte des Jahres 1996 in den USA allerdings Bemerkenswertes: Zum einen brachte das Rennen um die Präsidentschaftskandidatur der republikanischen Partei eine der zwiespältigsten Figuren Washingtons, Patrick Buchanan, den ehemaligen Redenschreiber der Präsidenten Nixon und Reagan, zurück ins Rampenlicht der Öffentlichkeit, und zum anderen schien es, als wäre Nixon, vor einigen Jahren noch von vielen gehaßt, nun rehabilitiert worden. Beide Ereignisse wären – und dies gibt Fragen auf – ohne die kräftige Unterstützung der Medien, insbesondere von Presse und Fernsehen, unmöglich gewesen. Buchanan, der noch in den späten sechziger Jahren zusammen mit William Safire, heute einer der bekanntesten Kolumnisten der *New York Times*, für die Verfassung der Haßtiraden von Nixons Vize Spiro Agnew in dessen Kampf gegen die allzu einflußreichen Medien verantwortlich war, avancierte 1996 landesweit zum Vertreter eines sogenannten »Konservatismus des Herzens«, der sich, wie beispielsweise *Newsweek* lobte, als zukünftiger Präsident »um all diejenigen kümmern würde, denen es nicht ganz so gut geht wie den anderen«. Obwohl Buchanan bei diesem Wahlversprechen wie selbstverständlich Schwarze, Juden, Ausländer und andere Minderheiten ausschloß, änderte dies nichts an der Tatsache, daß »Pat« Buchanan – selbst Kolumnist und Talk-Show-Moderator – bei seinen unzähligen TV-Auftritten fast ausschließlich per Vornamen angeredet und als kollegialer Freund äußerst schonend behandelt wurde.

Der Beginn der ebenfalls durch die Medien geförderten Rehabilitierung Präsident Nixons war im Gegensatz zu Buchanans plötzlichem Aufstieg schon einige Jahre zuvor zu beobachten gewesen. Seit fünf amerikanische Präsidenten 1994 Richard Nixon das letzte Geleit gaben und dabei »wie Kinder am Grabe eines Vaters standen, der voller Fehler war«, so wiederum *Newsweek*, entdeckte Amerika diesen Präsidenten neu, dessen Namensnennung vor einigen Jahren fast noch verpönt gewesen war.[2] 1995 widmete die Bundespostbehörde Nixon eine Briefmarke, Ted Turners vielbeachteter Fernsehsender TNT sendete einen mehrstündigen Nixon-Spielfilm, und *Newsweek* plazierte den alten neuen Politstar auf ihrem Titelblatt. Auch der *New Yorker* formulierte treffend, Nixon habe sein bestes Jahr seit seinem Wahlerfolg von 1972. Spätestens aber als Oliver Stones Hollywood-Streifen *Nixon* in die Kinosäle des Landes einzog, eroberte das Schicksal des glücklosen Präsidenten vollends das Gemüt der Nation. *Nixon* wurde ausführlich in den führenden Zeitungen besprochen, Auszüge des Films auf allen Fernsehkanälen präsentiert, und Regisseur Stone avancierte – symbolisch mit Nixon an seiner Seite – zum neuen Star der amerikanischen Talk-Shows. Selbst auf höchster politischer Ebene – und hier wird das Nixon-Revival brisant – wurde an die Ära des republikanischen Nachfolgers Kennedys und Johnsons angeknüpft. Hatte Bill Clinton im Wahlkampf um das Präsidentschaftsamt 1993 noch mit Erfolg den Kennedy-Mythos beschworen, so präsentierten sich 1996 die republikanischen Hoffungsträger Newt Gingrich und Robert Dole als die politischen Erben Nixons. In diesem Zusammenhang übermittelte Präsidentschaftskandidat Dole, Nixons Freund und Protegé der letzten Jahre, der *Los Angeles Times* handgeschriebene Briefe, in denen Nixon dem »lieben Bob« Ratschläge für eine erfolgreiche Kandidatur gab und ihn somit sozusagen zum Vollstrecker seines politischen Testamentes nominierte.

Im weiteren politischen Rahmen betrachtet, liefert Stones Film eine Erklärung für das Vorgehen der neuen Konservativen und zeigt, daß die plötzliche und innige Wiederentdeckung Nixons kein Zufall sein kann. Mit Verständnis, ja fast mit Sympathie erzählt Stone die Lebensgeschichte des ungeliebten Präsidenten, dessen Charakter – so der Regisseur – von der bisherigen Geschichtsschreibung falsch eingeschätzt worden sei. Stone schließt dagegen, daß der aus einfachsten Verhältnissen stammende Nixon anfangs durchaus integre Ziele verfolgte, dann aber, mitgerissen von der Spirale der Macht, seine Position als Staatsoberhaupt überschätzte und sie schließlich mißbrauchte. Harte Arbeit, Ehrgeiz und, so der Regisseur, fehlende Anerkennung begleiteten den mühsamen Weg des Selfmademan nach oben – einen Lebensweg, mit dem sich ein Großteil der amerikanischen Bevölkerung identifizieren kann, entspricht er doch oft auch eigenen Unrechtserfahrungen. Genau an diesem Punkt trifft Stones Interpretation – ebenso wie die Taktik der Republikaner – ins Schwarze: Nixons hartnäckiger, fast verzweifelter Kampf um Einfluß und Anerkennung scheint der geplagten amerikanischen Nation beziehungsweise dem traditionell konservativen, von den Versprechungen liberaler Politik sich scheinbar hintergangen fühlenden amerikanischen Durchschnittsbürger heute möglicherweise näher zu liegen als das Siegerlächeln des ewig jungen Kennedy oder Clinton. Eine Gemeinsamkeit, die einerseits Sympathien für den neuen Medienstar Nixon weckt und andererseits – scheinbar ganz nebenbei – Wählerstimmen für die Republikaner garantiert.

Neben der Verharmlosung von Persönlichkeit und Politik Richard Nixons kann Oliver Stone – dessen akkurate »wissenschaftliche Arbeit« selbst die *New York Times* rühmte, indem sie ihn zum »Professor« kürte[3] – eine weitere, äußerst eigenwillige »Interpretation« amerikanischer Geschichte vorgeworfen werden. Stones Film – um die Ereignisse der Wategate-Affäre herum konzipiert – beschreibt Nixons Biographie und politischen Werdegang anhand von Rückblicken, die jeweils durch entsprechende Aufdeckungen in der Presse angeregt werden. Die Medienöffentlichkeit übernimmt dabei sozusagen die Rolle des kritischen Zuschauers, der im Anschluß an eine Schlagzeile einen Blick hinter die Kulissen wirft. Bemerkenswert ist allerdings die Tatsache, daß es ausschließlich die *New York Times* ist, die vom Regisseur mit der Watergate-

Affäre in Verbindung gebracht wird, und nicht deren größte Konkurrentin, die *Washington Post*. Immer dann, wenn von einer spektakulären Berichterstattung in der Presse die Rede ist, projiziert Stone für Sekundenbruchteile, mit Hilfe geschickter Montagetechnik, die scheinbar am Tage der Enthüllung veröffentlichten Titelblätter der *New York Times* auf die laufenden Bilder. Tatsächlich aber kommentieren die von Stone ausgewählten Ausgaben der *New York Times* nur die aktuelleren Berichte der *Washington Post* vom Vortag. Daß also de facto die *Washington Post* für die Veröffentlichung der Details über Nixons Bespitzelung und Denunziation politischer Gegner sorgte, wird im Film ebensowenig erwähnt wie die Tatsache, daß ausgerechnet die *New York Times* ihre eigenen Informationen über Watergate nach einem vertraulichen Gespräch mit Nixons Außenminister Kissinger vor der Öffentlichkeit zurückgehalten hatte. Für die Zeitung war Watergate eine äußerst peinliche Erfahrung, denn in diesem Falle hatte sie – noch drei Jahre zuvor infolge der Veröffentlichung der Pentagon Papers als unabhängiges, kritikbereites und verantwortungsbewußtes Medium gefeiert – als »*watchdog*« und unabhängige Informantin versagt.

Nixon läßt Fragen offen, die auch die im Film dargestellte Rolle der Medien betreffen: Dient Stones wohl kaum zufällige Vorspiegelung falscher Tatsachen möglicherweise der späten Imagepolitur der *New York Times*, oder könnte diese prominente und historisch verfälschte Einblendung der Zeitung sogar als Dokument einer Art Versöhnung zwischen konservativer Politik und den Einflußreichsten der Medienwelt gewertet werden? Tatsache ist, daß Anfang des Jahres 1996 – ganz im Gegensatz zu der Situation in den frühen Siebzigern – die »Jünger« des rehabilitierten Nixon, d.h. Newt Gingrich, Robert Dole u.a., vor ernsthaften Anfeindungen seitens der wichtigsten amerikanischen Medien – selbst der *New York Times* – weitgehend gefeit sind.

Nicht immer waren die Medien mit Nixon und dessen Handlangern so freundlich umgegangen: In den späten sechziger Jahren waren sich Präsident und Presse sogar spinnefeind, und eine der wichtigsten Konsequenzen der damaligen Spannungen war ja gerade die Veröffentlichung der Pentagon Papers im Jahre 1971. Die Publikation der Geheimpapiere durch die *New York Times* wird heute als das Schulbeispiel für das politische und soziale Verantwortungsbewußtsein der Zeitung und als Dokumentation der Pressefreiheit in den USA dargestellt. Daß in Wahrheit ganz andere Motive die *New York Times* dazu brachten, erstmals in ihrer Geschichte die Politik eines Präsidenten so massiv in Frage zu stellen, zeigt eine kritische Betrachtung der Vergangenheit.

2

Unsere Untersuchung nimmt ihren Anfang in den USA der frühen sechziger Jahre, eine Zeit, in der die Atmosphäre in diesem Land von starken innen- und außenpolitischen Konflikten bestimmt war. Der Kalte Krieg hatte mit der Kubakrise und den ersten amerikanischen Militäreinsätzen in Indochina – die USA befürchteten eine Ausbreitung kommunistischer Strukturen in Vietnam und ganz Asien – einen Höhepunkt erreicht. Parallel dazu kam es in Amerika selbst zu massiven Unruhen zwischen Schwarzen und Weißen. Die schwarze Bürgerrechts- und die »Black-Power«-Bewegung formierten sich unter ihren Aktivisten Martin Luther King und Malcolm X im Kampf für politische und soziale Gleichberechtigung. Zu diesem Zeitpunkt schien die Welt, was die Beziehungen zwischen Presse und Regierung betrifft, noch völlig in Ordnung. Die führenden amerikanischen Medien, darunter die *New York Times*, standen, wie schon in den Jahrzehnten zuvor, geschlossen hinter den politischen Entscheidungen des Weißen Hauses – zukünftige Spannungen waren nicht vorhersehbar. Dies hing unter anderem damit zusammen, daß sich der amerikanische Journalismus seit dem Ende des Zweiten Weltkrieges zu einem Berufszweig mit hohem Prestige entwickelt hatte. Besonders die *New York Times* war während des Krieges durch ihre ausführliche und kontinuierliche Berichterstattung über Faschismus und Nazigreuel in Europa zu hohem Ansehen gelangt und wurde auch noch in den frühen sechziger Jahren als nationale, regierungstreue Institution anerkannt. Eine Karriere bei der Presse war deshalb zum Ziel unzähliger Universitätsabgänger, selbst von Studenten aus den berühmten Bildungsanstalten an der Ostküste, geworden – ein Bestreben, das sich auch die *New York Times* zunutze machte. Sie besetzte besonders das Büro in Washington mit Journalisten, die von diesen Elitefakultäten kamen. Schulfreunde und Kommilitonen fanden sich so in einflußreichen Positionen in der Hauptstadt wieder – neben den Nachrichtenressorts der angesehenen Zeitungen natürlich auch im Regierungsapparat, bei Banken und Kanzleien.[4] Politiker und Journalisten teilten dadurch nicht nur die gesellschaftliche Herkunft und dieselben Wertvorstellungen, sondern sahen ganz selbstverständlich auch die Unterstützung der Interessen der Vereinigten Staaten als ihre gemeinsame moralische Aufgabe an.[5] Besonders deutlich wird diese Übereinkunft anhand der beschönigenden Berichterstattung der Zeitung über den sich während der Amtsperioden der Präsidenten Truman, Eisenhower, Kennedy und Johnson immer weiter verschärfenden Konflikt in Indochina. Obwohl die führenden amerikanischen Medien durch ihre guten Verbindungen zum Weißen Haus bestens über die außenpolitischen Aktivitäten der Regierung informiert waren, hatte die amerikanische Öffentlichkeit kaum eine Chance, die wahren Vorgänge in Vietnam nachzuvollziehen.

So blieb weitgehend unbekannt, daß 1945 die Truman-Regierung die Militäraktionen Frankreichs im Kolonialkrieg gegen die kommunistisch ausgerichtete Freiheitsbewegung der Viet-Minh unter der Führung von Ho Chi Minh mit Zahlungen von mehreren Milliarden Dollar und umfangreichen Waffenlieferungen unterstützte. Auch die weiteren Entwicklungen blieben der amerikanischen Bevölkerung vorenthalten. Nach der Niederlage und dem Abzug der französischen Armee wurde Vietnam aufgrund der Entscheidung der Genfer Indochinakonferenz 1954 vorläufig geteilt; freie Wahlen sollten über das weitere Schicksal des Landes entscheiden. Der versprochene Volksentscheid kam allerdings nie zustande, statt dessen half die Regierung Eisenhower beim Aufbau des neugegründeten Südvietnam unter der Diktatur Ngo Dinh Diems. Während der Amtszeit Kennedys und Johnsons weitete sich der schwelende Konflikt innerhalb des geteilten Landes zum verdeckten Krieg gegen das kommunistische Nordvietnam aus. Im Jahre 1964 eskalierte die Situation schließlich mit dem massiven Aufbau amerikanischer Truppenpräsenz und den Vorbereitungen für eine offene Kriegsführung. Die amerikanische Öffentlichkeit wurde über diese Vorgänge entweder überhaupt nicht informiert oder nur mit stark manipulierten Nachrichten versorgt. Auch die *New York Times* deckte die Politik der US-Regierung.[6] James Aronson, der als Journalist, Autor und bekannter Kommunikationswissenschaftler die Rolle der Medien im Kalten Krieg ausführlich beschrieb, dokumentiert, daß die selektive und manipulierte Berichterstattung der *New York Times* zu Beginn der Krise nicht nur half, die Vorgänge in Indochina vor der Öffentlichkeit zu verschleiern, sondern auch später, als der eskalierende Konflikt breitere Unterstützung erforderte, wesentlich dazu beitrug, die Bevölkerung im »gemeinsamen Kampf gegen den Kommunismus« zu aktivieren. Eine an der Universität von Nebraska angefertigte Inhaltsanalyse kommt beispielsweise zu dem Ergebnis, daß die Berichterstattung der führenden Zeitungen des Landes über Vietnam zwischen 1950 und 1956 fast ausschließlich aus *pre-established programs of action* bestand – also aus Aufrufen zur Unterstützung des Krieges zum Schutz der sogenannten freien Welt vor den Einflüssen des Kommunismus.[7] Zur späteren Freisprechung der amerikanischen Medien von der Mitschuld an den Kriegsverbrechen in Vietnam – einem Konflikt, der ein ganzes Land auf Dauer zerstörte und dem mehr als dreieinhalb Millionen Menschen, darunter zwei Millionen Zivilisten und über 58000 amerikanische Soldaten, zum Opfer fielen – stellt Aronson die entscheidende Frage: »Hat nicht die große Mehrheit der amerikanischen Medien – einschließlich der *New York Times* – die Idee eines internationalen kommunistischen Komplotts heraufbeschworen und so geholfen, eine Atmosphäre der Angst zu schaffen?«[8]

Auch im weiteren Verlauf des Konfliktes in Indochina wurden wesentliche Fakten der Öffentlichkeit entweder gänzlich vorenthalten oder nur mit Verzögerung bekanntgegeben. Noch zu Beginn der Amtsperiode Kennedys übernahm die Presse den größten Teil der Nachrichten über Vietnam direkt aus Washington und gab die Interpretation der Regierung über die Vorgänge in Indochina zum Teil wortgetreu an ihre Leser weiter.[9] Anzeigen von Bürgerrechtsgruppen, die sich gegen den Kauf von Kriegsanleihen wandten, wurden von der *New York Times* konsequent abgelehnt,[10] und die Reporter in New York und Washington hatten sich an strenge redaktionelle Richtlinien zu halten. Auch von den Journalisten in Vietnam wurde erwartet, die offizielle Ansicht des Militärs zur

Kriegsführung vorbehaltlos zu akzeptieren und weiterzuleiten. Mit der Aufforderung *to get on the team* wurden die Kriegsberichterstatter zu einem wichtigen strategischen Faktor gemacht, der helfen sollte, die Schlacht auch in den Wohnzimmern der Nation zu gewinnen – eine Vorgehensweise, die in ihrer deutlichsten Ausprägung übrigens zuletzt in der fast perfekten Kooperation zwischen Medien und Militär während des Golfkrieges in den Jahren 1990 und 1991 zu beobachten war.[11]

Eine deutliche Veränderung in der Berichterstattung der *New York Times* zeigte sich erst in der zweiten Hälfte der sechziger Jahre, als dieser Krieg schon unübersehbare Schäden angerichtet hatte. Parallel dazu begannen sich die engen Beziehungen der Zeitung zu führenden Persönlichkeiten in der Regierung deutlich zu verschlechtern: Ein Wechsel an der Führungsspitze der *New York Times* hatte die regierungstreue Linie des Blattes aufgeweicht, während gleichzeitig eine Gruppe junger und engagierter Journalisten, die in ihrer Arbeit die oppositionelle Stimmung im Land aufgriffen, in das Nachrichtenressort der Zeitung vordrang. Tatsächlich hatte die Politik der Kennedy-Regierung allgemein an Unterstützung verloren, und besonders die eskalierende Situation in Indochina führte dazu, daß sich selbst innerhalb der Administration Widerspruch regte. Der landesweite Protest gegen die Brutalität des Vietnam-Krieges war schließlich nicht mehr zu überhören; er war nicht mehr auf Schulen und Universitäten beschränkt und beeinflußte nun auch die Moral- und Wertvorstellungen der jüngeren Journalisten, die immer weniger davon überzeugt waren, daß die Regierung ihr vorbehaltloses Vertrauen verdiente.[12] Eine ganze Generation engagierter Reporter und Redakteure versuchte, durch detaillierte Hintergrundberichte und deutliche Kommentare ihrem neuen politischen Standpunkt Ausdruck zu verleihen, um somit Einfluß auf das politische Geschehen in Washington und die amerikanische Gesellschaft auszuüben.[13] Diese sogenannten *muckrakers*, die »Aufdeckungsjournalisten« der sechziger Jahre, waren es, die auch die Berichterstattung der *New York Times* beeinflußten. David Halberstam, Korrespondent der *New York Times* in Vietnam, wurde zum bekanntesten Vertreter dieser Generation. Seine später mit dem Pulitzer-Preis ausgezeichnete ungeschönte Berichterstattung aus Indochina machte Geschichte und diente der Anti-kriegsbewegung in den USA auch als Fundament ihrer Opposition gegen die Außenpolitik der Regierung.[14] Selbst im entfernten Europa wurden Halberstams Reportagen richtungweisend für Protestgruppierungen, die in der westdeutschen Friedensbewegung ihre größte Unterstützung fanden. Auch innerhalb der Nachrichtenabteilung der *New York Times* wurde Halberstam zur Leitfigur, und das Washingtoner Büro nahm auf seine Empfehlung hin weitere Journalisten unter Vertrag, die Halberstam aus dem gemeinsamen Einsatz in Vietnam kannte. Charlie Moore und Malcolm Browne von Associated Press kamen auf diesem Wege zur *New York Times*, ebenso wie Neil Sheehan von United Press International, der später aktiv an der Veröffentlichung der Pentagon Papers mitwirken sollte.

Ein weiterer Grund für die zunehmend kritische Berichterstattung der *New York Times* war allerdings auch die problematische Situation in der Führungsspitze des Unternehmens. Der aus gesundheitlichen Gründen notwendig gewordene Rücktritt des langjährigen Verlegers Arthur Hays Sulzberger leitete eine neue Ära der Verlagsgeschichte ein und machte gleichzeitig die Neudefinition der politischen Position des Unternehmens erforderlich. Während es Arthur Hays Sulzberger in drei Jahrzehnten an der Verlagsspitze mit Fingerspitzengefühl gelungen war, sehr gute, zum Teil enge persönliche Beziehungen zu führenden Politikern zu knüpfen und zu pflegen, wurde nun deutlich, daß sich sein Sohn – über die Nachfolgefrage war lange diskutiert worden – dabei als sehr viel weniger geschickt erwies. Beispielhaft mag die Beschreibung eines ersten Zusammentreffens zwischen dem jungen Arthur Ochs »Punch« Sulzberger, zu diesem Zeitpunkt seit fünf Monaten Verleger der *New York Times*, und Präsident Kennedy im Jahre 1963 sein. David Halberstam gibt in seinen Memoiren Teile des Gespräches wieder, bei dem Kennedy versuchte auszuloten, wie es sich unter der neuen Leitung mit der Kooperationsbereitschaft der Zeitung bezüglich des Indochina-Konfliktes verhielt. Halberstam zufolge war »Punch« Sulzberger in keiner Weise auf dieses Treffen vorbereitet und daher auch nicht in der Lage, die schwierige Position der *New York Times* zu Vietnam zu erörtern. Nervosität und Ungeschicklichkeit des jungen Sulzberger sowie sein politisches Desinteresse führten schließlich dazu, daß der neue Mann an der Spitze der einflußreichsten Zeitung des Landes keine klare Meinung über deren Vietnam-Berichterstattung äußern und dem Präsidenten keine der erwarteten Zusicherungen über eine verbesserte Zusammenarbeit bezüglich zukünftiger politischer Schritte machen konnte. Halberstam beschreibt den Wortlaut des kurzen Dialoges wie folgt:

Kennedy: »Wie bewerten Sie die Arbeit ihres jungen Korrespondenten (Halberstam) in Saigon?«

Sulzberger: »Wir sind sehr zufrieden mit ihm.«

Kennedy: »Denken Sie nicht, daß er etwas zu engagiert über die Vorgänge in Vietnam berichtet?«

Sulzberger: »Nein, das glauben wir eigentlich nicht.«

Kennedy: »Sie denken nicht etwa darüber nach, ihn möglicherweise nach Paris oder nach Rom zu versetzen?«[15]

»Nein«, antwortete Sulzberger, und nachdem der neue Verleger der *New York Times* damit zu verstehen gegeben hatte, daß er keine konkreten Pläne besaß, Halberstams Arbeit in Zukunft einer intensiveren Kontrolle zu unterwerfen, soll Kennedy sichtlich verstimmt gewesen sein. Halberstam selbst faßt zusammen: »Das Verhältnis zwischen Präsident und Presse bezüglich Vietnam war damit geklärt.«[16]

Die deutliche Verschlechterung der Beziehungen der *New York Times* zum Weißen Haus wurde allerdings auch von Spannungen innerhalb des Unternehmens begleitet. Besonders den älteren und konservativen Redakteuren mißfielen die neuen Töne in der Berichterstattung ebenso wie das aufrührerische Verhalten ihrer jüngeren Kollegen am Arbeitsplatz selbst. Denn ganz der allgemeinen Tendenz zur Liberalisierung im Lande folgend, versuchten diese jungen Journalisten, die starren Machtstrukturen auch innerhalb der Verlage aufzubrechen. Warum, so wurde plötzlich gefragt, haben die Reporter beispielsweise keinerlei Möglichkeit, über redaktionelle Richtlinien mitzubestimmen oder ihre Stimme für oder gegen die Einstellung oder Entlassung eines Redakteurs zu erheben?[17] A. M. Rosenthal, der spätere Chefredakteur der *New York Times*, dessen Einfluß im Unternehmen langsam zu wachsen begann, beobachtete diese Veränderungen mit großem Mißtrauen. Rosenthal war, wie unzählige von ihm gezeichnete Artikel, Kommentare und Gesprächsnotizen der hier angeführten Autoren belegen, überzeugter Antikommunist und ein klarer Befürworter der amerikanischen Interventionen in Vietnam. Die kritische Haltung der jüngeren Reporter lehnte er entschieden ab. Mehr noch – er machte sich »große Sorgen über den scheinbaren Rutsch der Zeitung nach ›links‹«[18] und war schockiert über »soviel Blindheit gegenüber dem wahren Gesicht des Kommunismus«.[19] Noch banden Rosenthal jedoch die dezentrale Struktur der Zeitung und der damit zusammenhängende Einfluß der Redakteure der einzelnen Nachrichtenbereiche die Hände. Seine Vorstellungen zur strukturellen und ideologischen Reform der New York Times konnten erst im folgenden Jahrzehnt in die Tat umgesetzt werden. So präsentierte sich die New York Times, obwohl innerlich gespalten, vor allem dank der engagierten Berichterstattung der jüngeren Journalisten in der Washingtoner Redaktion als deutliche Stimme gegen die Richtung amerikanischer Politik. Eine Eskalation der Spannungen zwischen Presse und Weißem Haus war unvermeidlich.

3

Nach dem Amtsantritt Richard Nixons im Jahre 1969 wurde die Stellungnahme der Presse gegen die Politik des Weißen Hauses im Umgang mit Vietnam und den Konflikten im eigenen Land immer deutlicher. Auch die New York Times hatte eine klare Stellung gegen den neuen Präsidenten bezogen und stand dabei deutlich an der Spitze der Opposition. Die Reaktion der Regierung ließ nicht lange auf sich warten: Als eine der ersten Machtdemonstrationen verlangte Nixon u. a. eine noch wirkungsvollere Kontrolle des Informationsflusses aus dem Weißen Haus, wozu die verstärkte Geheimhaltung politisch brisanter Dokumente zählte, aber auch die bewußte Ausgrenzung besonders kritischer Medien wie eben der New York Times. Schon bald nach Inkrafttreten der neuen Anordnungen wurde den Mitarbeitern von Sulzbergers Zeitung ihre Recherchearbeit deutlich erschwert und zeitweilig sogar der Zugang zu öffentlichen Sitzungen und Pressekonferenzen verweigert. Selbst die angesehensten Journalisten der New York Times, die in der Vergangenheit fast alle wichtigen Entscheidungsprozesse aus nächster Nähe verfolgen konnten, waren plötzlich ausgeschlossen. Der damalige Leiter des Büros der New York Times in Washington,

Max Frankel, äußerte sich später zum Abbruch des Informationsaustausches zwischen Zeitung und Regierung wie folgt: »Einigen hundert Staatsangestellten und mit ihnen einer kleinen und ausgewählten Gruppe von Reportern hatte der Zugang zu den als *secret* und *top secret* klassifizierten Schriftstücken und Dokumenten zu jeder Zeit offengestanden. Dieser Austausch von ›Staatsgeheimnissen‹ war schon fast zur Routine geworden, so daß uns dann das plötzliche Ende dieser Übereinkunft wie ein ungeheuerlicher Verrat erschien.«[20] Das noch in den frühen sechziger Jahren vorherrschende Vertrauen zwischen Medien und Regierung war nun vollends gebrochen, und die Kritik der Nachrichtenorgane an der Politik Nixons hatte neuen Nährboden gefunden.

Zu diesem Zeitpunkt trat Vizepräsident Spiro Agnew in Erscheinung, der Mann, der als Nixons Sprecher mit deutlichen Worten für klare Fronten im sich verschärfenden Konflikt zwischen Präsident und Presse sorgen sollte. Übrigens war Agnew eine der Personen, die von Nixons aktueller politischer und gesellschaftlicher Rehabilitierung profitierten. Auch er kam erst kürzlich zu neuen Ehren: So ziert ein lange in der Abstellkammer verstecktes Porträt des Staatsmannes heute wieder den Empfangssaal des Parlamentsgebäudes zu Annapolis in Maryland, dem Heimatstaat des Vizepräsidenten, und im Washingtoner Kapitol wurde Agnews Büste 1995 in die traditionsreiche Reihe der Senatspräsidenten der USA eingereiht – eine Auszeichnung, die Nixons Stellvertreter zwanzig Jahre lang verwehrt geblieben war.[21]

Doch zurück zu den Geschehnissen des Jahres 1969. Seiner Aufgabe folgend, griff Agnew in aggressiven Ansprachen, zum überwiegenden Teil verfaßt von den uns schon bekannten Redenschreibern und Kolumnisten William Safire und Patrick Buchanan, die führenden amerikanischen Medien erstmals öffentlich an. Ihre negative und verzerrte Berichterstattung sei, so der Vize, für die fehlende Unterstützung der Bevölkerung für Nixons Politik verantwortlich, und »die beständige Bombardierung der Zeitungsleser und Fernsehzuschauer mit schlechten Nachrichten« mache »die ernsthaften Bemühungen des Präsidenten um eine schnelle und für alle zufriedenstellende Lösung der Probleme zunichte«.[22] In seiner berühmt gewordenen Rede zu diesem Thema am 20. November 1969 in Montgomery im Staate Alabama stellte Agnew seine ausgearbeiteten Thesen erstmals der breiten amerikanischen Öffentlichkeit vor. Zum einen, so der Vizepräsident, sei die durch die Medien übermittelte negative Darstellung der außen- und innenpolitischen Situation des Landes schlicht unrichtig oder stark verzerrt; selbst die angesehensten Journalisten der führenden Zeitungen titulierte Agnew als »schnatternde Nabobs des Negativismus« und warf ihnen eine bewußt »nörglerische Art und Weise der Berichterstattung« vor.[23] Zum anderen, führte Agnew weiter aus, reflektiere die politische Einstellung der Medien nicht die Meinung der Mehrheit des amerikanischen Volkes, sondern spiegle einzig und allein die Haltung einer eng begrenzten Gruppe von Reportern, Redakteuren und Verlegern wider – eines Personenkreises, den Agnew bewußt mit der nicht näher definierten, verschwörerisch anmutenden Umschreibung »They« benannte.[24] Als letzte und wichtigste Begründung für die »unaufhörlichen Attacken« der führenden Medien gegen die Politik Nixons führte der Vizepräsident die zunehmende Monopolisierung der Medienbranche an. Die Tatsache, daß unzählige Medienstimmen in den vergangenen Jahren von den ständig wachsenden Konzernen »geschluckt« worden seien, habe nicht nur zu einem Mangel an Wettbewerb geführt, sondern auch dazu, so Agnew, daß die wenigen übriggebliebenen Unternehmen jegliches Verantwortungsbewußtsein gegenüber Volk und Regierung verloren hätten. Mit Agnews eigenen Worten: »Laßt uns der Tatsache doch ins Angesicht sehen – die noch übrigen Konzerne sind fett und verantwortungslos geworden.«[25] Während sich die Anklage des Vizepräsidenten ausschließlich auf Unternehmen bezog, die sich deutlich negativ gegenüber Nixon äußerten – konservative und auch weiterhin staatstreue Medienkonzerne wie Newhouse oder Hearst blieben unerwähnt[26] –, regte Agnews Verweis auf den zunehmenden politischen und wirtschaftlichen Einfluß der wachsenden Mediengiganten doch – wohl eher unbeabsichtigt – die öffentliche Diskussion zu diesem Thema an, die Jahre später dann u. a. in Ben Bagdikians *Media Monopoly* und Noam Chomskys *Manufacturing Consent* aufgegriffen und vertieft wurden.

Parallel zur Kampagne des Vizepräsidenten erschienen verschiedene Publikationen, die ähnliche Ziele verfolgten, also die angeblich von »linken Studenten und Intellektuellen unterwanderten Medien« öffentlich anprangerten. Autoren wie Herman Dinsmore,

Theodore White und Arthur Krock oder auch der New Yorker Senator Daniel Patrick Moynihan waren sich einig in ihrer Feststellung: »Die neuen Liberalen haben Amerikas Presse fest im Griff.«[27] Dinsmores 1969 erschienenes Buch mit dem vielsagenden Titel *All the News that Fits – A Critical Analysis of the News and Editorial Content of the New York Times* hatte ganz besonders ebendiese als einen Schrittmacher des subversiven Trends im amerikanischen Journalismus ausgemacht.

Dinsmores Werk ist beispielhaft für die Art und Weise, mit der unter Nixon und Agnew die öffentliche Kampagne gegen die einflußreichen Medien geführt wurde. Die Publikation beginnt mit der Behauptung, die Übernahme des Unternehmens durch den jungen Arthur Ochs »Punch« Sulzberger im Jahre 1963 habe die *New York Times* geschwächt und vom »rechten Weg« abgebracht. Unter Bezugnahme auf die hehren Ideale des Vaters des neuen Verlegers führt Dinsmore dann die scheinbar verlorene Größe der altehrwürdigen Zeitung vor und wendet sich mit folgenden Worten an die Leser: »Arthur Hays Sulzberger, Vorstandsvorsitzender und ehemaliger Verleger, pflegte mit Stolz darauf hinzuweisen, daß die *Times* immer darauf bedacht war, Journalisten der unterschiedlichsten Couleur zu beschäftigten, und daß dies die wichtigste Voraussetzung gewesen sei, um Größe und Ruhm der Zeitung aufzubauen. Dies stimmt für die Vergangenheit. Wenig ist davon geblieben. Eine schleichende und trotzdem gewaltige Veränderung ist zu beobachten. Ziel dieses Buches soll es sein, diese Verwandlung der *Times* nachzuvollziehen; von einer einst sehr objektiven Zeitung zu einem Medium, das die Nachrichten heute unendlich verdreht und verzerrt.«[28] Um darüber hinaus seine Kritik an den Kommentaren der Zeitung zu untermauern, holt Dinsmore schließlich noch weiter aus und erinnert mahnend an die legendären Worte des Großvaters des jungen Verlegers und Gründers des *New-York-Times*-Imperiums: »Adolph S. Ochs, der die *Times* zu Beginn des Jahrhunderts zur Berühmtheit geführt hatte, glaubte, so wird erzählt, fest daran, daß die Kommentarseite der Zeitung ein Ort entschlossener, aber dabei durchaus leiser – auf keinen Fall schriller – Meinungsäußerung sein sollte. Er wußte nur zu gut, daß zu laute oder aggressive Leitartikel ein überaus schlechtes Licht auch auf die Nachrichtenseiten seiner Zeitung werfen würden. Nun, mit dem

31

Fortschreiten des Vietnam-Krieges, tragen die Kommentare der *Times* die Früchte von Frustration und Nihilismus, sind zunehmend streitsüchtig, wiederholen sich in ihrem Inhalt endlos und richten sich meist einseitig gegen die Politik der Vereinigten Staaten. Was Adolph Ochs befürchtete, ist heute also eingetreten.«[29] Dinsmore gibt am Ende seiner Überzeugung Ausdruck, daß – trotz alledem – die *New York Times* eines Tages wieder, wie Phönix aus der Asche, zu einer der für Staat und Regierung wichtigsten Zeitungen des Landes auferstehen wird. Wahrlich prophetische Worte, die die Entwickung der *New York Times* in den Jahrzehnten nach der Veröffentlichung der Pentagon Papers – wie wir noch erfahren werden – vorauszusehen schienen.

Agnews und Dinsmores Klagen waren Teil einer umfassenden Kampagne, die die einflußreichsten amerikanischen Zeitungen, Magazine und Fernsehstationen an den linken Rand des politischen Spektrums zu rücken versuchte. Journalisten, Autoren und Medienwissenschaftler wie Mark Hertsgaard, Martin Lee, Norman Solomon und Michael Parenti sprechen im Zusammenhang mit diesen Vorwürfen gegen die Presse vom *myth of the liberal media*. Mythos deshalb, weil der Beweis für die angeführte starke Linkslastigkeit der wichtigsten amerikanischen Medien tatsächlich nie erbracht wurde. Eine Studie von Lee und Solomon beweist beispielsweise, daß sich die von Agnew befehdeten Zeitungen konsequent für die Wahl aller republikanischen Präsidenten, einschließlich des Teams Nixon / Agnew, eingesetzt hatten. Die Autoren fassen zusammen: »Bevor Agnew verbittert von seinem Amt als Vizepräsident zurücktreten mußte, gab er nie eine Erklärung darüber ab, wieso die ach so ›linken Medien‹ mit großer Beständigkeit republikanische Präsidentschaftskandidaten ihren demokratischen Gegnern vorzogen.«[30]

Darüber hinaus behauptete Agnew, eine große Zahl »reaktionärer Staatsfeinde«[31] in den Reihen der Journalisten entdeckt zu haben. Besonders die führenden Zeitungen an der Ostküste der USA, also die *New York Times* und die *Washington Post*, seien, so Agnew, »vollgestopft mit Reportern, die nur allzu deutlich die Konfrontationsbereitschaft der Intellektuellen gegenüber der amerikanischen Regierung verkörpern«.[32] Spätere Untersuchungen zu diesem Thema beweisen das genaue Gegenteil. Zudem ergänzt

Hertsgaard, daß Agnew bei seinen Vorwürfen gegen die schreibenden Journalisten außer acht gelassen hatte, daß, abgesehen von wenigen Ausnahmesituationen, eher konservativ eingestellte Redakteure und Verleger den politischen Kurs der Berichterstattung bestimmten.

Ob sich nun aber Reporter, Redakteure oder Verleger zu Wort meldeten, im Jahre 1969 waren die Reaktionen auf Agnews und Dinsmores Angriff die gleichen: Die gesamte Medienbranche reagierte mit Empörung. Besonders die Rede in Montgomery hatte großes Aufsehen erregt, und fast alle Zeitungen des Landes verurteilten den Versuch des Vizepräsidenten, die Meinungs- und Bewegungsfreiheit und damit auch den politischen Einfluß der Medien zu beschneiden, mit scharfen Kommentaren. Courtney Sheldon, Korrespondent des angesehenen *Christian Science Monitor*, erkannte: »Der uralte Konflikt zwischen Presse und Politikern hat nun eine neue Schärfe erreicht.«[33] Die Kommentare von Tom Wicker, Redakteur im Washington-Büro der *New York Times*, und die Karikaturen von David Levine wurden zu Symbolen der gespannten Stimmung in der Branche. Levines Zeichnungen, die in der *New York Times*, aber auch in anderen Zeitungen und Zeitschriften zu sehen waren, stellten Nixon meist als finsteren Gesellen dar, dessen Züge denen der Diktatoren der Geschichte glichen. Wickers Kolumnen waren nicht weniger deutlich: In einem Bericht über eine Antikriegsveranstaltung an der Harvard-Universität unterstützte er die Studenten zum Beispiel mit der Aufforderung, »jede Art und Weise des Ungehorsams gegen die Staatsmacht auszuüben, um dadurch dem Krieg der Nixon-Administration in Vietnam und den falschen Werten der Regierung entgegenzutreten«.[34]

Nixon antwortet prompt: Er setzte gerichtliche Vorladungen von Mitarbeitern der Nachrichtenorgane durch, die mit ihrer Berichterstattung über Antikriegsdemonstrationen oder über die Rassenkonflikte im Land besonders aufgefallen waren. Die Vorgeladenen wurden aufgefordert, ihre Quellen offenzulegen. Zusätzlich sollten Notizbücher und noch unveröffentlichtes Filmmaterial beschlagnahmt werden. Einige der Betroffenen gaben nach, andere versuchten, Kompromisse zu erreichen. Earl Caldwell, Journalist der *New York Times*, der sich mit der Berichterstattung über die schwarze Bürgerrechtsbewegung beschäftigt hatte, war einer derjenigen, die sich weigerten, vor Gericht zu erscheinen. Da in diesem Fall ein farbiger Journalist angeklagt war, erregte der sogenannte *Caldwell-Case* besonderes Aufsehen. Das Verhalten der Führungsspitze der *New York Times* in dieser Angelegenheit zeugt allerdings vom widersprüchlichen Umgang des Unternehmens mit dem im ersten Zusatzartikel (*First Amendment*) der amerikanischen Verfassung garantierten Grundrecht der Rede- und Pressefreiheit.[35]

Die *New York Times* erklärte, daß sie Caldwells Weigerung, der gerichtlichen Ladung nachzukommen, nicht unterstütze, stellte aber einen Anwalt, dem es zu Beginn der Verhandlung gelang, einen Vergleich zu erwirken. Dieser Kompromiß sah vor, daß Caldwell keine Quellen offenlegen müsse, aber dennoch vor Gericht zur Aussage zu erscheinen habe. Als Caldwell auch dieser zweiten Aufforderung nicht Folge leistete, zog die *New York Times* ihre Unterstützung gänzlich zurück. Damit wurde deutlich, daß die Zeitung, im Gegensatz zu anderen amerikanischen Medien, das Recht auf freie Meinungsäußerung ganz im Sinne der Richter interpretierte; die Führungsspitze der *New York Times* sah demnach im gerichtlichen Verhör Caldwells und der Aufdeckung seiner Informanten keinen Widerspruch zum konstitutionellen Recht auf freie Meinungsäußerung. Politik- und Medienwissenschaftler James Aronson faßt zusammen: »Die Medienbranche spaltete sich in ›Fundamentalisten‹, die darauf bestanden, daß das *First Amendment* deutlich genug formuliert sei und keinerlei Interpretation oder Ausnahme zulasse, und in ›Nichtfundamentalisten‹, die argumentierten, daß selbst Journalisten zu einer öffentlichen Aussage gezwungen werden dürften, wenn dies im Interesse der Regierung und damit der Vereinigten Staaten sei. Unter den Verfechtern der letzteren These war auch die *New York Times*.«[36] Earl Caldwell führte die Verhandlungen mit einem eigenen Rechtsanwalt weiter und wurde nach mehr als einem Jahr dazu verurteilt, zur Beantwortung aller gestellten Fragen persönlich vor Gericht zu erscheinen. Obwohl der Urteilsspruch später unter Rücksichtnahme auf das bevorstehende Wahljahr zurückgenommen wurde, hatte Nixon durch die Vorladungen der Journalisten sein Ziel erreicht. Die dem Präsidenten gegenüber besonders kritisch eingestellten Medien hatten eine deutliche Warnung erhalten, und der geachtete CBS-Journalist Walter Cronkite schrieb, stellvertretend für die führenden

Pressestimmen des Landes: »Ich denke, die gesamte Medienbranche ist stark eingeschüchtert.«[37] Besonders die *New York Times*, so hoffte Nixon, hätte nun im Kräftevergleich mit der Regierung aufgegeben. Diese hielt allerdings noch ihren größten Trumpf in Händen, die Veröffentlichung der Pentagon Papers stand bevor.

4

1995, das Jahr der »Machtergreifung« Newt Gingrichs und Robert Doles sowie der politischen Rehabilitierung Richard Nixons und Spiro Agnews, brachte eine weitere Überraschung mit sich: Einer der Hauptverantwortlichen für den Vietnam-Krieg, Robert McNamara, 1961 bis 1968 Verteidigungsminister unter Kennedy und Johnson, meldete sich ebenfalls zu Wort. In seinen schnell zum Bestseller avancierten Memoiren lieferte der 78jährige ein spätes Schuldbekenntnis, erklärte allerdings, die USA seien ahnungslos und unvorbereitet in den Krieg »hineingestolpert«, ohne zu wissen, was politisches Kalkül und Bombenterror in Vietnam wirklich anrichteten. »Es ist heute schwer, sich die Unschuld und das Selbstvertrauen vorzustellen, mit denen wir uns Vietnam zugewandt haben«, schreibt McNamara.[38] Interessanterweise erschien das über vierhundert Seiten starke Werk des ehemaligen Ministers bei Times Books, dem Buchverlag der New York Times Company, der ausgerechnet aufgrund der großen Gewinne, die die Veröffentlichung der Pentagon Papers mit sich gebracht hatte, ins Leben gerufen worden war – aber dazu später mehr. Tatsächlich zeigen auch gerade die Pentagon Papers, daß McNamara und damit die Regierungen Johnson und Nixon bestens über die Vorgänge in Indochina informiert waren. Der Verteidigungsminister höchstpersönlich gab im Jahre 1967 eine umfangreiche Studie in Auftrag, die Ursachen und Auswirkungen der amerikanischen Intervention in Vietnam bis ins Detail untersuchen sollte – die sogenannten Pentagon Papers.

Am 17. Juni 1967 rief McNamara eine Gruppe von sechsunddreißig sorgfältig ausgewählten Regierungsangestellten und Militärs im Pentagon, dem Verteidigungsministerium der USA, zusammen und übergab einen Katalog von insgesamt einhundert von ihm erstellten

Leitfragen. Die Versammelten, die zum Teil selbst an den zu analy-
sierenden politischen Entwicklungen beteiligt waren, erhielten die
Aufgabe, diese Fragen »enzyklopädisch genau und objektiv« zu beantworten. In einem Zeitraum von eineinhalb Jahren wurden
schließlich siebenundvierzig Bände mit mehr als siebentausend
Seiten Material zusammengestellt. Der offizielle Titel der in nur
fünfzehn Kopien angefertigten und als streng geheim eingestuften
Arbeit lautete *History of US Decision-Making Process of Vietnam
Policy.* Der Grund für McNamaras Interesse an der Zusammenstellung dieser Arbeit, einer Art Selbstanalyse der Regierung, muß in
der fortschreitenden Verwirrung und Frustration über die Eskalation des Krieges in Vietnam gesucht werden. Vermutet werden
kann, daß die zunehmende Verstrickung der USA in Indochina
selbst für hochrangige Beamte zu diesem Zeitpunkt kaum noch
nachvollziehbar war und außer Kontrolle zu geraten schien. Um
sich ein klares Bild von der Situation zu verschaffen, bekamen Pro-
jektleiter Leslie Gelb, Leiter des Büros für Internationale Sicher-
heitsfragen (ISA) – heute verantwortlicher Redakteur der Meinungsseite der *New York Times* –, und sein Stab die Aufgabe zur
Erarbeitung der Studie. Sachverständige aus den beteiligten Ministerien, Offiziere und Wissenschaftler wurden daraufhin aufgefordert, die Entwicklung in Indochina aus ihrer Sicht darzustellen.
Zusätzlich wurden den Chronisten Materialien aus sämtlichen
Archiven des Weißen Hauses, des Außenministeriums, des Penta-
gons und der CIA zur Verfügung gestellt. Um darüber hinaus die Objektivität der Analyse zu gewährleisten, wurde allen Beteiligten absolute Anonymität zugesichert.

Das Resultat war so umfangreich wie erwartet und und gibt einen
exakten Überblick über alle Entscheidungen zu Indochina und die
aktive Rolle der Vereinigten Staaten in dieser Region seit Beginn
der Krise – eines Konfliktes, der auch die Regierungszeit Nixons
bestimmte. Die siebenundvierzig Bände der Pentagon-Studie bezeugen, daß sich ausnahmslos alle Regierungen von Truman über
Eisenhower bis hin zu Kennedy und Johnson engagiert für die Be-
kämpfung der kommunistischen Kräfte in Vietnam einsetzten. Obwohl vor der Fertigstellung der Pentagon Papers nur ein kleiner
Kreis Eingeweihter Kenntnis von den tatsächlichen Zusammen-
hängen hatte, wurde deutlich, daß – entgegen den jüngsten Be-

hauptungen McNamaras – die eigentlichen Entscheidungsträger zu jedem Zeitpunkt der Krise voll informiert waren.[39] Aus Memoranden, Telegrammen und persönlichen Anordnungen zitiert, nennt die Pentagon-Studie erstmals die Verantwortlichen für die Kriegsverbrechen beim Namen; Spitzenpolitiker und angesehene Wissenschaftler geben sich dabei als selbstgefällig und menschenverachtend zu erkennen, ihre Mitschuld am Tod von Millionen von Menschen tritt deutlich zutage. So befürwortete zum Beispiel McGeorge Bundy, ehemals Dekan der Harvard-Universität, als nationaler Sicherheitsberater Präsident Johnsons 1965 den uneingeschränkten Bombenkrieg gegen die Zivilbevölkerung in Nordvietnam mit den in der Studie festgehaltenen Worten: »Gemessen an den Kosten, die eine Niederlage in Vietnam mit sich bringen würde, erscheint dieser Plan äußerst billig.«[40] Neben Informationen über die eigentlichen »Drahtzieher« der Kriegsplanung enthalten die Pentagon Papers aber auch unzählige Hinweise darauf, daß der Kongreß, die Medien und damit die amerikanische Bevölkerung manipuliert worden waren, um eine Unterstützung für die Vietnam-Politik des Präsidenten zu erreichen. Meist geschah dies durch gezielte Meldungen oder durch den Appell an patriotische Gefühle.[41] Neil Sheehan, der Reporter im Washingtoner Büro der *New York Times*, der die Pentagon Papers zuerst entgegennahm und ihre Publikation mit vorbereitete, faßt die Bedeutung der Studie wie folgt zusammen: »Die Dokumente halten die Worte derer fest, die die Armeen und Kampfflugzeuge in Bewegung setzten. Den Aufzeichnungen ist zu entnehmen, welche folgenschweren Fehler und Versäumnisse den Verantwortlichen anzulasten sind. Die einmal geschriebenen Worte sind unabänderbar – schwarz auf weiß sind sie in der Geschichte unserer Nation von jedermann nachzulesen.«[42] Ohne die Initiative von Daniel Ellsberg, Mitverfasser der Studie, der die geheimen Pentagon Papers verschiedenen Instituten und später Sheehan übergab, wären entscheidende Informationen zur politischen Bewertung des Krieges und der Schuldfrage vor der Öffentlichkeit wohl für immer verborgen geblieben.

Ellsbergs Karriere im amerikanischen Verteidigungsministerium hatte 1964 mit einem Posten als Mitarbeiter des stellvertretenden Verteidigungsministers John T. McNaughton begonnen. Damals wußte Ellsberg wenig über den Konflikt in Vietnam, doch sollte er, bedingt durch seine Arbeit, in den folgenden Jahren einen immer besseren Einblick in die Verwicklungen der US-Regierung in Indochina gewinnen. Ellsberg wurde so schließlich zum entschiedenen Kriegsgegner im Pentagon. Als Leslie Gelb nach geeigneten Personen für die Arbeit an den späteren Pentagon Papers suchte, wandte er sich u. a. auch an Ellsberg, der in der neuen Aufgabe eine Möglichkeit sah, weiteres und bisher unter Verschluß gehaltenes Material zum Krieg zu sammeln, um dieses zum gegebenen Zeitpunkt öffentlich machen zu können. Russ Braley, langjähriger Auslandskorrespondent der *New York Daily News*, bestätigt nach einem Interview mit Ellsberg: »Einer derjenigen, die mit großem Eifer Gelbs Angebot zur Mitarbeit an der Studie annahmen, war Ellsberg.«[43] Anderthalb Jahre später, nach der Fertigstellung der gesamten Arbeit, wurde Ellsberg beauftragt, dem konservativen Forschungsinstitut Rand in Santa Monica in Kalifornien eine Ausgabe der Studie zu überbringen. So bekam Ellsberg die Gelegenheit, die Dokumente ein erstes Mal zu vervielfältigen. Kopien davon übergab Ellsberg Ende des Jahres 1969 Senator William Fulbright, dem Vorsitzenden des politisch höchst einflußreichen Foreign Relations Committee, und später auch an andere Senatoren. Erstaunlicherweise blieb diese Aktion weitgehend unbeachtet. Erst bei dem linksorientierten Institute for Policy Studies in Washington wurde die Tragweite der Dokumente erkannt, und Ellsberg fand die erhoffte Aufmerksamkeit. Dort war es auch, wo er zum ersten Mal darauf hingewiesen wurde, daß eine Veröffentlichung der Studie in der *New York Times* seinen Zielen am dienlichsten sei. Braley schreibt: »Ellsberg hatte verstanden: Die *New York Times* war das stärkste Medium, um die Pentagon Papers erfolgreich einzusetzen. Sie repräsentierte Macht, und das Ende des Krieges konnte nur erzwungen werden, indem eine unabhängige Kraft die Exekutive in Washington ›von außen‹ unter Druck setzte.«[44]

Bemüht, an einen der Redakteure der einflußreichsten Zeitung des Landes heranzutreten, erinnerte sich Ellsberg Neil Sheehans, eines der jungen Reporter im Washingtoner Büro der *New York Times*, die einige Jahre zuvor auf David Halberstams Vorschlag hin aufgenommen worden waren.[45] Ellsberg und Sheehan kannten sich aus dem gemeinsamen Pflichtwehreinsatz in Vietnam und waren auch danach in lockerem Kontakt geblieben. Als Reporter war

Sheehan allerdings weniger erfolgreich als erwartet. Braley schreibt: »Sheehan war mit Sicherheit keiner der besonderen Lieblinge des Büroleiters Max Frankel und hatte außerdem in der Vergangenheit mit keiner einzigen interessanten Reportage auf sich aufmerksam machen können.«[46] Gerade aus diesem Grunde stieß Ellsberg mit seiner Idee, die Pentagon Papers zu veröffentlichen, bei Sheehan auf großes Interesse; erhoffte sich dieser doch durch seinen persönlichen Einsatz in dieser Angelegenheit mehr Aufmerksamkeit in der Redaktion. Sheehan übergab daraufhin Ellsbergs Material an Frankel. Dieser fuhr mit Auszügen der Studie nach New York und legte dort die Papiere dem Chefredakteur A. M. Rosenthal vor. Dieser erkannte schnell Bedeutung und Brisanz der Dokumente.

5

Jedoch vergingen volle drei Monate, bis man sich in der Führungsspitze der *New York Times* endgültig zu einer Veröffentlichung der Pentagon Papers durchringen konnte.[47] Einerseits setzten während dieser Monate Nixon und Agnew ihren massiven Druck auf die Medien fort. Andererseits wurde die Vietnam-Studie als Möglichkeit zum Gegenschlag erkannt, obwohl die Publikation der Dokumente auch große Gefahren für die Zukunft der Zeitung in sich barg.

Um die Fragestellungen, die innerhalb dieser Monate hinter verschlossenen Türen wirklich diskutiert worden waren, erörtern zu können, muß jedoch nicht nur auf die Spannungen zwischen Regierung und Presse und die ungewöhnliche Situation in der Führungsspitze der *New York Times* eingegangen werden, sondern auch auf den besonderen Umgang der Zeitung mit Staatsgeheimnissen in der Vergangenheit. Ein wichtiger Mosaikstein zum Verständnis der schwierigen Situation der *New York Times* in jenem Winter 1971 datiert ein Jahrzehnt zurück. Die Verstrickung der Zeitung in Kennedys Invasion der Schweinebucht und die sogenannte *Cuban Missile Crisis* verdeutlicht, daß die *New York Times* einst ohne zu zögern den Präsidenten unterstützte. In beiden Fällen kooperierte die Zeitung, die frühzeitig informiert worden war, mit der Regierung ohne Rücksicht auf ihre Verpflichtung als kritische

Beobachterin der politischen Vorgänge im Land und als objektive Informantin der amerikanischen Bevölkerung. Während die Eskalation dieser Ereignisse wie auch der Beginn der Indochina-Krise der Öffentlichkeit vorenthalten wurde, führten die von Kennedy befohlenen militärischen Manöver Amerika an den Rand eines Krieges mit der UdSSR. Später wurde dann auch die *New York Times* beschuldigt, durch das bewußte Zurückhalten von Informationen die äußerst gefährliche Situation mit herbeigeführt zu haben. Die Frage ist, ob diese Erfahrung möglicherweise zu einer Veränderung der Politik der Zeitung führte und damit zur Entscheidung für die Publikation der Pentagon Papers beitrug. Was war damals wirklich geschehen? Hier in Kürze die Abfolge der Ereignisse:

Nachdem die junge sozialistische Republik Kuba immer mehr unter sowjetischen Einfluß zu geraten schien, entschied sich Präsident Kennedy im Frühjahr 1961, für die schon seit langem geplante Invasion der Insel grünes Licht zu geben. Amerikanische Truppen sollten im April 1961 in der kubanischen *Bay of Pigs*, der Schweinebucht, an Land gehen und die Regierung Fidel Castros stürzen. Zur Vorbereitung des Unternehmens ließ die CIA etwa fünf- bis sechstausend kubanische Flüchtlinge in verschiedenen Lagern in Florida und in Südamerika militärisch ausbilden. *New-York-Times*-Korrespondent Tad Szluc erfuhr von diesen Vorgängen und den Plänen Kennedys. Ein Artikel war schon in Vorbereitung, als der Präsident während eines Telefonats mit Orvil Dryfoos, dem damaligen Verleger der *New York Times*, darauf drang, die Vorgänge nicht öffentlich werden zu lassen. Im Interesse der nationalen Sicherheit, so argumentierte Kennedy, dürfe Szlucs Reportage auf keinen Fall erscheinen. Der Präsident wies außerdem – wie David Halberstam dokumentiert – mit Nachdruck darauf hin, daß gerade die *New York Times*, als Medium, »das sich der amerikanischen Nation gegenüber ausdrücklich verpflichtet fühle«, in diesem Fall »besonders verantwortungsbewußt« handeln solle.[48] Nach einer Absprache zwischen Verleger Dryfoos, Chefredakteur Turner Catledge und James Reston, dem Büroleiter in Washington, wurde von der Veröffentlichung der Informationen Szlucs abgesehen. Halberstam dazu: »Der Präsident der Vereinigten Staaten hatte mit nur einem einzigen Telefonat den Verleger der *New York Times* zu einem Komplizen in einer geheimen Mission gemacht.«[49]

Trotz der Geheimhaltungsversuche war das Vorhaben der US-Regierung dennoch durchgesickert, und Fidel Castro wußte über die von der CIA geplanten Operationen genauestens Bescheid – »die einzige Nichtinformierte war die amerikanische Öffentlichkeit«.[50] Erst als die Invasion in der Schweinebucht zum militärischen und politischen Desaster geraten war, wurde sie informiert und die Glaubwürdigkeit Kennedys zu Recht in Frage gestellt. Später äußerte sich der Präsident in einem vertraulichen Gespräch mit der *New York Times* über die Invasion und gab zu: »Hätte die Zeitung ihren Artikel über die ›Operation Schweinebucht‹ publik gemacht, so wäre die Regierung vor einem großen Fehler bewahrt worden«[51] – eine Aussage, der auch James Aronson und der renommierte Kommunikationswissenschaftler William Rivers zustimmen. Beide gehen davon aus, daß eine rechtzeitige Veröffentlichung der Reportage von Tad Szluc die Durchführung der fragwürdigen Militäraktion verhindert hätte. Demnach hatte die *New York Times* nicht, wie behauptet, im Interesse der amerikanischen Nation gehandelt, sondern im Gegenteil durch ihre Passivität und ihr Schweigen Kennedys Alleingang und gefährliches Manöver de facto unterstützt. Die geplante Invasion Kubas hätte leicht zum großen Konflikt eskalieren können, weshalb das »Abenteuer Schweinebucht«, so Aronson »auf keinen Fall als im Sinne des nationalen Interesses oder gar der nationalen Sicherheit gewertet werden darf«.[52]

Trotz aller sich an das mißglückte Manöver anschließenden Diskussionen entschied sich Kennedy zu einer noch intensiveren Zusammenarbeit mit den führenden Medien des Landes. Hatte der Präsident im Falle der »Schweinebucht« nur durch Zufall von einer geplanten Veröffentlichung des Artikels von Szluc erfahren, so sollten ähnliche »Mißverständnisse« in Zukunft grundsätzlich schon im Vorfeld bereinigt werden. Kennedy rief die Presse zu einer besseren Zusammenarbeit und einer noch stärkeren Selbstzensur auf. Er hatte erkannt, daß es zur ungehinderten Verfolgung seiner Ziele unbedingt notwendig war, ausgewählte Verleger und Redakteure frühzeitig über politisch brisante Vorhaben zu informieren, um so einer unerwünschten Berichterstattung vorzubeugen. Schon wenige Monate später hatte der Präsident Gelegenheit, eine solche Vorgehensweise zu erproben. Die Soziologen Walter Brasch und

Dana Ulloth schreiben: »Präsident Kennedy hatte aus den Fehlern der Vergangenheit gelernt, und wieder war es die *New York Times*, die in die Angelegenheit verstrickt war.«[53] Durch die Stationierung sowjetischer Mittel- und Langstreckenraketen im kommunistischen Kuba sah sich der Präsident 1962 gezwungen, den Transport weiterer Waffen auf die Insel mit militärischen Mitteln zu verhindern. Der darauf folgende Konflikt zwischen den USA und der UdSSR, die sogenannte *Cuban Missile Crisis*, steigerte sich bis hin zu einer Drohung mit dem Einsatz nuklearer Waffen. Kennedy ordnete die strikte Geheimhaltung der Vorgänge an und wandte sich – wie vom Verleger der *New York Times* selbst vorgeschlagen – diesmal umgehend und direkt an Orvil Dryfoos, um die zu erwartenden Geheimhaltungsprobleme gemeinsam und »unbürokratisch« zu lösen.[54] Die Folge dieser Vereinbarung war, daß die Details über die Entwicklung der Kuba-Krise den Lesern der *New York Times* und der amerikanischen Öffentlichkeit vorenthalten wurden, was Aronson mit scharfen Worten kommentiert: »Unter keinen Umständen darf eine Zeitung Informationen zurückhalten, wenn anzunehmen ist, daß der politische Kurs der Regierung dem nationalen Interesse widerspricht oder gar die nationale Sicherheit gefährdet. Dies ist die Grundvoraussetzung für einen verantwortungsvollen Journalismus.«[55]

Zehn Jahre später entschied sich die *New York Times* zur Veröffentlichung der Pentagon Papers. Hatten die für die Zeitung durchaus peinlichen Diskussionen über ihre Rolle in Kennedys Kuba-Politik dazu geführt, daß sie sich im Falle der Vietnam-Papiere anders entschied? Medienwissenschaftler Bernard Rubin spekuliert: »Die Tatsache, daß die *New York Times* es 1961 unterließ, rechtzeitig über die Invasion in der Schweinebucht zu berichten, führte zur Entscheidung, die Pentagon Papers publik zu machen.«[56] Hatte sich die *New York Times* also im Jahre 1971, mit den als *top secret* klassifizierten Dokumenten in Händen, an ihre Verpflichtung als kritische Beobachterin und Informantin der Öffentlichkeit erinnert? Bei der Beantwortung dieser Frage darf nicht außer acht gelassen werden, daß es sich im Gegensatz zu den beiden Vorfällen in den frühen sechziger Jahren bei den Pentagon Papers um historische Dokumente handelte, die Vorgänge beschrieben, die im wesentlichen abgeschlossen waren. Eine Publikation schien deshalb außenpolitisch weniger bedenklich. In diesem Sinne versicherte die *New York Times* ihren Lesern kurz nach Beginn der Veröffentlichung ausdrücklich, daß die vorliegenden Dokumente »in keiner Weise aktuelle politische und militärische Vorhaben beeinflussen« würden.[57] Ein ungenannt bleibender Redakteur der *New York Times* kommentierte zusätzlich: »Ich kann mit bestem Gewissen bestätigen, daß dieses Geheimmaterial von uns nicht zur Veröffentlichung herangezogen worden wäre, wenn es sich dabei um eine laufende Operation gehandelt hätte.«[58] Hieraus ist zu schließen: Obwohl sich die Zusammenarbeit zwischen Regierung und Medien unter Präsident Nixon drastisch verschlechtert hatte, war die Loyalität der *New York Times* gegenüber dem Weißen Haus im Falle wichtiger außenpolitischer Entscheidungen ungebrochen. Hätte es sich bei den Pentagon Papers um Material zu aktuellen Interventionen in Vietnam gehandelt, so hätte auch 1971 das berechtigte Interesse der amerikanischen Bevölkerung an einer Offenlegung nicht zur Publikation geführt.[59] Zusammengefaßt kann also davon ausgegangen werden, daß die *New York Times* ihren Umgang mit hochaktuellen Staatsgeheimnissen seit der Amtszeit Kennedys nicht geändert hatte. Die Behauptung Rubins, daß die Erfahrungen der Zeitung in den sechziger Jahren die Entscheidung zur Veröffentlichung der Pentagon Papers gefördert habe, ist somit nicht aufrechtzuhalten. Obwohl die Offenlegung der Geheimdokumente im Zeichen der Verantwortung und Verpflichtung der *New York Times* gegenüber der amerikanischen Öffentlichkeit stand, bestimmten Eigeninteressen des Unternehmens die Publikation. Die eigentlichen Gründe für die Veröffentlichung sind im Konflikt zwischen der Regierung Nixon / Agnew und der *New York Times* selbst zu suchen.

6

Als der Chefredakteur A. M. Rosenthal die ersten Auszüge der Pentagon Papers zu sehen bekam, waren die Beziehungen zwischen der *New York Times* und dem Weißen Haus an einem Tiefpunkt angelangt und die traditionell enge Kooperation und das Vertrauen zwischen Zeitung und Regierung zerbrochen. Als Reaktion auf ihre kritische Berichterstattung hatte Nixon mit Hilfe Agnews die Medien einzuschüchtern und besonders den großen Einfluß der *New York Times* zu beschneiden versucht. Rosenthal mag von Anfang an in den Pentagon Papers ein mögliches Werkzeug zur Offensive erkannt haben. Nach Halberstams Beschreibung eines ersten Zusammentreffens von Rosenthal mit Daniel Ellsberg galt das Hauptinteresse des Chefredakteurs allein »der Schlagkraft der Geheimpapiere, also dem Grad, in welchem die Dokumente die amerikanische Administration bloßstellten«.[60] Rosenthals Maßstab zur Festlegung des Nachrichtenwertes der Pentagon Papers schien demnach in der Wirksamkeit der Fakten zur Demaskierung der Regierungspolitik zu liegen. Ellsberg hatte die Aufgabe, so Halberstam weiter, den Inhalt der Studie genau zu erläutern, was Rosenthal zufriedenzustellen schien: »Wenn die Dokumente, wie Ellsberg versprach, der Regierung gegenüber tatsächlich sehr kritisch waren und große Widersprüche zwischen den der Öffentlichkeit vorgestellten und den tatsächlich durchgeführten Interventionen in Indochina aufzeigten, dann seien die Papiere von größtem Nachrichtenwert.«[61] Drei Wochen später, nachdem Rosenthal in Zusammenarbeit mit Neil Sheehan eine vollständige Kopie der Pentagon Papers gesichtet hatte, stand seine Meinung fest, daß die Dokumente eindeutig die »Doppelzüngigkeit«[62] der Regierungen von Truman bis Johnson im Umgang mit der amerikanischen Öffentlichkeit bezüglich des Indochina-Konfliktes zeigten. Geschickt eingesetzt, könnte eine Veröffentlichung dieser Fakten also auch Nixons Außenpolitik bloßstellen und damit wiederum der *New York Times* zugute kommen.

Rosenthal war sich darüber im klaren, daß die Veröffentlichung der Pentagon Papers zwangsläufig die Beendigung des Krieges in Vietnam zur Folge haben mußte – eine Tatsache, die den Chefredakteur in Gewissenskonflikte stürzte, denn er selbst galt als überzeugter Kriegsbefürworter und hatte sich schon zu Beginn seiner Karriere zum Ziel gesetzt, den Kommunismus weltweit mit allen ihm zur Verfügung stehenden Mitteln zu bekämpfen. In Sachen Vietnam galt Rosenthal als der »konservativste aller Redakteure der *New York Times*«.[63] Er hatte nie einen Hehl daraus gemacht, daß er die kritische Vietnam-Berichterstattung der jüngeren Reporter wie David Halberstam oder Neil Sheehan im Washingtoner

Büro vehement ablehnte. Das gleiche galt für Berichte zur Anti-kriegsbewegung im eigenen Land; sämtliche Journalisten, die über die Proteste in den USA berichteten, äußerten sich verärgert über Rosenthals deutliche Mißbilligung ihrer Arbeit.[64] Seine Entscheidung, die Pentagon Papers zu publizieren, stand also im klaren Gegensatz zu seiner eigenen politischen Überzeugung. Rosenthal selbst äußerte sich in der ihm eigenen saloppen Sprache folgendermaßen: »Dieser Kram wird Leuten helfen, mit denen ich in keiner Weise übereinstimme. Aber das ist eine andere Sache – darüber kann man sich jetzt keine Gedanken machen.«[65] »Obwohl ich das Zeug lieber nicht gedruckt sehen würde, sind wir gezwungen, es zu veröffentlichen.«[66] Die Publikation der Geheimpapiere in der *New York Times* war also so wichtig, daß kurzfristig ideologische Motive außer acht gelassen wurden. Das Verhalten Rosenthals, der hier ganz als Chefredakteur der *New York Times* und rechte Hand des Verlegers handelte, macht deutlich, daß Eigeninteressen hinter der Entscheidung standen: Das vorrangige Ziel der Publikation der Geheimdokumente war, den Präsidenten anzugreifen und gleichzeitig den unvermindert großen Einfluß der Zeitung zu demonstrieren. Der Machtkampf zwischen *New York Times* und Regierung hatte damit eine neue Dimension erreicht: »Obwohl sich der Inhalt der Pentagon Papers auf frühere Regierungen bezog«, war – so Russ Braley – »die Veröffentlichung eindeutig gegen Nixon gerichtet«.[67]

Rosenthal könnte darüber hinaus aber auch höchst eigennützige Interessen an der Veröffentlichung der Dokumente gehabt haben. Der Besitz der geheimen Papiere mag dem Drang des Chefredakteurs nach Macht und Einfluß entgegengekommen sein. Braley gibt Rosenthals Worte beim Anblick der ersten vollständigen Kopie der Pentagon Papers wieder: »Es war unglaublich, all die Dokumente aus den Aktenbeständen der Regierung zu sehen! Keiner kann sich die Gefühle vorstellen, die dies auslöste. Es war einfach verrückt. Ich lief von einem Punkt zum anderen und schaute immer auf den Stapel Papier.«[68] Tatsächlich hoffte Rosenthal durch seine engagierte Rolle bei der Publikation seine eigene Position im Unternehmen zu festigen. Sein Einfluß auf Verleger Sulzberger würde so weiter wachsen und damit auch seine Bedeutung in der Zentrale der *New York Times* in Manhattan. Gleichzeitig könnte die Vorbereitung zur Veröffentlichung der Pentagon Papers unter seiner Aufsicht in New York dazu dienen, die Konkurrenz der einflußreichen Washingtoner Redaktion auszuschalten.[69]

Als Rosenthal die Veröffentlichung der Pentagon Papers für sich schon beschlossen hatte, waren die Meinungen innerhalb des Unternehmens jedoch noch gespalten. Eingeweihte Journalisten erkannten, daß dieser Schritt durchaus auch große Gefahren für die Zeitung mit sich bringen konnte. So würde die *New York Times* mit der Offenlegung der Dokumente eindeutig für den Rückzug der amerikanischen Truppen aus Vietnam und damit für ein schnelles Ende des Krieges eintreten. Sollte nun aber Südvietnam und damit die USA doch als Sieger aus dem Konflikt hervorgehen, so würde die *New York Times* automatisch in die Reihe der Verlierer aufgenommen werden. Umgekehrt: Damit auch nach der Veröffentlichung der Pentagon Papers die Glaubwürdigkeit der Zeitung nicht in Frage gestellt wäre, hätten die Vereinigten Staaten theoretisch den Krieg in Vietnam zu verlieren.[70] Durch die Offenlegung der Dokumente würde die *New York Times* also eine klare Position gegen die außenpolitische Zielsetzung des Weißen Hauses beziehen. Als Folge davon könnte der Präsident – mit noch größerem Engagement als bisher – versuchen, die Zeitung zum Verstummen zu bringen. *New-York-Times*-Journalist Harrison Salisbury beschreibt die gespaltene Meinung innerhalb des Nachrichtenressorts: »Ich hegte, stärker als viele andere, die Befürchtung, Nixon könne gerade die Pentagon Papers als willkommenes Mittel benutzen, um die *New York Times* endgültig zu zerschlagen.«[71] Salisburys Meinung zufolge würde die Veröffentlichung der Dokumente – ganz anders als von Rosenthal erwartet – dem Bemühen des Präsidenten, die *New York Times* als »staatsfeindlich« darzustellen, möglicherweise sogar noch entgegenkommen.

Trotz aller Widersprüche und Risiken stand Rosenthals Entschluß zur Veröffentlichung fest. Obwohl der Chefredakteur im Zweifelsfall allein über die Inhalte der Nachrichtenseiten entscheiden konnte, war in brisanten Fällen wie diesem die Zustimmung des Verlegers unumgänglich.[72] Der noch unerfahrene Verleger Arthur Ochs »Punch« Sulzberger war jedoch den Anforderungen seiner Führungsposition kaum gewachsen und begegnete der schwierigen politischen Situation im eigenen Unternehmen wie im gesamten Land mit Desinteresse. »Punch« Sulzberger hatte sich nachweislich nie besonders für den Inhalt der Pentagon Papers interessiert und »augenscheinlich nicht mehr als unbedeutende Fragmente der Dokumente gelesen«.[73] Eine Beratung mit Rosenthal hatte dem Verleger genügt, sich in dieser Angelegenheit ganz auf die Meinung des Chefredakteurs zu verlassen. Bedenken erwuchsen Sulzberger nur angesichts der Tatsache, daß die Dokumente ganz offensichtlich strenger militärischer Geheimhaltung unterlagen. Salisbury schreibt: »Sein Instinkt riet ihm, die Finger von der ganzen Geschichte zu lassen. Denn schließlich hatte er während seiner Militärzeit als Marinesoldat gelernt, daß es streng verboten war, geheime Staatsdokumente und besonders Akten, die mit dem Aufdruck *top secret* gezeichnet waren, an die Öffentlichkeit zu bringen.«[74] Als Reaktion auf Sulzbergers Zögern soll Rosenthal, so Halberstam, unter den verwunderten Augen der anwesenden Journalisten kurzerhand die entscheidenden Stempel aus den Papieren geschnitten haben.[75]

Nachdem so schließlich mit der Zustimmung des Verlegers die Publikation der Pentagon Papers in der *New York Times* beschlossen worden war, begann die monatelange geheime Vorbereitung der Aktion. Allerdings stellten in dieser Zeit »Punch« Sulzbergers persönliche Kontakte zu Führungsgrößen aus Politik und Wirtschaft keine geringe Gefahr für die ungehinderte Durchführung des Projektes dar: »Der größte Unsicherheitsfaktor war der Verleger selbst.«[76] Keiner der beteiligten Redakteure wußte das Standvermögen des jungen Verlegers recht einzuschätzen. Noch hatte Sulzberger nicht das Vertrauen der Redaktion gewonnen, und niemand konnte voraussehen, was passieren würde, falls der Verleger tatsächlich von einem Politiker, dem möglicherweise Details der Unternehmung bekannt geworden wären, unter Druck gesetzt werden sollte. Um zu verhindern, daß Sulzberger am Ende doch noch Einflüssen aus Washington nachgeben könnte, wußten die verantwortlichen Redakteure dafür zu sorgen, daß der Verleger in der entscheidenden Phase nur schwer erreichbar war. Die Urlaubspläne Sulzbergers wurden schließlich mit größtem Wohlwollen unterstützt, und am kritischen Tag vor der Publikation des ersten und spektakulärsten Teils der Pentagon Papers soll »Punch« Sulzberger dann in einem wichtigen Turnier auf dem Golfplatz gestanden haben.[77]

7

Für die Vorbereitung der zum Druck vorgesehenen Fassung der Pentagon Papers war ein Arbeitsstab gebildet worden, der im New York Hilton in gemieteten Räumen die siebentausend kopierten Seiten der Originaldokumente in ein journalistisches Format zu bringen hatte. Die Distanz zur Zentrale der *New York Times* am Times Square in der 43rd Street war beabsichtigt und sollte die Geheimhaltung der Aktion gewährleisten. In einem Zeitraum von drei Monaten wurde dann die der Öffentlichkeit vorgestellte Version der Pentagon Papers erarbeitet. Nachdem verschiedene Möglichkeiten der Publikation erwogen worden waren, entschied man sich schließlich, die Vietnam-Papiere in Form einer Artikelserie zu veröffentlichen. Zum einen konnten so die einzelnen Artikel thematisch verständlicher und wirkungsvoller geordnet werden, und zum anderen hoffte man, mit einer über einen längeren Zeitraum ausgedehnten Berichterstattung neue Leser zu gewinnen. Tatsächlich war die Auflage der *New York Times* in den letzten Jahren unter anderem infolge des starken Konkurrenzdruckes durch das Fernsehen gesunken, so daß die Entscheidung zur Publikation der Dokumente auch durchaus wirtschaftliche Gründe hatte: »Im Jahre 1971 sank die Auflagenzahl der *Times* kontinuierlich von Monat zu Monat. Die Publikation einer über einen längeren Zeitraum ausgedehnten spektakulären Artikelserie bot nun die Möglichkeit, einen Teil dieser Verluste aufzufangen«, bestätigt James Aronson.[78] Am 13. Juni 1971 erschien dann der erste Artikel der Serie in einer Sonntagsausgabe der *New York Times* unter dem eher unscheinbaren Titel:

Vietnam Archive: Pentagon Study
Traces 3 Decades of Growing U.S. Involvement

Während auf der Titelseite der Zeitung in knappen Worten Inhalt und Umfang der Pentagon Papers erklärt wurden, erläuterte ein Begleitartikel auf der Folgeseite die Entstehungsgeschichte der Dokumente: Die Studie sei in Auftrag gegeben worden, nachdem Außenminister McNaughton in einem Briefwechsel an Verteidigungsminister McNamara geschrieben habe, daß »ein immer stärker werdendes Gefühl sich ausbreitet, daß das Establishment nun vollends den Verstand verloren hat«.[79] Auf den Innenseiten der Zeitung wurde auf vollen drei Seiten die Eskalation des Vietnam-Krieges unter Präsident Johnson im August 1964 beschrieben. Diese Episode, so hieß es, enthülle, wie sehr die amerikanische Bevölkerung über die Vorgänge in Vietnam von ihrer Regierung jahrelang im unklaren gelassen worden sei. Passiert war folgendes: Am 4. August 1964 alarmierte die Johnson-Administration den US-Kongreß mit der Meldung, nordvietnamesische Kriegsschiffe hätten zwei amerikanische Zerstörer im Golf von Tongking angegriffen, und weitere Manöver seien zu erwarten. Übereinstimmend billigten daraufhin Senat und Repräsentantenhaus die sogenannte *Tonkin Gulf Resolution*, die dem Präsidenten die Rechtfertigung zu weiteren Interventionen gab. In Wahrheit hatte die Regierung jedoch schon Monate davor damit begonnen, den verdeckten Krieg gegen Nord-vietnam mit einem massiven Truppenaufbau zu intensivieren, und bereits im Frühjahr 1964 waren alle Vorbereitungen zur offenen Kriegsführung abgeschlossen gewesen. Erst durch die Pentagon Papers und das späte Bekenntnis eines der beteiligten US-Admiräle wurde bekannt, daß der Angriff im Golf von Tongking tatsächlich nie stattgefunden hatte und schlicht eine Erfindung Johnsons und seiner Berater gewesen war.[80]

Daß sich die *New York Times* nun gerade dafür entschieden hatte, in ihrem ersten Beitrag zur Veröffentlichung der Pentagon Papers dieses Ereignis zu behandeln, hatte gute Gründe; die Details der *Tonkin Gulf Crisis* waren ein außerordentlich geeignetes Mittel, um die aktuelle Vietnampolitik Nixons in Frage zu stellen. Russ Braley erklärte, daß diese bewußte Veränderung der zeitlichen Abfolge der in den Originaldokumenten aufgeführten Geschehnisse durch die Zeitung weder aus historischer noch aus journalistischer Sicht einen Sinn ergeben hätte. Dagegen sei diese Wahl aber dem politischen Kampf gegen Nixon äußerst zweckdienlich gewesen.[81] Zwar war die Episode aus dem Jahr 1964 das deutlichste Beispiel für die vom Weißen Haus angeordnete Verschleierung der politischen und militärischen Aktivitäten in Vietnam – vor der amerikanischen Bevölkerung und selbst vor dem Kongreß. Geschickt gewählt war nun freilich auch das Datum der Publikation: Just zu dem Zeitpunkt, als die Öffentlichkeit von den schmutzigen Machenschaften der Johnson-Regierung erfuhr, wurde im Kongreß über gesetzliche Schritte diskutiert, die Nixon an der Fortführung des Krieges in Vietnam hindern sollten.[82] In der Tat erreichte die *New York Times* ihr Ziel: »Wie erwartet, war die vorherrschende Stimmung im Kongreß eine der Entrüstung«,[83] und nicht wenige der Volksvertreter wandten sich nun gegen Nixon.

In den wichtigsten Zeitungen der USA kam es schon kurz nach der Veröffentlichung des ersten Teils der Pentagon Papers zu einer Art Kettenraktion.[84] Zuerst zitierten und kopierten die *Washington Post* und der *Boston Globe* den Vietnam-Artikel, darauf folgten die *Chicago Sun-Times, Los Angeles Times, Christian Science Monitor, St. Louis Post-Dispatch* und andere. Auch in den Folgetagen übernahmen die amerikanischen Medien ohne Wenn und Aber die Serie der *New York Times* als objektive und authentische Zusammenfassung der Originaldokumente und sorgten damit für eine landesweite Verbreitung ihrer subjektiven Darstellung des Sachverhaltes.

8

Das Weiße Haus selbst erwog am 13. Juni 1971, dem Tag der Veröffentlichung, umgehend Konsequenzen. Die Regierung hatte die Botschaft der *New York Times* verstanden, und Außenminister Henry Kissinger »schlug auf der Stelle Alarm«.[85] Die Zeitung hatte nicht nur Nixon als möglichen Lügner dargestellt, sondern verurteilte die amerikanischen Interventionen in Vietnam insgesamt. Damit war schon der erste erschienene Artikel der geplanten Serie eine doppelte Ohrfeige für die Regierung: Zum einen war von nun an jede kriegsfördernde Maßnahme Nixons von vornherein verurteilt, was zum anderen dazu führen mußte, daß zukünftige außenpolitische Entscheidungen einer stärkeren Kontrolle durch den Kongreß unterliegen würden.[86] In Braleys Worten: »Die *New York Times* hatte Nixon sozusagen zum Duell herausgefordert.«[87]

Drei Teile der Pentagon-Serie waren erschienen, bis es der Regierung am 15. Juni schließlich gelang, eine einstweilige gerichtliche Verfügung zu erwirken, die die *New York Times* zwang, die Veröffentlichung zu stoppen. Weitere Verbote ergingen an die

Washington Post, den *Boston Globe* und die *St. Louis Post-Dispatch*. Schließlich konnten die zuständigen Beamten im Justizministerium der Serie von Nachveröffentlichungen jedoch nicht mehr folgen, und innerhalb weniger Tage druckten vierzehn Zeitungen mit einer Gesamtauflage von über fünf Millionen Exemplaren Auszüge der Vietnam-Studie. Daniel Ellsberg, der die Revolte der Medien gegen Nixon weiter schürte, indem er nun für die systematische Verbreitung der Dokumente sorgte,[88] wurde zum begehrten Titelhelden u. a. beim Nachrichtenmagazin *Time*. Nachdem die *New York Times* zwei Wochen lang zusammen mit der *Washington Post* vor Gericht gestanden hatte, wurde dieser historische Prozeß schließlich mit sechs gegen drei Richterstimmen zugunsten der Zeitungen entschieden. Obwohl der Urteilsspruch in den meisten medienwissenschaftlichen Arbeiten später als ein Symbol für die uneingeschränkte Pressefreiheit in den Vereinigten Staaten und für die Unabhängigkeit der amerikanischen Medien thematisiert wurde, bleiben bis heute einige der damals gestellten Fragen unbeantwortet.

Es ist und bleibt unklar, in welchem Umfang die Vorgänge in Vietnam den Medien schon bekannt waren, bevor die Pentagon Papers in die Hände der *New York Times* fielen. Da angenommen werden kann, daß besonders die führenden Zeitungen zumindest teilweise informiert waren, muß deshalb weiter gefragt werden, warum diese nicht schon eher ihr Wissen publik machten. Der Journalist Joseph Alsop schrieb dazu am 23. Juni 1971: »Die durch die Pentagon Papers ausgelöste öffentliche Orgie von Scheinheiligkeit und Heuchelei muß man erlebt haben, um sie wirklich glauben zu können. In Wahrheit konnte jeder verantwortungsbewußte Senator und jeder ernsthaft arbeitende Journalist schon damals, also zum Zeitpunkt der von der *New York Times* beschrieben Ereignisse, mit Leichtigkeit herausfinden, was wirklich passierte.«[89] Auch der Journalist Keyes Bech schrieb am 17. Juni 1971 in Chicagos *Daily News*: »Die Reportage der *New York Times* hielt nur wenige Überraschungen für diejenigen Korrespondenten bereit, die von Anfang an über den Krieg in Vietnam berichteten.«[90] Es darf also vermutet werden, daß die führenden Medien, d. h. auch die *New York Times*, über die Geschehnisse im Vietnam der fünfziger und sechziger Jahre, wie auch über die *Tonkin Gulf Crisis*, Bescheid wußten und durch das Zurückhalten der Information halfen, die Außenpolitik der US-Regierung zu decken, ähnlich wie dies 1961 bei Kennedys Invasion in der Schweinebucht oder auch 1962 während der Kuba-Krise geschehen war. Selbst wenn die *New York Times* nicht über die Vorgänge in Indochina informiert gewesen sein sollte, so brauchte sie nach Erhalt der Pentagon Papers immerhin noch ganze drei Monate, um die Dokumente ihren Lesern vorzustellen. Die Zeitung habe in diesem Zeitraum das Material der Öffentlichkeit ebenso vorenthalten wie das Verteidigungsministerium zuvor, argumentierten die drei ablehnenden Richter. Als die Publikation der Dokumente infolge der gerichtlichen Verfügung nur um wenige Tage verzögert worden sei, habe die *New York Times* dies als »eine verabscheuungswürdige Verletzung des ersten Zusatzes der amerikanischen Verfassung und damit des Rechtes der Öffentlichkeit auf sofortige Information« verurteilt, was Richter Blackmun veranlaßte, der *New York Times* die Doppelmoral ihrer Argumentation vorzuwerfen.[91]

Als das Bundesgericht am 30. Juni 1971 schließlich entschied, daß die *New York Times* ebenso wie die *Washington Post* ohne jegliche Einschränkungen mit der Veröffentlichung der Vietnam-Serie fortfahren konnten, soll der republikanische Senator Barry Goldwater nach dem Richterspruch spontan mit dem empörten Ausruf reagiert haben, daß der Präsident den Herausgeber der *New York Times* schon am ersten Tag der Veröffentlichung auf der Stelle hätte verhaften lassen müssen – »dies sei die einzig richtige Antwort für den Verbrecher gewesen«.[92] Dieser führte jedoch in Freiheit im Gerichtssaal einen Freudentanz mit Chefredakteur A. M. Rosenthal auf. Beide umarmten sich stürmisch, und Rosenthal sprach enthusiastisch von einem der »glücklichsten Momente für die Presse und für die amerikanische Gesellschaft«.[93] Am Tag danach wurde das Titelblatt der *New York Times* ganz dem Triumph der Zeitung gewidmet, und das bedeutungsvolle Plädoyer des wortführenden Richters Black war dort für jedermann zu lesen: »Einzig und allein eine freie und uneingeschränkte Presse kann Täuschung und Betrug durch die Regierung zielstrebig aufdecken. Meiner Ansicht nach dürfen die *New York Times*, die *Washington Post* und andere Zeitungen für ihre mutige Berichterstattung nicht verurteilt werden, sondern müssen, ganz im Gegenteil, ein Lob dafür erhalten, daß sie der wahren, von unseren Staatsgründern so weise im Gesetz verankerten Aufgabe der Medien voll entsprochen haben.«[94]

Die *New York Times* hatte somit vor der Öffentlichkeit ihr verantwortungsvolles Handeln bewiesen, und das scheinbar selbstlose Eintreten der Zeitung für das in der amerikanischen Verfassung garantierte Grundrecht der freien Meinungsäußerung wurde von ihr in den Vordergrund gestellt. In einer offiziellen Stellungnahme wies der Vorstand der *New York Times* nochmals darauf hin, daß ihm mit den Geheimdokumenten in Händen nicht nur klargeworden sei, daß das amerikanische Volk ein unbestreitbares Recht habe, umgehend informiert zu werden, sondern daß es darüber hinaus eine grobe Mißachtung der Verantwortlichkeit der Zeitung gewesen wäre, das Material nicht zu veröffentlichen.[95] Der Richterspruch zugunsten der Medien verhalf der *New York Times* dazu, ihren Ruf als Bewahrerin uramerikanischer demokratischer Ideale und als national geachtete Institution fest zu etablieren – ein Mythos, den die Zeitung bis heute aufrechterhält.

Die Mehrzahl der Analysen, die die Vorgänge um die Publikation der Pentagon Papers beschreiben, orientieren sich vorbehaltlos an der Darstellung von Richter Black und der New York Times Company. Nur wenige Autoren, unter ihnen James Aronson, Russ Braley, Martin Walker und Bat-Ami Zucker, versuchen – allerdings nur am Rande ihrer Arbeiten – die hier dargestellten komplexen Zusammenhänge aufzuschlüsseln. Die Tatsache, daß die *New York Times* – von der Regierung Nixon/Agnew in ihrer Bewegungsfreiheit stark eingeschränkt – die Vietnam-Dokumente veröffentlichen mußte, um ihren politischen Einfluß zu sichern, wobei ihr Informationsauftrag als verantwortungsbewußtes Medium sozusagen »nebenbei« erfüllt wurde, kommentiert beispielsweise die Politikwissenschaftlerin Zucker so: »Nachdem die Regierung versucht hatte, der *New York Times* ihr Vertrauen zu entziehen, begegnete diese der Herausforderung, indem sie in die Rolle der Wächterin schlüpfte, die das Recht der Öffentlichkeit auf Information zu verteidigen habe.«[96]

9

Die überschwenglichen Reaktionen der Medien nahmen jedoch schon bald nach der Urteilsverkündung des Bundesgerichtes ab. Selbst aus den Nachrichten- und Meinungsseiten der Hauptbeteiligten war die Diskussion über die Pentagon Papers schon nach kurzer Zeit verschwunden.[97] Nachdem die Ziele der *New York Times* erreicht schienen, ging es ihr nun darum, die neue Situation zu prüfen und die richtigen Entscheidungen für die Zukunft zu treffen. Einige der Veränderungen lagen klar auf der Hand, andere sollten jedoch erst im Laufe der kommenden Monate und Jahre deutlich werden: So war zum Beispiel die Auflagensteigerung der *New York Times*, die, wie erhofft, mit dem Beginn der Vietnam-Serie eingesetzt hatte, deutlich an den schwarzen Zahlen abzulesen. Auch die Einkünfte der New York Times Company insgesamt waren erheblich gestiegen; im Jahr nach der Veröffentlichung lagen sie bei 329 502 000 Dollar, verglichen mit 231 906 552 Dollar im Jahre 1970. Allein die Hauptzeitung des Unternehmens, also die *New York Times* selbst, erbrachte im Jahr der Pentagon Papers einen Nettoprofit von etwa vierzehn Millionen.[98] Darüber hinaus gewann der internationale Nachrichtendienst des Konzerns, der New York Times News Service, eine große Anzahl neuer Kunden. Zusätzlich publizierte die New York Times Company nur wenige Tage nach dem Gerichtsentscheid ihre in ein Buchformat gebrachte Version der Pentagon Papers im Quadrangle-Verlag in Chicago. Schon Ende des Jahres waren 1,5 Millionen Exemplare des Buches verkauft. Die Einkünfte waren so hoch, daß Quadrangle 1972 nach New York City umzog und zur New York Times Book Company, Inc. umgestaltet wurde: »Der Verlag, den die Pentagon Papers ins Leben riefen«, so Braley.[99]

Weniger erfreulich waren die Folgen der Veröffentlichung der Pentagon Papers für Daniel Ellsberg, denjenigen, der die Dokumente der *New York Times* in die Hand spielte und damit die Publikation überhaupt erst möglich gemacht hatte, denn Nixon versuchte nun diesen »Verräter« zu kompromittieren. Der Präsident veranlaßte sogar – wie sich später im Rahmen der Ermittlungen um die Watergate-Affäre herausstellen sollte – einen Einbruch in die Praxis von Ellsbergs Psychologen; Nixon hoffte, ihn mit dem richtigen Beweismaterial vor der Öffentlichkeit als krankhaften Psychopathen darstellen zu können. Nachdem dieser Coup aber mißglückt war, wurde Ellsberg schließlich wegen illegalen Besitzes und der Weitergabe geheimer Staatsdokumente vor Gericht gebracht. Die *New York Times* unternahm unterdessen keine besondere Anstrengung, um über die Vorgänge aufzuklären und Ellsberg einen fairen Prozeß zu sichern. Die spärlichen Berichte zu Ellsbergs Gerichtsverhandlungen fanden ihren Platz auf den wenig spektakulären Innenseiten der Zeitung. Einer der Gründe dafür mag die Tatsache gewesen sein, daß Ellsberg sich im nachhinein stark enttäuscht über das Verhalten der Zeitung geäußert hatte und die Medien beschuldigte, den größten Teile der Vietnam-Papiere immer noch zurückzuhalten. Aronson zitiert Ellsberg: »Die *New York Times* und die *Washington Post* sind im Besitz fast der gesamten Dokumente – aber eben nicht die amerikanische Öffentlichkeit.«[100]

Im Gegensatz zu Ellsberg blieben die Verantwortlichen für die durch die Pentagon Papers aufgedeckten Kriegsverbrechen unbestraft. Obwohl die Hauptschuld an der blutigen Eskalation des Vietnam-Krieges nachweisbar u. a. der ehemalige Verteidigungsminister Robert McNamara, der Außenminister Dean Rusk, der stellvertretende Außenminister und CIA-Mitarbeiter William Bundy und dessen Bruder, der Sicherheitsberater McGeorge Bundy, tragen, behielten sie alle – ausnahmslos von gerichtlicher Seite verschont – ihre hohen Positionen in Politik und Wirtschaft.[101] In Anbetracht dieser Tatsache stellt Aronson fest: »Das hochgelobte Verantwortungsbewußtsein der Medien bleibt, ungeachtet all der moralisierenden Leitartikel über die Unantastbarkeit des Ersten Zusatzartikels der Verfassung und die Lebendigkeit der amerikanischen Staatsform, höchst fragwürdig, solange diese nicht nach einer Erklärung für die ausbleibende Verurteilung der Schuldigen suchen.«[102] Tatsächlich wurden derartige Fragen in den führenden Medien nicht gestellt. Gelegen kam den Medien dabei die Konzentration auf ein neues Thema: Das Jahr nach der Veröffentlichung der Pentagon Papers war von den Skandalen um Watergate bestimmt. Mit ihrer Berichterstattung über die Abhöraffäre trug nun auch die *Washington Post* entscheidend dazu bei, die Regierung Nixon bloßzustellen, und bekam ihrerseits damit eine Chance, nach dem großen Triumph der *New York Times* ihre Stärke zu demonstrieren.[103] Erst die Pentagon Papers und Watergate zusammen besiegelten das Ende der Ära Nixon und leiteten schließlich auch das Ende des Vietnam-Krieges ein, der am 30. April 1975 mit dem Einmarsch nordvietnamesischer Truppen in Saigon entschieden wurde.[104]

Nach Watergate wurden die amerikanischen Medien erneut als Verteidiger demokratischer Grundwerte gefeiert, doch auch in diesem Fall legte sich bald das Interesse an einer engagierten Berichterstattung. Die *Washington Post* und im besonderen die *New York Times* schienen ihre Ziele erreicht zu haben: Die Veröffentlichung der Pentagon Papers und der darauf folgende Gerichtsentscheid zugunsten der *New York Times* hatten, wie erhofft, Macht und politischen Einfluß der Zeitung bewiesen und gefestigt und darüber hinaus auch die Auflage erhöht. Damit war die Basis geschaffen, um neue Verbindungen zu Poltik und Wirtschaft zu knüpfen. Schon arbeitete der Chefredakteur A. M. Rosenthal – wie wir im dritten Kapitel erfahren werden – konsequent an der Umgestaltung des Unternehmens; hierarchischer Aufbau, Personalstruktur und ideologische Ausrichtung der *New York Times* veränderten sich. Man lag im Trend der Zeit, denn mit dem Rücktritt Nixons und dem Ende des Vietnam-Kriegs hatten sich auch die oppositionelle Stimmung und der politische Protest in den USA weitgehend gelegt.[105] Die *New York Times* war nun dabei, sich auf ihre neue Rolle im amerikanischen Machtgefüge vorzubereiten.

Interessante Einblicke in die eigentlichen Konsequenzen der Offenlegung der Pentagon Papers erlaubt Harrison Salisburys Buch *Without Fear or Favor*, das im Jahre 1980 im Times Books Verlag erschien. Hier beschreibt der Autor – ganz aus Sicht der *New York Times* – die mit der Veröffentlichung der Vietnam-Dokumente begonnene Veränderung des Blattes. Salisbury benutzt dabei den Begriff *The Fourth Estate* zur Definition und Erklärung der neuen Rolle der Zeitung: Nach den Ereignissen der Jahre 1971 und 1972, so der Autor, habe sich die *New York Times* »im wahrsten Sinne des Wortes zum *Fourth Estate*«, also zum »Vierten Stand« in der Hierarchie der Mächte in den Vereinigten Staaten verwandelt.[106] Seinen Ursprung hat dieser Begriff, der allgemein üblich als »Vierte Gewalt im Staate« übersetzt wird, in Thomas Burkes sinnbildlicher Beschreibung des englischen Parlaments aus dem Jahre 1790.

Burke drückte die Kräfteverteilung im England des späten 18. Jahrhunderts erstmals und weitblickend durch eine Unterscheidung in vier anstatt der drei ursprünglichen »stimmberechtigten Stände« aus: den Adel, die Kirche, die gewählten Abgeordneten des Unterhauses und eben die Presse. Er schreibt: »Drei Stände haben ihren Sitz im Parlament – die Peers, die Bischöfe und die Volksvertreter. Aber dort drüben auf der Pressetribüne, dort sitzt der ›Vierte Stand‹ – noch einflußreicher als all die anderen.«[107] Salisbury überträgt Burkes Metapher für die Unabhängigkeit und den politischen Einfluß der Presse auf die Funktion der »neuen« *New York Times*. Obwohl auch er die Funktion der Zeitung »als Schutzengel des öffentlichen Interesses und als Verkörperung der von den Gründervätern verliehenen Prinzipien der Redefreiheit« in den Vordergrund rückt, wird bei genauer Lektüre des Buches deutlich, daß Salisbury mit der neuen Rolle der *New York Times* viel mehr verbindet als nur die einer Beobachterin und Wächterin.[108] Voller Stolz spricht Salisbury davon, daß die Zeitung nach der Veröffentlichung der Pentagon Papers und dem Sturz der Regierung Nixon eine sehr viel aktivere und einflußreichere Rolle im politischen Geschehen der USA suchte und fand: Der Konflikt zwischen Regierung und Presse »hat alle beteiligten Personen und Institutionen stark beeinflußt, aber darüber hinaus vor allem das Gleichgewicht der Kräfte innerhalb des amerikanischen Establishments verschoben. Die Geschichte der Pentagon Papers ist die Geschichte davon, wie es der *New York Times* gelang, die Machtstrukturen in den Vereinigten Staaten nachhaltig zu verändern.«[109] Die erfolgreiche Veröffentlichung der Pentagon Papers habe, so schließt Salisbury, »die *New York Times* in eine Zeitung verwandelt, die nicht länger nur passiv über Entscheidungen berichtet, sondern von nun an – ob man dies mag oder nicht – aktiv an Entscheidungsprozessen beteiligt ist«.[110]

Ein Familienunternehmen

»It's a lot of fun. It's the best job in the world.«

ARTHUR OCHS SULZBERGER,
HERAUSGEBER UND VERLEGER DER NEW YORK TIMES VON 1963–1992[1]

1

Als Arthur Ochs Sulzberger, genannt »Punch«, am 5. Februar 1996
seinen siebzigsten Geburtstag feierte, wurde er weltweit als einer
der »erfolgreichsten Verleger und Herausgeber der Nachkriegs-
zeit« geehrt; in einem Zeitraum von dreißig Jahren, so die nationale
und internationale Presse, sei es ihm gelungen, aus der *New York
Times* das Herzstück eines der angesehensten und einträglichsten
Unternehmen der Vereinigten Staaten zu machen. Unerwähnt
blieb in den Lobpreisungen der Medien allerdings die Tatsache,
daß Sulzbergers Erfolg zu einem nicht unwesentlichen Teil auf der
Veröffentlichung der Pentagon Papers und auch auf der daraus re-
sultierenden engen Zusammenarbeit des Verlegers mit Chefredakteur A. M. Rosenthal beruhte. Gerade das Zusammentreffen des
jungen und unerfahrenen Verlegers mit diesem gewieften Chefredakteur Ende der sechziger Jahre hatte zu einer Art Symbiose zwischen beiden geführt, die die strukturelle und ideologische Veränderung der *New York Times* schnell vorantreiben sollte. Während
allerdings Rosenthal heute in den Annalen des Familienunter-
nehmens kaum noch Erwähnung findet, gilt »Punch« Sulzberger
als erfolgreicher und weitblickender Sproß einer der mächtigsten
Familien des Landes. Anläßlich seines Jubiläums ehrte auch die
Frankfurter Allgemeine Zeitung ausschließlich den Verleger, zitierte aber wenigstens die Führungsspitze der *New York Times* mit
den Worten, »Punch« Sulzberger habe »die journalistische Unab-

hängigkeit seiner Mitarbeiter stets geschützt und sich im Konflikt-
fall, zum Beispiel 1971 bei der Entscheidung für die Veröffentlichung
der Pentagon-Papiere, gegen den Rat der *Times*-Anwälte auf die
Seite der verantwortlichen Redakteure geschlagen.«[2] Im Falle der
Pentagon Papers war dies aber eben nur die halbe Wahrheit. Wie
Sulzbergers Rolle als Verleger und Herausgeber wirklich zu bewerten ist und welche Rolle der Einfluß persönlicher und familienpoliti-
scher Interessen sowie das soziale und kulturelle Umfeld von Sulzberger und Rosenthal bei der Umgestaltung der Zeitung spielten,
zeigt der folgende Rückblick auf die Anfänge des Unternehmens.

2

Obwohl sich die *New York Times* seit vier Generationen in Familienbesitz befindet, beginnt ihre Geschichte doch schon einige
Jahrzehnte bevor Adolph Ochs, »Punchs« Großvater und Gründer
der legendären Zeitung, die Fundamente für das Medienimperium
seiner Familie legte. Tatsächlich fallen die Vorbereitungen zur
Gründung der *New York Times* in die erste Hälfte des neunzehnten Jahrhunderts. Bis zum Jahre 1830 war die Einwohnerzahl der
Stadt New York auf ca. 200 000 und damit auf etwa zwanzig Prozent
der Gesamtbevölkerung Nordamerikas angewachsen. Schon in der
darauffolgenden Dekade hatte sich die Zahl der Einwohner mehr
als verdoppelt, und New York City blieb die größte und am schnell-
sten expandierende Metropole des Kontinents. Der stark wach-
sende Markt führte zu zahlreichen Geschäfts- und Firmengründungen, und mit der wachsenden Bedeutung der Stadt stieg gleichzeitig
der Drang nach Information und Kommunikation. Zusätzlich
machten zwei technische Innovationen die Zeitungsherstellung
entscheidend billiger: der Rotationsdruck und der Antrieb per
Dampfmaschine. Damit waren die Grundlagen zur Entstehung
eines florierenden Zeitungsmarktes geschaffen, und auch die lukra-
tive Werbung durch die Presse begann sich schnell zu entwickeln.
New Yorks sogenannte *Penny Press* galt als besonders gewinnbrin-
gendes Gewerbe, und an den belebten Straßenkreuzungen der
Stadt offerierten Zeitungsjungen die zahlreichen neugegründeten
Blätter.

Henry J. Raymond, republikanischer Politiker und Journalist, nutzte mit Unterstützung seiner Finanziers George Jones und Edward Wesley die Chance, um eine weitere Zeitung, die Vorgängerin der *New York Times*, bis 1857 *New-York Daily Times* genannt, ins Leben zu rufen.[3] Am 18. September 1851 wurde die erste Ausgabe der Zeitung – vier bedruckte Seiten zum Preis von einem Penny – in den Straßen von New York verkauft. Mit Blick auf die Zeitungskultur der Stadt, die sich in der ersten Hälfte des neunzehnten Jahrhunderts nicht gerade durch große Seriosität auszeichnete, versprach das neue Blatt, »die Nachrichten in einer gemäßigten und wohlgewählten Sprache darzubieten«.[4] Was allerdings den Inhalt der neuen Zeitung und die Objektivität der Berichterstattung betraf, so unterschied sich auch die *New-York Daily Times* nicht sonderlich von ihrer Konkurrenz wie etwa der *New York Sun*, dem *New York Herald* oder der *New York Tribune*. Um einen möglichst großen Leserkreis anzusprechen, orientierten sich Nachrichten und Kommentare der damaligen Zeitungen am »Geschmack der Zeit«. Eine inhaltliche Orientierung an den Interessen ganz spezieller Leser- oder Zielgruppen begann sich erst viel später abzuzeichnen. Die Themenwahl war dementsprechend bunt, und New Yorks *Penny Press* konnte sich – manchmal auf derselben Seite – mit einem schlecht bezahlten Lohnarbeiter ebenso solidarisch erklären wie mit den oft skrupellosen Unternehmern in der schnell wachsenden Metropole.[5] Bis zum Ende des Jahrhunderts war es zudem nicht nur üblich, sondern sogar ausdrücklich erwünscht, daß Reporter und Redakteure ihre politischen und moralischen Standpunkte klar zum Ausdruck brachten – so unterschiedlich diese auch selbst in der Redaktion einer einzigen Zeitung sein mochten. Statt aus der Position des objektiven Beobachters zu berichten, gehörte es zum guten Ton der *Penny Press*, »Geschichten zu erzählen«. Auf die klare Trennung von Fakten und subjektiver Meinung des Journalisten – eine Errungenschaft, auf die die amerikanische Presse heute besonders stolz ist – legte man in der zweiten Hälfte des neunzehnten Jahrhunderts noch keinen großen Wert.[6]

Nach 1884 setzte eine Periode des finanziellen Niedergangs der *New York Times* ein. Durch personalpolitische Fehlentscheidungen und das Versäumnis, die Drucktechnik zu modernisieren, konnte die Zeitung den schnellen Veränderungen im New York der Jahrhundertwende nicht mehr folgen. Neue Druckverfahren, wie die Erfindung der mechanischen Setzmaschine, genannt Linotype (erstmals 1886 von der *New York Tribune* benutzt), und der Einsatz von Fotos und Farbe ließen die Konkurrenzblätter nicht nur attraktiver und moderner erscheinen, sondern ermöglichten diesen auch eine noch effizientere Herstellung und somit eine aktuellere Berichterstattung. Um 1890 hatte die *New York Times* ihre Wettbewerbsfähigkeit vollends verloren. Wie von *New-York-Times*-»Haushistoriker« Berger Meyer dokumentiert, konnte auch ein erster Verkauf des Blattes im Jahre 1893 den Abstieg nicht stoppen: Bei einer Gesamtverschuldung von 300 000 Dollar verlor das Unternehmen weiterhin eintausend Dollar pro Woche. Mit dem darauffolgenden Ankauf der siechenden Zeitung durch Adolph Simon Ochs begann die Periode des Aufstiegs, die den Ruf des Blattes begründete. Das von Adolph Ochs entworfene neue Konzept setzte auf klare Information und objektive Berichterstattung. Kurzgeschichten, Comic strips und für die Boulevardpresse des neunzehnten Jahrhunderts ähnlich Typisches wurden rigoros gestrichen. Dagegen bestimmten seriöse Nachrichten überwiegend aus Wirtschaft und Politik des In- und Auslandes die eher konservative Linie der »neuen« *New York Times,* und Ochs' Rechnung ging auf: Ein kleiner, aber finanzkräftiger Leserkreis fühlte sich angesprochen. Auflage und Werbeeinnahmen stiegen, die notwendigen technischen Neuerungen wurden eingeführt, und der finanzielle Niedergang des Unternehmens war gestoppt.

3

Diese Übernahme der *New York Times* durch Adolph Ochs im August 1896 gilt als das eigentliche Geburtsdatum des Medienimperiums der Familien Ochs und Sulzberger. Obwohl heute Arthur Ochs Sulzberger junior, der Großenkel des Firmengründers, die Geschicke des Unternehmens leitet, wacht im Foyer des Hauptgebäudes Adolph Ochs' Büste noch immer über alle Vorgänge. Die Geschichte des Setzerjungen aus Cincinnati, dem es gelang, den amerikanischen Traum in der größten Stadt des Landes zu verwirklichen, fehlt in keiner Darstellung der US-Zeitungsgeschichte: »Dann kam aus den Bergen von Tennessee Adolph Simon Ochs, erweckte die totgeglaubte *New York Times* zu neuem Leben und vollbrachte damit eines der unglaublichsten Wunder, die die Zeitungsbranche je gesehen hatte«,[7] schreiben beispielsweise die Autoren Harold Fisher und John Merrill in ihrer Auflistung der »fünfzig weltweit führenden Zeitungen« und ernennen Ochs pathetisch zum Vorreiter einer neuen Epoche in der Geschichte der schreibenden Zunft.

Im Gegensatz zu den meisten Darstellungen wurde Adolph Ochs im Jahre 1858 jedoch schon in eine recht privilegierte Welt geboren. Der Vater Julius Ochs, Sohn eines Diamantenhändlers aus dem bayrischen Fürth, war nach einer Ausbildung an der Militärakademie in Köln 1845 in den amerikanischen Süden ausgewandert, wo ihm der Beginn des Sezessionskrieges, des *Civil War*, 1861 zu einer Militärkarriere verhalf. Die Familie lebte auf dem eigenen kleinen Landsitz Ochsenburg in der Nähe von Knoxville in Tennessee. Historiker Berger Meyer schreibt: »Die Familie hatte zwei ›Bedienstete‹, eine Kutsche mit zwei Pferden, und Hauptmann Ochs präsidierte stolz die bunten Feste im eigenen Haus oder im Freien.«[8] Zu Kriegsende war diese Welt verschwunden. Trotzdem blieb der traditionelle Lebensstil des Alten Südens bestimmend für Adolph Ochs' Erziehung und konservative Weltanschauung, was beispielsweise auch Auswirkungen auf die spätere Führung und Personalpolitik der *New York Times* haben sollte. Von Anfang an war es Minderheiten, besonders Afroamerikanern, erschwert, wenn nicht sogar unmöglich, ihren Weg in die Büros der Zeitung zu finden. Unter Adolph Ochs' Leitung beschäftigte die *New York Times* Amerikaner schwarzer Hautfarbe ausschließlich als Fahrstuhlführer im Hauptgebäude der Zeitung: »immer lächelnde ›Plantagentypen‹ in Uniform«, so der langjährige *New-York-Times*-Journalist Gay Talese, »eine Einstellungspraktik, die Ochs, der sich als traditioneller Südstaatler gab, wenn es um die Frage der Hautfarbe ging, eingeführt hatte«.[9] Erst durch einen spektakulären Prozeß im Jahre 1976 wurde die *New York Times* gerichtlich gezwungen, ihre Türen für Minderheiten weiter zu öffnen.[10]

Adolph Ochs' Karriere im Verlagswesen hatte als Herausgeber der *Chattanooga Times* begonnen, einer Zeitung, die zu großem

Ansehen im Süden der USA gelangt war, Ende des Jahrhunderts allerdings an die Kapazitätsgrenze ihres Marktes gestoßen war. Die Nachricht vom geplanten Verkauf der *New York Times* muß eine Herausforderung für den engagierten und zielstrebigen Verleger in Tennessee gewesen sein; Ochs hoffte mit Bestimmtheit, in der aufstrebenden Metropole New York das Publikum für seine Zeitung zu finden, welches er sich auch im Süden des Landes gewünscht hatte. Mit 75 000 geliehenen Dollar gelang Ochs schließlich die Übernahme der Zeitung, und in der Ausgabe vom 19. August 1896 gab er die bis heute viel zitierten neuen Prinzipien der von Grund auf veränderten *New York Times* bekannt. Von Ochs' höchstpersönlich firmiert, war dort zu lesen: »Es ist meine aufrichtige Absicht, daß die *New-York Times* (den Bindestrich verlor die Zeitung im Dezember 1896)[11] ihre Nachrichten – und zwar alle Nachrichten – in einer klaren und attraktiven Form darbietet und in einer von der guten Gesellschaft gesprochenen Sprache abfaßt; sie soll ebenso schnell – wenn nicht sogar schneller – als jedes andere vertrauenswürdige Medium agieren und alle Neuigkeiten unvoreingenommen, ohne Furcht und ohne Gefälligkeit, ungeachtet möglicher politischer, religiöser oder sonstiger Interessen an ihre Leser weiterreichen, um ihre Spalten dadurch zu einem Diskussionsforum der unterschiedlichsten Meinungen zu allen Themen werden zu lassen, die für die Gesellschaft von Bedeutung sind.«[12]

Wie bereits erwähnt, war die amerikanische Presse Ende des neunzehnten Jahrhunderts auf einen möglichst großen Leserkreis ausgerichtet. Objektivität der Berichterstattung wurde nicht erwartet. Vielmehr füllten Sensationsmeldungen in den schillerndsten Variationen die Zeitungsseiten. Selbst Associated Press, als erste amerikanische Nachrichtenagentur 1848 in New York gegründet, orientierte sich im Angebot am größten gemeinsamen Nenner der Nachfrage der sehr unterschiedlichen Kunden. Ohne Ausnahme erschienen in den Zeitungen Nachrichten und Kommentare, die zu wenig in die Tiefe gingen, um eine politisch oder gesellschaftlich enger definierte Zielgruppe anzusprechen.

Genau an diesem Punkt setzten Ochs' Überlegungen zur Umstrukturierung der *New York Times* an. Die Zeitung sollte sich zum Nachrichtenorgan der Reichen und Einflußreichen im aufstrebenden New York der Jahrhundertwende entwickeln. Tatsächlich ließ eine seriöse Nachrichtenauswahl über Themen aus Politik und Wirtschaft mit kontinuierlichen Übersichten zum Finanz- und Immobilienmarkt der Stadt die *New York Times* für etablierte Unternehmer und neue Investoren immer attraktiver werden. Die »neue« Zeitung entwickelte sich schnell zur »Business Bible«, der Heiligen Schrift der New Yorker Geschäftswelt.[13]

Die Verleger der anfangs noch auflagenstärkeren Konkurrenzblätter registrierten die Veränderungen der *New York Times* mit Gelassenheit und bemerkten erst viel zu spät, daß Ochs die kapitalkräftigste Lesergruppe und damit den wichtigsten Markt fast komplett übernommen hatte. Zu ihrer großen Überraschung zogen Ochs' Neuerungen nicht nur Tausende neuer und vermögender Leser an, sondern sicherten ihm auch eine rege Steigerung der Werbeeinnahmen,[14] die 1898 eine Senkung des Verkaufspreises von drei auf einen Penny ermöglichten, was dazu führte, daß die Auflagenzahl sprunghaft von 25000 auf 75000 verkaufte Exemplare stieg. Ochs' neue Strategie hatte Erfolg. Weniger gut situierten Bevölkerungsgruppen war der Zugang zur Zeitung ermöglicht worden, und auch nicht so wohlhabende oder erfolgreiche New Yorker konnten es nun zumindest in der Zeitungslektüre der High Society gleichtun. Mit Stolz faßte die *New York Times* in der Jubiläumsausgabe zu ihrem 75jährigen Bestehen 1926 zusammen: »Adolph Ochs widerlegte die allgemein übliche Vorstellung, daß nur eine sensationslüsterne Zeitung Profit machen könne, und lehrte seine Konkurrenten, daß Seriosität in der Branche durchaus mit Gewinn einhergehen kann.«

Außerdem wußte Ochs, daß eine klare politische Linie der Redaktion nötig war, um die traditionell eingestellte Oberschicht New Yorks auf Dauer anzusprechen. Der seriös-konservative Ton der *New York Times* wurde zum Markenzeichen, veränderte die Medienbranche, und innerhalb von nur wenigen Jahren gelang es Ochs, den Standard für einen respektablen Journalismus in den Vereinigten Staaten der Jahrhundertwende zu setzen. Obwohl das Erfolgsgeheimnis der *New York Times* schon damals weniger in der tatsächlichen Objektivität ihrer Berichterstattung als vielmehr im Aufbau ihres Images als objektives Medium lag,[15] wurde Ochs' Zeitung zum »Victorian paradigm of probity and thoroughness«,[16] also zu einem Paradebeispiel für Redlichkeit und Gründlichkeit des konservativen viktorianischen Zeitalters. Auf diesem soliden Ruf aufbauend, entwarf Ochs eine neue Werbestrategie und richtete sich mit dem selbstbewußten Slogan »Die *New York Times* zu lesen, ist Ausdruck von Ehrbarkeit« an die New Yorker Öffentlichkeit.[17] Die Zeitung war nun sozusagen – wie Schudson es nennt – *socially approved* und begann sich in ihrem Inhalt mehr und mehr den Interessen und Bedürfnissen der Oberschicht anzupassen. So gelang es der *New York Times* bald, den »guten Ton« in der Stadt anzugeben. Laut Ochs sollte die Lektüre seiner Zeitung Lebensart und Lebenseinstellung des privilegierten New Yorks dokumentieren – auch denen, die selbst nicht unbedingt dazugehörten, was Schudson zu der Frage veranlaßt: »Wurde die *New York Times* nun für ehrbar gehalten, weil sie die Reichen und Einflußreichen der Stadt ansprach, oder sprach sie diese deshalb an, weil sie tatsächlich ehrbar war?«[18]

4

Zu den Privilegierten gehörte auch *Our Crowd*, so die Selbstbezeichnung der Gemeinde der jüdischen Einwanderer deutscher Herkunft in der Stadt New York. Obwohl Adolph Ochs und seine Familie aus dem Süden der USA zugezogen waren, konnten sie sich erfolgreich in diese Gruppe integrieren. Eine Blütezeit für *Our Crowd* waren die achtziger und neunziger Jahre des vergangenen Jahrhunderts, die Dekaden, in denen in New Yorks Upper East Side die immer glanzvolleren Paläste einflußreicher jüdischer Familien entstanden. Nach der ersten frühen Einwanderung einiger hundert sephardischer Juden in die Neue Welt folgte zwischen 1837 und 1860 der bedeutend stärkere Zuzug deutsch-jüdischer Immigranten, der auch zur Gründung der ersten jüdischen Gemeinden in den USA führte. Besonders in New York gelang es den Einwanderern, sich in verhältnismäßig kurzer Zeit zu etablieren. Schon in den siebziger Jahren befanden sich unter den etwa 80 000 deutschjüdischen Einwohnern New Yorks einige der wohlhabendsten und einflußreichsten Familien des Landes. Wie der Soziologe William Domhoff und der Historiker John Higham dokumentieren, gelang es keiner anderen Emigrantengruppe innerhalb eines so kurzen

Zeitraumes eine so bedeutende Position im Machtgefüge der Stadt einzunehmen. Domhoff spricht in diesem Zusammenhang sogar von der Entstehung einer »amerikanischen jüdischen Oberschicht«.[19] Geschäftlich wie familiär blieb man unter sich. Wenn beispielsweise die Reise zur »Brautschau« nach Deutschland erfolglos geblieben war, so war die Heirat naher Verwandter selbstverständlich. Gemeinsame Investitionen und Firmengründungen sicherten den Aufstieg und Zusammenhalt der Gruppe. In den eigenen Reihen wurde die Bezeichnung *Our Crowd* – übersetzt in etwa »Unsere Clique« – für den eng umrissenen Kreis üblich. »Für viele Jahre gehörte man entweder zu *Our Crowd*, oder man gehörte eben nicht dazu«, schreibt Steve Birmingham, der als Chronist der New Yorker Geschichte den »jüdischen Großherzogen« in seinem Buch *Our Crowd* ein Denkmal setzte.[20] Birmingham porträtiert darin eine einzigartige Welt von Exklusivität, Reichtum und Extravaganz. So konkurrierten zum Beispiel die Industriellen Otto Kahn und Felix Warburg um die Größe ihrer Ballsäle; bis zu sechshundert Gäste konnten in den neogotischen Palästen an der berühmten Fifth Avenue zum Tanz geladen werden. Die Sommerfrische verbrachte man an den Küsten von New Jersey oder in Palm Beach. Fünf Privatwaggons brauchte allein Familie Schiff zum Transport des Hausrates inklusive der Hausmädchen und Diener nach Kalifornien – und eine Gouvernante für jedes Kind galt als unbedingt erforderlich. Nach Birminghams Worten war *Our Crowd* »New Yorks *andere* Gesellschaft«, eine eigenständige Welt, die, vom Rest der Stadt weitgehend isoliert, durch »Privilegien, Macht, Philanthropie und Familienstolz« zusammengehalten wurde.[21]

So selbstverständlich wie der Einkauf bei Straus', Macy's oder bei Altman's, den größten und exklusivsten Warenhäusern der Stadt, war auch die Lektüre der *New York Times*. Adolph Ochs' einzige Tochter Iphigene hatte durch ihre Heirat mit Arthur Hays Sulzberger das Blatt des Vaters eng mit *Our Crowd* verbunden, und die Familie bot der deutsch-jüdischen Oberschicht New Yorks damit eine Zeitung, die sich nicht nur für deren Belange einsetzte, sondern als Kommunikationsorgan auch für den Zusammenhalt der Gruppe unentbehrlich wurde.[22] Jede Veränderung in der Stadt und jede Mode wurden hier kritisch diskutiert, über jedes wichtige gesellschaftliche Ereignis ausführlich berichtet. Als beispielsweise

Temple Emanu-El an der Fifth Avenue als Zentrum der modernen, reformierten deutsch-jüdischen Gemeinde eingeweiht wurde, gratulierte auch die *New York Times* »einer der weltweit führenden Religionsgemeinschaften« zu ihrem neuen Standort.[23] Zu den Festlichkeiten der Gemeinde wurde durch die *New York Times* geladen, und selbstverständlich war es der Wunsch jeder Braut, die Hochzeit in den Gesellschaftsspalten der Zeitung bekanntzugeben. Die liberale Struktur von Temple Emanu-El, aber auch der zurückhaltende Umgang der *New York Times* mit ihrem jüdischen Hintergrund charakterisieren die gewollte und geglückte Assimilation der deutschstämmigen Juden in New York besonders deutlich. Als einflußreiche und angesehene Gruppe fiel es ihnen leicht, sich den vorhandenen Strukturen in der neuen Heimat anzupassen und gleichzeitig doch einen Teil ihrer Eigenständigkeit und ihren Zusammenhalt zu erhalten. Birmingham beschreibt das Verhältnis zur nichtjüdischen Umgebung mit den Worten: »Die Lebensrhythmen von *Our Crowd* und dem Rest der Stadt flossen zwar nicht miteinander, aber doch harmonisch nebeneinander her. Für Außenstehende wirkte die Welt der deutschen Juden exotisch und unnahbar. Ihr Lebensstil wurde oft beneidet, mißverstanden, abgelehnt, aber von den meisten Bewohnern New Yorks ganz einfach ignoriert – und genau dies war es, was die jüdische Oberschicht vor allem bevorzugte. Gleichsam unbemerkt wuchsen Wohlstand und Einfluß der Gruppe.«[24]

Zur Jahrhundertwende begann sich diese Situation dramatisch zu verändern. Infolge massiver Verfolgung setzten ab 1880 Einwanderungswellen russischer und polnischer Juden in die USA ein. Bis zu 90 000 osteuropäische Einwanderer gingen pro Jahr in New York City an Land. Es wird geschätzt, daß allein bis zum Jahr 1905 mehr als ein Drittel der jüdischen Bevölkerung Osteuropas ausgewandert war. Die meisten von ihnen versuchten einen Neuanfang in New Yorks Lower East Side. Auch diesem wichtigen Kapitel New Yorker Geschichte hat wiederum Steve Birmingham diesmal mit seinem Buch *The Rest of Us* ein Denkmal gesetzt. Anders als die Sephardim und deutschstämmigen Juden vor ihnen waren die neuen Immigranten mittellos, meist ohne Ausbildung und stark religiös geprägt. Die New Yorker Öffentlichkeit sprach bald, so Birmingham, von den »unglaublichen Zuständen in den jüdischen

Stadtvierteln« oder gelegentlich sogar vom »jüdischen Problem« in der Lower East Side.[25]

Die etablierte deutsch-jüdische Oberschicht stand diesen Entwicklungen mit gespaltenen Gefühlen gegenüber. Die Ankunft Abertausender osteuropäischer Juden, ihre Sprache, das Jiddisch, und das enge Zusammenleben in nur einem einzigen Stadtteil brachten Erinnerungen an die mittelalterliche Judengasse und das Schtetl mit in die Neue Welt. *Our Crowd* schwankte zwischen finanzieller Hilfsbereitschaft einerseits und krasser Ablehnung andererseits. Die Berichte aus dem übervölkerten Viertel über Hunger, Müll, Krankheiten, Gewalt und Kriminalität entsetzten die feine Gesellschaft der Upper East Side. Birmingham schreibt: »Für die sich längst etablierten deutschen Juden, die sich mit einer Patina von besten Umgangsformen und großer Ehrbarkeit schmückten, war – so die Worte der Ablehnung – diese Masse schreiender, ungehobelter und schmutziger ›Russen‹, die die Unverschämtheit besaßen, sich selbst ›jüdische Brüder‹ der ›Deutschen‹ zu nennen, eine entschiedene Beleidigung.«[26] Birmingham spricht schließlich sogar von einem sich entwickelnden »deutsch-jüdischen Antisemitismus«,[27] zuerst gepredigt von Rabbiner Kaufmann-Kohler im vormals so liberalen Temple Emanu-El. Für Kaufmann-Kohler war eine deutsch-jüdische Abstammung durchaus gleichzusetzen mit Werten wie »Friede, Freiheit, Fortschritt und höchster kultureller Entwicklung«; die deutschstämmigen Juden seien, so der Rabbiner, frei von den »Fesseln der Vergangenheit« und ihr Geist »befruchtet mit deutschem Gedankengut und nicht länger ›orientalisch‹«.[28]

Der Zustrom der Einwanderer nahm indes weiter zu. Im Jahre 1915 wurde die Zahl der osteuropäischen Juden auf anderthalb Millionen oder achtundzwanzig Prozent der Gesamtbevölkerung New Yorks geschätzt. Birmingham weiter: »In Zahlen gemessen schien es, als würde die nichtjüdische Bevölkerung der Stadt vom Anteil jüdischer Einwanderer bald überholt. Und in der Lower East Side zusammengedrängt, waren diese alles andere als unauffällig.«[29] Wie zu erwarten war, kam es in dieser Situation zu ersten deutlichen Anzeichen von Antisemitismus auf dem amerikanischen Kontinent, und eine verstärkte Diskriminierung der jüdischen Bevölkerung im öffentlichen Leben hatte eingesetzt.[30] Die Ausgrenzung jüdischer Mitglieder in gesellschaftlich wichtigen Organisationen und Vereinen oder die Verweigerung ihrer Aufnahme in New Yorks angesehenste Clubs[31] war nur eine dieser Erscheinungen. Hotels verschlossen ihnen ihre Türen, und selbst Universitäten wie Harvard oder Columbia begrenzten die Zulassungsquoten für jüdische Studenten drastisch. Der bisher reibungslose Assimilationsprozeß, besonders der deutsch-jüdischen Oberschicht, schien gefährdet – eine Entwicklung, von der auch die *New York Times* nicht verschont blieb. Die Zeitung erhielt nun verstärkt antisemitische Zuschriften und wurde, wie Gay Talese dokumentiert, immer öfter als »jüdische Zeitung« diffamiert.[32] Dies veranlaßte Adolph Ochs, u. a. die Sicherheitsvorkehrungen im Hauptgebäude des Unternehmens zu erhöhen. Außerdem sollte von nun an noch stärker als zuvor das »Amerikanische« der Zeitung betont werden. Damit sollten künftig der gute Ruf der *New York Times* gewahrt sowie weitere Anfeindungen vermieden werden. Die israelische Politikwissenschaftlerin Bat-Ami Zucker schreibt dazu: »Ochs betrachtete sich selbst als Amerikaner, der zufällig auch Jude war. In Einklang mit dem althergebrachten deutsch-jüdischen Grundsatz, das ›Jüdisch-Sein‹ nicht in den Vordergrund zu stellen, steigerte Ochs diese Philsosophie oft bis ins Extrem. Sein Wunsch, alle Juden in der Neuen Welt sollten zu ›richtigen‹ Amerikanern werden, wurde an die Redaktion seiner Zeitung weitergeleitet.«[33] Deutlich wird hier die Übertragung des oben erläuterten Assimilationsgedankens der deutsch-jüdischen Oberschicht New Yorks auf Anspruch und Struktur der *New York Times*. Adolph Ochs, der mit Erfolg alles darangesetzt hatte, einen respektablen Platz für seine Zeitung im Sozialgefüge der Stadt zu finden, sah in der Hervorhebung jüdischer Themen oder dem besonderen Einsatz für jüdische Belange eine Gefährdung dieser Position.[34] Der daraus resultierende, in der Vergangenheit oft widersprüchliche Umgang der Zeitung mit jüdischen Themen wurde als sogenannte »Jewish Question« der *New York Times* definiert.

So gab es, um die »Balance« des Blattes zu wahren, weder unter Ochs noch unter seinen beiden Nachfolgern einen jüdischen Chefredakteur, bis Rosenthal 1969 dieses Amt übernahm. Allerdings wurde schon zu Beginn seiner Karriere dafür gesorgt, daß seine Herkunft nicht allzu offensichtlich war. Harrison Salisbury hält diese Episode fest und berichtet, Rosenthal habe, nachdem ihm der erste Artikel auf der Titelseite der Zeitung zugestanden worden war, zu Recht angenommen, die Redaktion würde seine ursprüngliche Signatur »Abraham (Mikl) Rosenthal« mißbilligen. Und tatsächlich wurde der Verfasser des besagten Artikels am nächsten Morgen schlicht mit »A. M. Rosenthal« bezeichnet – »und dies war die Art und Weise der Unterschrift, wie sie von nun an zu sein hatte«.[35] Darüber hinaus bemerkte Rosenthal, der zu diesem Zeitpunkt als *New-York-Times*-Korrespondent bei den Vereinten Nationen beschäftigt war, daß sein Name aus Artikeln, die sich zur Haltung der Staatengemeinschaft gegenüber der gespannten Situation in Palästina und zur Gründung eines jüdischen Staates äußerten, entfernt wurde.

Als sich die politische Situation im Nahen Osten in den späten vierziger und fünfziger Jahren mit dem israelischen Unabhängigkeitskrieg und der Suez-Krise noch zuspitzte, verhängten Chefredakteur Turner Catledge und Verleger Arthur Hays Sulzberger höchstpersönlich einen vorübergehenden Einstellungsstopp für jüdische Journalisten und sorgten außerdem dafür, daß die *New York Times* in diesen Jahren keine jüdischen Korrespondenten in das Krisengebiet entsandte.[36] Grund dafür war die Befürchtung, daß bei einer Berichterstattung über eine eventuelle Eskalation der gespannten Lage im jungen Israel der Vorwurf der Befangenheit erhoben werden könnte. In diesem Zusammenhang ist Zuckers Analyse der Berichterstattung von *New York Times* und *Washington Post* über die Gründung des Staates Israel und über dessen finanzielle Unterstützung durch die USA aufschlußreich.[37] Die Politikwissenschaftlerin kommt zu dem Ergebnis, daß im Gegensatz zur *Washington Post*, die immer einen klaren Standpunkt für Israel bezog, die *New York Times* den politischen Veränderungen im Nahen Osten erst ablehnend und später meist neutral gegenüberstand. Die Führungsspitze der *New York Times* befürchtete, die Gründung des jüdischen Staates könne eine verstärkte Aufmerksamkeit auch auf die Juden in den USA richten und damit erneut ihr Arrangement mit ihrer nichtjüdischen Umgebung gefährden.[38] Zucker schreibt: »Tatsache ist, daß die Familie Ochs / Sulzberger, obwohl (oder vielleicht gerade weil) sie eine der einflußreichsten deutsch-jüdischen Familien Amerikas ist, lange Zeit alles darangesetzt hat, ihre jüdische Identität zu ignorieren, indem redaktionelle Richtlinien für die *Times* entworfen wurden, die ausdrücklich eine ›objektive‹ Haltung gegenüber jüdischen Themen und später gegenüber dem jüdischen Staat verlangten.«[39]

Die schwierige und konfliktreiche Ausgangssituation der osteuropäischen Einwanderer New Yorks schien sich allerdings schon in den vierziger und fünfziger Jahren deutlich zu entspannen. Es zeigte sich, daß es den neuen Emigranten – entgegen allen Erwartungen – in überraschend kurzer Zeit gelungen war, sich in ihrer neuen Umgebung zurechtzufinden. Nur die Zeitspanne einer einzigen Generation war nötig gewesen, um die meisten Familien und ihre Gemeinden ins Gefüge der Stadt zu integrieren. Energie, Lebendigkeit und Ideenreichtum der neuen Aufsteiger waren sprichwörtlich geworden und wurden schließlich selbst von deutsch-jüdischer Seite gerühmt, eine gesellschaftliche Akzeptanz folgte daraus jedoch nicht. Birmingham schreibt: »Die ›Deutschen‹ mußten schließlich zugeben, daß die neuen Einwanderer Intelligenz bewiesen und überaus erfindungsreich waren – trotzdem wirkten sie aber auch weiterhin oftmals ungehobelt, aggressiv, laut und streitsüchtig. In anderen Worten, die ›Osteuropäer‹ waren nun zwar erfolgreich, doch in den Augen von *Our Crowd* noch weit davon entfernt, richtige ›Ladies‹ und ›Gentlemen‹ zu werden.«[40] Einladungen zu privaten Festlichkeiten oder die Aufnahme in die feinen Clubs der deutsch-jüdischen Oberschicht blieben den Trägern russischer oder polnischer Namen auch weiterhin verwehrt. So ist es nur allzu verständlich, daß es sich die Neuankömmlinge zum Ziel ihres sozialen Aufstiegs machten, in den eng umgrenzten Kreis von *Our Crowd* vorzudringen. Und obwohl die Dominanz der deutschstämmigen Juden innerhalb der jüdischen Gemeinden der USA während des Zweiten Weltkriegs und in den Jahren danach abnahm, existieren Spannungen zwischen beiden Gruppen bis heute weiter. Auch das Verhältnis der Herausgeber der *New York Times* zu ihren beiden Chefredakteuren A. M. Rosenthal und Max Frankel kann – wie im anschließenden Kapitel ausgeführt – in diesem Zusammenhang gesehen und so besser verstanden werden.

5

Seit ihrem Ankauf durch Adolph Ochs 1896 befindet sich die *New York Times* in Familienbesitz: Adolph Ochs' einzige Tochter Bertha Iphigene heiratete Arthur Hays Sulzberger, Sohn eines einflußreichen New Yorker Textilfabrikanten, der dann nach dem Tod von Ochs im Jahre 1935 die Zeitung übernahm. Von 1961 bis 1963 führte dessen Schwiegersohn Orvil Dryfoos das Unternehmen, und Dryfoos' früher Tod brachte den auf diese Aufgabe unvorbereiteten Arthur Ochs Sulzberger in die Position des Verlegers. Im Januar 1992 übernahm dann wiederum dessen Sohn Arthur Sulzberger junior die Führung des Blattes. Damit behält Großvater Sulzberger mit seiner Aussage aus dem Jahre 1963 auch heute noch recht; bei der Übernahme der Verlagsleitung durch seinen Sohn hatte er betont: »Es kann wahrlich behauptet werden, die *Times* sei ein Familienunternehmen.«[41] Sehr viel wichtiger für das Verständnis von Aufbau und Struktur der *New York Times* als die Abfolge der Verleger ist jedoch die Tatsache, daß heute auch eine große Anzahl von Familienmitgliedern in allen Bereichen des Unternehmens tätig ist und – vom Familienrat koordiniert – dessen Zukunft und Richtung bestimmt. Harrison Salisbury hält nach zahlreichen Interviews im Jahre 1980 fest: »Auch für die weitere Zukunft liegt das Schicksal der *New York Times* in den Händen der ›Dreizehn‹ – der dreizehn Urgroßenkel von Adolph Ochs. Und, obwohl es zu diesem Zeitpunkt noch zu früh ist, um die künftige Rolle jedes einzelnen im Unternehmen vorauszusehen, steht doch fest, daß ausnahmslos alle, bezüglich der Ziele und Ideale der *New York Times*, einer Meinung sind.«[42]

Da die Familie selbst nur sehr sparsam über ihre Verwandtschaftsverhältnisse und die Positionen der einzelnen Familienmitglieder im eigenen Konzern informiert, ist bislang wenig über die familieninternen Entscheidungsprozesse bekannt.[43] So wurden auch Anfragen der Columbia-Universität und der Library of Congress, Teile des umfangreichen Archives der *New York Times* in ihre eigenen Sammlungen aufnehmen zu dürfen, mit der Begründung abgelehnt, Familien- und Zeitungsgeschichte seien untrennbar miteinander verbunden und Publizität deshalb nicht erwünscht. Aus ebendiesem Grunde hatte die Familie nach dem Tode von

Arthur Hays Sulzberger im Jahre 1968 entschieden, daß sie für die Zukunft allein über den Zugang zur Dokumentensammlung des Unternehmens verfügen werde.[44] Interessant ist in diesem Zusammenhang Marvin Dunns soziologische Studie über die Funktion des sogenannten *Family Office,* des Familienrates einflußreicher Familien in den USA, in der dieser die Organisation und den Zusammenhalt der wichtigsten Dynastien untersucht und zu dem Schluß kommt, daß die Machtzentralisierung in Form eines Familienrates die Grundvoraussetzung dafür ist, daß die führenden Familien des Landes bis heute ihren sozialen Status aufrechterhalten und sogar noch weiter ausbauen konnten.[45] Laut Dunn sichern diese Familien, die zumeist schon im neunzehnten Jahrhundert im Zuge der industriellen Entwicklung Amerikas zu großem Reichtum gelangten, bis heute Ansehen und Einfluß durch zwei wichtige Mechanismen: Zum einen werden einer stetig wachsenden Zahl von Familienmitgliedern Schlüsselpositionen in den familieneigenen Firmen oder den angegliederten Organisationen gegeben; zum anderen werden ausnahmslos alle Entscheidungen zur Verwaltung des Familienkapitals und Beschlüsse über zukünftige Unternehmungen immer gemeinsam gefällt: »Der Familienrat verbindet die Mitglieder einer Familie nicht allein durch ihre Verwandtschaftsverhältnisse, sondern darüber hinaus durch die gemeinsame Koordination wirtschaftlicher, politischer und wohltätiger Aktivitäten.«[46] In einer vergleichbaren Studie zu diesem Thema kommt auch der Sozialwissenschaftler Shelby White zu dem Ergebnis, daß der Zusammenhalt von Erbschaft und Familienkapital zur wichtigsten Voraussetzung für den ungebrochenen Einfluß der dominierenden Familien in den USA wurde: »Der Familienrat sicherte als einende Kraft den Zusammenhalt des Kapitals schon in der Phase, in der sich die führenden Familien des Landes aus den anfänglich risikoreichen Geschäften, die die Basis ihres Reichtums begründet hatten, entfernten. Ohne zentrale Steuerung wäre das Vermögen jeder einzelnen dieser Familien schon damals über Generationen verstreut worden und hätte sein volles Machtpotential verloren. Erst durch den koordinierten Einsatz des vereinten Familienkapitals behielten die Familienräte bis heute die Möglichkeit, Konkurrenzfirmen aufzukaufen, ›Steuer-Oasen‹ zu schaffen, großzügig in Öl oder Immobilien zu investieren und andere Unternehmungen durchzuführen«, die Macht und Einfluß der Oberschicht sichern.[47]

Eine genaue Betrachtung der Besitzverhältnisse und Entscheidungsmuster weist die New York Times Company, den Mutterkonzern der *New York Times*, als typisches Beispiel für die Art und Weise der Machtorganisation durch einen Familienrat aus. Obwohl die New York Times Company als freies marktwirtschaftliches Unternehmen offiziell von den vierzehn Direktoren ihres Aufsichtsrates geleitet wird, besitzt die Familie Sulzberger und damit ihr Familienoberhaupt doch die endgültige Entscheidungsgewalt. Dafür sorgte noch Firmengründer Adolph Ochs, der das Familienerbe vor seinem Tod 1935 im sogenannten *Ochs-Trust* zusammenschloß. Ochs hatte das Unternehmen in eine Aktiengesellschaft umgewandelt, die bis heute mit zwei verschiedenen Klassen von Wertpapieren operiert. Als »B« klassifizierte Aktien wurden nach Ochs' Willen zu einhundert Prozent unter den Nachkommen und wenigen Angestellten der Zeitung aufgeteilt und können ausschließlich innerhalb der Familie des Firmengründers weitergereicht werden. Diese Aktien besitzen ein uneingeschränktes Stimmrecht. Aktien der Klasse »A« können dagegen frei an der Börse gehandelt werden und befanden sich 1992 im Besitz von mehr als 13000 Institutionen und Privatpersonen.[48] Bedingt durch die unterschiedliche Wertung der Aktien »B« und »A«, kontrolliert die Familie Sulzberger heute ca. siebzig Prozent des Stimmrechts und der Entscheidungsgewalt im Aufsichtsrat der New York Times Company.[49] Die Familie bestimmt außerdem neun der vierzehn Direktoren des Aufsichtsrates. Die fünf zusätzlichen Direktoren werden von den Besitzern der Aktien »A« gewählt, tragen die Bezeichnung *outside* und besitzen sehr viel weniger Mitspracherecht als ihre Kollegen. Doug Henwood, Mitarbeiter der unabhängigen Forschungsgruppe Fairness & Accuracy in Reporting (FAIR) schreibt dazu: »Die ›außenstehenden‹ Direktoren der New York Times Company üben bei weitem nicht den Einfluß aus, der ihnen auf Grund ihrer hohen Positionen in anderen, herkömmlich strukturierten Konzernen zustehen würde. Sie befinden sich in erster Linie aus Prestigegründen im Vorstand des Unternehmens.«[50] Henwood verweist mit dieser Festellung auf den eigentlichen Grund, der die Familie Ochs / Sulzberger bewegte, die Vorstandsetage ihres weit verflochtenen Konzerns für Außenstehende zu öffnen: Die *outside directors*, ausnahmslos angesehene Persönlichkeiten aus Politik und Wirtschaft, sind unentbehrlich, um wichtige Kontakte zu Unternehmen außerhalb der Medienbranche aufzubauen und aufrechtzuerhalten.

Nach dem Tode von Adolph Ochs' einziger Tochter Iphigene wurde die bis dahin von ihr gehaltene Mehrheit der Aktien und Stimmanteile an ihre vier Kinder, dreizehn Enkel, vierundzwanzig Großenkel und einige Urgroßenkel verteilt. Viele von ihnen befinden sich heute in wichtigen Positionen in allen Bereichen des Konzerns. Herausragend ist immer noch der Einfluß der Enkel des Firmengründers: Marian Sulzberger Heiskell, Ehefrau von Andrew Heiskell, dem ehemaligen Vorsitzenden des *Time*-Verlages; Ruth Sulzberger Holmberg, Herausgeberin der *Chattanooga Times*; Judith P. Sulzberger und Arthur Ochs Sulzberger, geschäftsführender Vorstandsvorsitzender des Konzerns. Noch 1989 waren diese vier die einflußreichsten Mitglieder des Aufsichtsrates der New York Times Company.

6

Als Vorstandsvorsitzender der New York Times Company und Herausgeber der *New York Times* von 1963 bis 1992 spielte »Punch« Sulzberger bei der ideologischen und strukturellen Umgestaltung des Unternehmens während der siebziger und achtziger Jahre eine ganz entscheidende Rolle. Spätestens seit dem Tod des Vaters war seine Position und Aufgabe als männliches Oberhaupt der Familie klar definiert. Nach einem Interview mit Sulzberger schrieb *Time* 1977: »Die Loyalität des Verlegers ist eindeutig. Er beobachtet sorgsam die Fortschritte einiger der jüngeren, für Positionen im Unternehmen vorgesehenen Familienmitglieder. Darauf angesprochen, antwortete der Verleger: ›Dies ist eine Zeitung in Familienhand, und ich werde alles daransetzen, dies auch für die Zukunft beizubehalten.‹« [51] Aufschlußreicher als Arthur Ochs Sulzbergers Familienverbundenheit ist jedoch die Analyse der Konflikte, Kompromisse und Arrangements, die seinen Weg zur Führungsspitze des Unternehmens begleiteten. Weniger durch Begabung als durch Geburt zur Übernahme der *New York Times* berufen, hatte »Punch« Sulzberger (diesen Spitznamen trägt er seit frühester Kindheit) ein oft widersprüchliches Verhältnis zu seiner Tätigkeit. Desinteresse, Gleichgültigkeit und Verantwortungslosigkeit, verbunden mit einer Freude am Gebrauch seiner uneingeschränkten Machtposition, wurden ihm als typische Charaktermerkmale zugeschrieben.

Aufgewachsen in der konservativen Welt von *Our Crowd*, waren Ausbildung und Beruf von »Punch« von Geburt an vorherbestimmt. In Birminghams Worten: »Für die Kinder war dies eine Welt von Disziplin und Ritualen – auf sozialer und auf religiöser Ebene. Die Jungen wurden in dunkelblauen Anzügen mit leuchtend weißen Handschuhen ausgeführt, während die Mädchen in roten Satinkleidern zu Miss Viola Wolffs Tanzschule gingen, wo sie lernten, ihre kleinen Körper tief zu beugen.«[52] Auch »Punchs« Kindheit war angefüllt mit der Einübung von Disziplin und elterlichen Erwartungen. Als er fünf Jahre alt wurde, entschied sein Vater beispielsweise, daß es nun an der Zeit sei, die Puppen der älteren Schwestern beiseite zu legen und sich ernsthafteren Dingen zuzuwenden. Doch zur allgemeinen Enttäuschung, wie ein ausführlicher biographischer Bericht in *Time* dokumentiert, interessierten Spielzeugsoldaten und Waffen den jungen Sulzberger ebensowenig wie die Vorgänge im Verlagsgebäude der *New York Times*, wohin ihn der Vater gelegentlich mitzunehmen pflegte.[53] Die wenigen Beschreibungen von Kindheit und Persönlichkeit des künftigen Spitzenmannes der New York Times Company und Herausgebers der *New York Times* halten sich in ihrer Wortwahl bedeckt und sind durchweg sehr vorsichtig. *Time* beschreibt »Punch« beispielsweise als *late bloomer*: »Der Mann, der heute an der Spitze einer der weltweit einflußreichsten Zeitungen sitzt, war – um es in freundlichen Worten zu sagen – ein ›Spätentwickler‹.«[54] Mutter Iphigene erklärt diese scheinbare Charakterschwäche des Sohnes mit ihrer eigenen Dominanz in der Familie. Ebenfalls von *Time* festgehalten, vermutete sie humorvoll: »Söhne leiden entweder an einem Ödipuskomplex oder ›hassen‹ die ›alte Schachtel‹, weil sie ihnen einfach zuviel Hühnersuppe eingeflößt hat.«[55] (Die besonders bei Erkältungen hilfreiche *chicken soup* steht im Amerikanischen auch als Synonym für die oft übertriebene Fürsorge der sprichwörtlichen

»jüdischen Mutter«.) Mit sehr deutlichen Worten beschreibt Joseph Goulden den jungen Sulzberger: »Arthur Ochs Sulzberger war ein zu groß geratenes Kind, das nicht einmal von der eigenen Familie und noch viel weniger von Vorstand und Redakteuren der *Times* ernstgenommen wurde. Von der Außenwelt abgeschirmt und beschützt durch den Reichtum seiner Familie und dreier ihn vergötternder Schwestern war Sulzberger nie mit besonderen intellektuellen oder sonstigen Herausforderungen konfrontiert – und mit Sicherheit hatte er auch aus eigenem Antrieb nicht danach gesucht. Zahlreiche durch das Familienerbe geschaffene Fonds und Stiftungen sicherten ihm von Anfang an einen äußerst angenehmen Lebensstil, ganz unabhängig davon, ob er nun arbeitete oder nicht – und einen wesentlichen Teil seines Lebens entschied er sich eben, *nicht* zu arbeiten – in der Schule oder anderswo.«[56]

»Punch« Sulzbergers Schulzeit und Universitätslaufbahn verliefen ohne besondere Höhen und Auszeichnungen. Obwohl es nicht die geringsten Anzeichen dafür gab, daß ihn das Nachrichtengeschäft oder im weitesten Sinne wenigstens die Medienbranche interessierte, stand eine Beschäftigung im Familienunternehmen von vornherein fest, weil dies die Familientradition erforderte.[57] Als »Punch« im Jahre 1954 erstmals als festangestellter junger Journalist das Hauptgebäude der *New York Times* betrat, hielten die meisten Kollegen sein anfängliches Verhalten für äußerst seltsam. Der Sohn des Verlegers inspizierte ausgiebig die Heizungsanlage und interessierte sich sehr viel mehr für das Rohrleitungssystem im Haus als für die Debatten im Nachrichtenraum.[58] Als er kurz darauf in Le Mans in Frankreich zufällig zum Augenzeugen eines der schwersten Unfälle der Autorenngeschichte wurde, wo am 11. Juni 1955 zweiundachtzig Zuschauer von einem verunglückten Rennwagen getötet wurden, hielt er es nicht einmal für nötig, die Redaktion des Pariser Büros seiner Zeitung anzurufen – »Sulzberger und Gesellen blieben auf der Zuschauertribüne, schlürften Sekt und feuerten weiter die Fahrer an«.[59] Zurück in New York, passierte ein weiteres Mißgeschick. Sulzberger wurde mit der scheinbar einfachen Aufgabe betraut, von einem Bankett zu berichten und die Worte des Hauptredners zusammenzufassen. Durch einen Gang zum Telefon verpaßte er allerdings die Ansage zur kurzfristigen Änderung der Rednerliste;

Name und Ansprache wurden so vertauscht. Nach Erscheinen des für die *New York Times* peinlichen Artikels mußte umgehend eine Korrektur geschaltet werden. Goulden dazu: »Hätte ›Punch‹ irgendeinen anderen Familiennamen als Sulzberger geführt, er wäre auf der Stelle entlassen worden.«[60] Nachdem sich Arthur Ochs Sulzberger für Reportertätigkeiten als untauglich erwiesen hatte, wurde er schließlich zum *Assistant Treasurer*, zum stellvertretenden Leiter der Finanzabteilung, ernannt. Goulden stellt fest: »›Punchs‹ neuer Auftrag schien amorph und inhaltsleer, geradeso, als hätte die Familie eine Art Behelfsarbeit für einen geliebten Sohn geschaffen, der irgendwie beschäftigt werden mußte. Dementsprechend strich Sulzberger die meiste Zeit im Gebäude umher, um mal hier ein Büro auszumessen oder mal dort einen neuen Farbanstrich vorzuschlagen.«[61]

Als sich im Jahre 1961 Vater Arthur Hays Sulzberger zur Ruhe setzte, stand für die Familie fest, daß anstelle »Punchs« der Schwiegersohn Orvil Dryfoos, ambitionierter Makler an der Wall Street, die Position des Verlegers und Herausgebers der *New York Times* übernehmen sollte. Diese Wahl wurde mit allgemeinem Wohlwollen aufgenommen, schließlich entstammte Dryfoos ebenfalls der deutsch-jüdischen Oberschicht New Yorks und »paßte mit seinem selbstsicheren Auftreten und seriösen Umgangsformen bestens zur Familie«.[62] Dryfoos war in seiner Position sehr erfolgreich, starb allerdings nach zwei Jahren im Alter von fünfzig Jahren an den Folgen eines Schlaganfalls. Nach dem frühen Tod von Dryfoos hatte die Familie erneut über den höchsten Posten im Unternehmen zu entscheiden. Den Traditionen der Familie folgend, wäre spätestens zu diesem Zeitpunkt Sohn »Punch« Sulzberger als einzige logische Wahl in Frage gekommen. Und trotzdem »suchten ›Punchs‹ Eltern drei quälende und beschämende Wochen lang mit aller Kraft nach anderen Möglichkeiten«.[63] Orvil Dryfoos' unerwarteter Tod hatte die Familienpläne durchkreuzt, eine Notlage, die dazu führte, daß der »junge« mittlerweile 37jährige, aber auf diese Aufgabe völlig unvorbereitete Sulzberger dann doch die Führung des Unternehmens übernahm.

Als Geschäftsführer, Verleger und Herausgeber wurde Arthur Ochs Sulzberger so schließlich unvorhergesehen zu einer der wichtigsten Personen in der entscheidenden Periode des Wandels der *New York Times*. Weniger durch aktives Handeln als vielmehr durch anfängliche Passivität ermöglichte »Punch« Sulzberger strukturelle und inhaltliche Veränderungen, die die Zeitung nachhaltig prägten. Obwohl das Unternehmen seinen langjährigen Verleger heute als überaus erfolgreiches Oberhaupt würdigt, sind die Beschreibung seiner fachlichen Qualitäten und Interessen überaus widersprüchlich. Selbst die eigene Familie wußte noch in den sechziger und siebziger Jahren wenig Positives über »Punch« zu berichten. In Interviews und Biographien aus dem Kreise der Sulzbergers wird deutlich, daß die journalistischen Fähigkeiten des Familienoberhauptes, wenn überhaupt, eher ausweichend behandelt werden. Man beschränkt sich auf die Erwähnung seiner privaten Vorzüge: Arthur Ochs Sulzbergers Kochkünste werden des öfteren ebenso gerühmt wie sein vorzüglicher Geschmack bei der Einrichtung des eigenen Apartments auf der Fifth Avenue oder sein Geschick bei der Gartenarbeit im ausgedehnten Anwesen der Familie in Connecticut. Gelegentlich erwähnt werden auch unter einem Pseudonym veröffentlichte »Leserbriefe«.

Erst in den achtziger und neunziger Jahren änderte sich die Darstellungsweise der Qualitäten des Spitzenmannes im Unternehmen. Beispielhaft steht dafür ein Artikel der *New York Times* aus dem Jahre 1992. Als Sohn Arthur Ochs Sulzberger junior als neuer Herausgeber in die Fußstapfen des Vaters trat, beschrieb die Zeitung dessen Leistungen so: »Mr. Sulzberger war ein unvergleichbarer Herausgeber, der seine Verantwortung im Unternehmen ganz besonders ernst nahm und die *New York Times* auf diese Weise durch eine Epoche lenkte, die einige der großartigsten Erfolge in der Geschichte der Zeitung aufzeigte. Zu seinen wichtigsten Charaktereigenschaften gehören Klugheit, Bescheidenheit und ein Understatement bezüglich seiner wahren Größe.«[64] *Time* dagegen beschrieb noch 1977 »Punchs« Arbeitsweise mit ganz anderen Worten: »An den Tagen, die Arthur Ochs Sulzberger in der Stadt verbringt, knöpft er sich die Nachrichten seiner Zeitung vor, und zwar im Liegen – auf einer vom Orthopäden empfohlenen Matratze. Natürlich zuerst die Titelseite. Dann geht es weiter zu den Nachrufen (›Super! Noch bin ich nicht dabei, haha!‹) und zu den Börsennachrichten (›Toll! Unsere Aktien steigen!‹). Schließlich blättert er wieder zurück zur Titelseite und beginnt mit der wirklichen Arbeit; reißt Überschriften, Paragraphen, ja selbst ganze Artikel heraus, die ihm entweder gefallen oder ihn ärgern und legt diese zur weiteren Bearbeitung auf seinem Nachttisch ab. Erschöpft wirft ›Punch der Schlächter‹ am Ende den zerfledderten ›Kadaver‹ zu Boden. Und mit dem zwölften Glockenschlag fällt der Mann, der – wie es schon das *New-York-Times*-Motto *Fit to Print* besagt – alle Neuigkeiten kennt, die es wert sind, gedruckt zu werden, in einen süßen Schlaf.«[65] Diese *Time*-Beschreibung wiederum wird relativiert, wenn sie dem folgenden Auszug aus dem Buch *The World's Great Dailies* von 1980 gegenübergestellt wird. Die Autoren Fisher und Merrill benutzten ganz offensichtlich den älteren *Time*-Artikel als Vorlage, um in ihrer Beschreibung der weltweit angesehensten Tageszeitungen Arthur Ochs Sulzbergers Rolle als Herausgeber darzustellen. Sie schreiben: »›Punch‹ Sulzberger wirft ein wachsames, gütiges und trotzdem väterlich dizipliniverendes Auge auf die *New York Times*. Jeden Abend liest er sorgfältig bis spät in die Nacht die für den frühen Morgen vorgesehene Stadt-Ausgabe, macht sich Notizen und schneidet Artikel aus, um so den Standard des Blattes noch zu verbessern. Durch den Ansporn zu mehr Dynamik, Mut zu Neuerungen und ständigen Verbesserungen bestätigt Sulzberger den guten Ruf seiner Zeitung.«[66]

Wie nun auch immer Arthur Ochs Sulzbergers fachliche Qualitäten in seiner aktiven Zeit als Verleger und Herausgeber der *New York Times* beurteilt werden mögen, sein eigentliches Talent offenbarte sich zweifelsohne auf einer anderen Ebene, nämlich in der Fähigkeit, ein intensives und kooperatives Verhältnis mit seinen Beratern in den Schlüsselpositionen im Unternehmen aufzubauen. Besonders die enge Zusammenarbeit mit den Chefredakteuren Turner Catledge und später A. M. Rosenthal war sozusagen »überlebensnotwendig« für den zu Anfang in der Branche mehr als unerfahrenen Sulzberger. Nach der überraschenden und unvorbereiteten Übernahme der Verlagsleitung im Jahre 1963 wurde Sulzberger mit einer Unzahl von Fragen konfrontiert, deren Beantwortung der Mithilfe eines Kollegen bedurfte. Damals war »Punchs« Freundschaft zu Turner Catledge von großer Bedeutung. Dieser hatte als langjähriger und angesehener Chefredakteur, als *Managing Editor*, genau die Erfahrung und Kontakte, die dem neuen Herausgeber fehlten. Zusätzlich gab sich der um einiges ältere Catledge, im Gegensatz zu »Punchs« Vorgänger Dryfoos (»Laß mich in Ruhe, Kleiner, du störst!«[67]) und anderen Angestellten mehr Mühe mit dem jungen Sulzberger. Da vor Dryfoos' Tod »Punch« Sulzberger keinerlei Verantwortung im Unternehmen zu tragen hatte und bei der Arbeit im Nachrichtenressort oft sogar hinderlich schien, behandelten die meisten Redakteure ihren neuen Vorgesetzten auch weiterhin mit wenig Respekt. Nur Catledge versuchte, Sulzbergers scheinbar versteckte Qualitäten mit Geduld zu wekken[68] – eine Überlegung, die sich für beide auszahlen sollte.

Zur Zeit der Übernahme der Zeitung durch den jungen »Punch« zeichnete sich die *New York Times* durch die traditionelle Unabhängigkeit und Qualität ihrer verschiedenen Nachrichtensektionen, den im *Times*-Jargon so genannten *dukedoms* oder Fürstentümer aus. So hatte zum Beispiel Redakteur Lester Markel die *Sunday Times*, die Sonntagsausgabe der Zeitung, zur Berühmtheit geführt, und James Restons langjährige unangefochtene Leitung des *New-York-Times*-Büros in Washington erfreute sich ebenfalls großen Ansehens. Durch die Teilnahme in Catledges *little backroom club*,[69] dem Kreis der engsten Mitarbeiter und Vertrauten des Chefredakteurs, erhielt »Punch« nicht nur Einblick in den hierarchischen Aufbau und die Struktur der Zeitung, er lernte auch den Personenkreis kennen, der die Fäden im Nachrichtenressort in den Händen hielt.[70] Andererseits wuchs Turner Catledges Einfluß im Unternehmen, da ihn der neue Herausgeber protegierte.

Eine von Sulzbergers ersten Ideen zur »Modernisierung« der *New York Times* bestand in der Weichenstellung für eine Zentralisierung der Aufsicht und Kontrolle über die verschiedenen Bereiche des Unternehmens. Im September 1964 entschied er daraufhin, den Aufgaben- und Einflußbereich des Chefredakteurs auszuweiten. Die neue Position des *Executive Editor* wurde geschaffen, die nicht nur über dem bisherigen *Managing Editor* angesiedelt war, sondern – und dies war die Neuerung – auch Weisungs- und Kontrollbefugnis über alle bis dahin unabhängig arbeitenden Redakteure im In- und Ausland implizierte. Zum neuen und einflußreicheren Chefredakteur, zum *Executive Editor*, wurde erwartungsgemäß Turner Catledge ernannt. Mit Catledge bekamen so auch Lester Markel und James Reston einen direkten Vorgesetzten, der einerseits von der Zentrale der Zeitung aus eine strenge Aufsicht führte und andererseits dem Herausgeber und Verleger näher als jeder andere stand. Ein kurzer Artikel in der *New York Times* machte die Neuorganisation öffentlich, beschränkte sich allerdings auf einige knappe Worte und nichtssagende Fakten, die dem Leser keinerlei Interpretation dieser wichtigen Veränderungen für die Struktur und Zukunft der Zeitung ermöglichten.[71] Gay Talese merkt an: »Für die Öffentlichkeit gab es keinen einzigen Hinweis auf die Anspannung, Rangeleien und internen Machtkämpfe, die sich hinter den Kulissen abspielten, bevor Sulzberger seine Entscheidung, die ›Fürstentümer‹ aufzulösen und die gesamte redaktionelle Entscheidungsgewalt in Catledges Händen zu bündeln, bekanntgab. Ein entsprechender Artikel in der Zeitung war in der Art formuliert, daß angenommen werden mußte, die Hauptbetroffenen würden den neuen Herausforderungen im Unternehmen ruhig und erwartungsvoll entgegensehen.«[72] Tatsächlich wurde mit diesem ersten folgenreichen Arrangement zwischen »Punch« Sulzberger und Turner Catledge und der damit begonnenen Zentralisierung der Autorität in den Händen des Chefredakteurs die Basis zu einer viel weiter reichenden Umstrukturierung des Unternehmens geschaffen. Die künftige Kooperation von Sulzberger und A. M. Rosenthal sollte diese Arbeit erfolgreich fortführen.

8

Bevor wir im nachfolgenden Kapitel näher auf die Person A. M. Rosenthal eingehen, soll an dieser Stelle vorab auf die besondere Beziehung zwischen Arthur Ochs Sulzberger und seinem langjährigen Chefredakteur hingewiesen werden.

Rosenthals Karriere bei der *New York Times* hatte in den vierziger Jahren begonnen und kann als typisches Beispiel für den mühsamen Aufstieg der zweiten Generation russisch-jüdischer Einwanderer in die etablierte Welt der deutsch-jüdischen Oberschicht New Yorks stehen. Trotz des beruflichen Erfolgs blieb dem Aufsteiger Rosenthal jedoch die gesellschaftliche Akzeptanz versagt. Ein von Joseph Goulden beschriebenes Ereignis aus dem Jahre 1949 scheint in diesem Zusammenhang typisch und gibt außerdem Auskunft über Rosenthals Stellung und Ambitionen im Unternehmen lange vor der Übernahme der Zeitung durch »Punch« Sulzberger: Als sich im Jahre 1949 die Vereinten Nationen, damals noch ohne festen Sitz, zu ihrer jährlichen Hauptversammlung in Paris trafen, wurde Rosenthal die Auszeichnung zuteil, als Mitglied der *New-York-Times*-Delegation nach Europa reisen zu dürfen. Cyrus L. Sulzberger, Neffe des Verlegers und Chef des Korrespondentenstabes der Zeitung, hatte schon im voraus dafür gesorgt, daß die Gruppe in einem der besten Hotels der Stadt unterkam. Kurz nach der Ankunft erhielt Sulzberger einen überraschenden Anruf vom Hotelmanager, in dem die gesamte *New-York-Times*-Mannschaft aufgefordert wurde, das Hotel umgehend zu verlassen – in seinem ganzen Leben sei es in diesem Hotel nicht zu einer solchen beleidigenden Situation gekommen, so der Manager. Passiert war folgendes: Kurz nach der Ankunft vermißte Rosenthal Travellerschecks im Wert von fünfundzwanzig Dollar. Er beschuldigte daraufhin eines der Dienstmädchen des Diebstahls und beschimpfte schließlich selbst die Hotelleitung: »Die Diskussion eskalierte zu einem lautstarken Streit, in dem Rosenthal die Aufrichtigkeit der Franzosen im allgemeinen und die des Zimmermädchens und ihrer Vorgesetzten im besonderen in Frage stellte.«[73] Seit diesem Vorfall befürchtete Cyrus Sulzberger, daß Rosenthals Umgangsformen und soziales Verhalten »den guten Ruf der *New York Times* in Mißkredit bringen könnten«.[74] Goulden vermutet sogar, daß diese peinliche Situation in Paris dazu geführt hatte, daß Rosenthals großer Wunsch, als Auslandsreporter zu arbeiten, erst nach mehreren Jahren erfüllt wurde. Noch lange danach machte Rosenthal dagegen den Neffen des Verlegers für den eigenen Vertrauensverlust im Nachrichtenressort der Zeitung verantwortlich. Goulden merkt an: »Rosenthal konnte Cyrus Sulzberger nicht ›vergeben‹, und Jahre später, nachdem seine Autorität bei der *Times* gewachsen war, suchte er nach einer Möglichkeit zur Revanche.«[75]

Mit der Übernahme der *New York Times* durch den jungen Arthur Ochs Sulzberger sollte sich Rosenthals Position im Unternehmen entscheidend verändern. Für Sulzberger waren Rosenthals langjährige Erfahrung, seine Vorstellungen zur Neuordnung des Unternehmens und sein Drang nach mehr Einfluß und Macht eine ideale Kombination, um seine eigene Position weiter zu festigen. Als *Managing Editor* und später als *Executive Editor* war Rosenthal – ebenso wie Turner Catledge vor ihm – für Sulzberger unentbehrlich, um seine anfängliche Unbeholfenheit und Führungsschwäche zu kaschieren und zu kompensieren. Nach dem Tod von Arthur Hays Sulzberger, »Punchs« Vater, im Jahre 1968 (»Obwohl durch mehrere Schlaganfälle behindert und an einen Rollstuhl gefesselt, richtete Sulzberger bis zuletzt ein wachsames Auge auf *seine* Zeitung«[76]) war der Weg für eine noch engere Zusammenarbeit und die darauf folgende »Modernisierung« der *New York Times* frei. »Punch«, »der Konservativste der Sulzberger-Familie«,[77] und Rosenthal, der sich schon seit einiger Zeit über den ideologischen »Zerfall« des Unternehmens beklagte, konnten nun ihre Vorstellungen vom Umbau der Zeitung uneingeschränkt entwickeln. So schreibt auch *Time*: »Sulzbergers und Rosenthals Herkunft und Persönlichkeit ähnelten sich zwar in nichts, jedoch schienen ihre Gedanken absolut identisch. Beide wußten genau, wo sie ihr Weg hinführen sollte – und Mitarbeiter, die Rosenthal nicht mehr für wichtig hielt, waren bald auch für Sulzberger bedeutungslos.«[78]

Zweifellos müssen die entscheidenden personalpolitischen Veränderungen der *New York Times* in den siebziger und achtziger Jahren auf Rosenthals Einfluß auf Sulzberger zurückgeführt werden. Beispielhaft sind die Hintergründe, die zur Entscheidung über die Beschäftigung des bis heute einflußreichen Kolumnisten William Safire führten. Chefredakteur Rosenthal wurde im Jahre 1973 auf den zum damaligen Zeitpunkt noch für die republikanische Regierung arbeitenden Safire aufmerksam und erkannte in ihm den idealen Mann zum Ausgleich der seiner Meinung nach im politischen Spektrum zu weit links stehenden Meinungsseite der *New York Times*.[79] Rosenthals Pläne stießen allerdings auf großen Widerstand im Nachrichtenressort der Zeitung. Schließlich hatte Safire nur vier Jahre zuvor zusammen mit Patrick Buchanan die

Reden von Nixons Vizepräsident Spiro Agnew verfaßt, mit denen dieser versucht hatte, die amerikanischen Medien zu dämonisieren. Stellvertretend für die Journalisten des Washington-Büros der *New York Times* schrieb David Halberstam in einem offenen Brief an den Verleger: »Safire ist kein Konservativer, sondern ein bezahlter Propagandist. Er ist kein Mann, der etwas von Politik versteht oder eigene Ideen hat, er weiß einzig und allein trickreich zu manipulieren.«[80] Obwohl sämtliche Redakteure der *New York Times* geschlossen hinter Halberstam standen, war Rosenthals Einfluß auf den Verleger zu diesem Zeitpunkt schon groß genug, um Safires Anstellung durchzusetzen. Punch Sulzberger, der William Safire schließlich bei einem privaten Abendessen persönlich kennenlernte, engagierte ihn noch 1973 als Kolumnist der *New York Times*. Nach Safires eigenen Angaben herrschte »Totenstille«, als er das Hauptstadt-Büro der Zeitung zum ersten Mal betrat.[81] Von Rosenthal kam auch der erste Anstoß zur Veröffentlichung der Pentagon Papers. Obwohl Rosenthal als Befürworter des Vietnam-Krieges galt, war er es, der Sulzberger auf die Geheimpapiere aufmerksam machte. Sulzberger in einem Interview mit der *New York Post*: »Ich hörte von der ganzen Geschichte zuerst durch unseren Chefredakteur, der sagte, er hätte einen Stapel geheimer Dokumente in die Hände bekommen.«[82]

Mit der Festigung der machtpolitischen Position der *New York Times* war freilich Rosenthals Rolle im Unternehmen beendet. Obwohl er noch kurz vor seinem Ausscheiden im Jahre 1986 versuchte, die interne Ruhestandsregelung der Zeitung zu umgehen, hatte sich »Punch« Sulzberger deutlich gegen ihn entschieden. Der Chefredakteur mußte zum vorgesehenen Zeitpunkt gehen, und so bekam Rosenthal selbst zu spüren, daß bei wichtigen Entscheidungen am Ende doch der Verleger das letzte Wort behielt. Kurz darauf nominierte Sulzberger den sehr viel diplomatischeren Max Frankel zum neuen Chefredakteur. Rosenthal spielte in der Selbstdarstellung der Zeitung keine Rolle mehr, und sein zu oft mit Kontroversen in Verbindung gebrachter Name wurde in der Geschichtsschreibung des Unternehmens kaum noch erwähnt. So heben die Jubiläums- und Werbeschriften der *New York Times* auch heute ausschließlich die Qualitäten und Fähigkeiten der Verleger hervor. Arthur Ochs Sulzberger, 1977 von *Time* nach der Belastung durch seine verantwortungsvolle Position als Vorsitzender der New York Times Company und Verleger der *New York Times* befragt, antwortete schon damals zufrieden: »Die Arbeit macht jede Menge Spaß. Es ist der beste Job der Welt.«[83]

Chefredakteur A. M. Rosenthal

»*I was terribly concerned that the paper, in the last few years, had gone toward the left politically. (...) I felt that my job was to pull it back to center.*«

A. M. ROSENTHAL, MANAGING UND EXECUTIVE EDITOR
DER NEW YORK TIMES 1968 BIS 1986 [1]

1

A. M. Rosenthals Geschichte und Aufstieg zum »weltweit einfluß-reichsten und mächtigsten Mann im Bereich des schreibenden Journalismus«, wie sein Biograph, der langjährige Journalist und Autor Joseph Goulden, schreibt,[2] beginnt in dem weißrussischen Städtchen Bobruisk. Von dort aus war Rosenthals Vater kurz vor Beginn des Ersten Weltkrieges nach Kanada emigriert, wo dieser, auf den Rat eines in Amerika lebenden Onkels hin, seinen zu fremd und »osteuropäisch« klingenden Familiennamen geändert hatte; aus dem weißrussischen Bauern Shipiatsky war so der kanadische Trapper und Fellhändler Harry Rosenthal geworden. Sein Sohn Abraham Michael kam 1922 in Sault Sainte Marie im Staat Ontario zur Welt. Finanzielle Schwierigkeiten führten jedoch dazu, daß die Familie schon einige Jahre später in die Stadt New York umzog und sich dort, wie unzählige andere Emigranten auch, im Stadtteil The Bronx niederließ.

Seine Ausbildung erhielt A. M. Rosenthal im City College of New York, der Hochschule, die sich durch die Förderung der Söhne und Töchter osteuropäischer jüdischer Einwanderer einen Namen ge-macht hatte. Journalist Pete Hamill schreibt darüber in der *Village Voice*: »Dieses war die großartige Stadtuniversität, die dabei half, mehrere Generationen jüdischer Emigranten aus den armen Vier-teln New Yorks ›zu befreien‹. Ihre Studenten waren Kinder osteu-ropäischer Herkunft, denen außerhalb der Schule oft mit Arroganz und Ablehnung begegnet wurde.«[3] Rosenthal galt als fleißiger Schüler, hatte aber trotzdem eine eher beschwerliche Schulzeit, da er an einer schweren Knochenmarkentzündung erkrankte und an einer damit verbundenen Lähmung der Beine litt. Die Finanznot der Familie führte darüber hinaus zur falschen Behandlung der Krankheit, und obwohl Rosenthal durch eine leichte Lähmung gezeichnet blieb, hoffte er auch weiterhin auf die große Chance, nach der Ausbildung seinen Traum einer Karriere im »Land der unbegrenzten Möglichkeiten« verwirklichen zu können. Durch einen Zufall begann er dann 1942 für die Schülerzeitschrift *The Campus* zu schreiben. Als er im Anschluß daran 1944 schließlich sogar zum Universitätskorrespondenten der *New York Times* - der angesehensten Zeitung im ganzen Land – ernannt wurde, schien sich dieser Traum endlich zu erfüllen. Rosenthal hatte plötzlich eine Aufgabe in einer Institution gefunden, die für ihn alle Ideale verkörperte, nach denen er in Amerika gesucht hatte. Er war sich sicher, wie Hamill festhält, »nirgendwo anders mehr zu arbeiten«[4] – ein Vorsatz, der tatsächlich zur Wirklichkeit wurde. Der neugeborene Journalist, so Hamill weiter, erfuhr die Institution *New York Times* als »home, church, cause, club, America itself«.[5] Mit anderen Worten, für Rosenthal wurde die Zeitung zum Ersatz und Symbol für ein intaktes Zuhause, eine gefestigte religiöse Identität, soziale Anerkennung und Gerechtigkeit, sie war für ihn der Inbegriff des »amerikanischen Traumes«. Ziel des Immigrantensohnes wurde dann, wie Goulden vermutet, den Makel seiner Herkunft abzustreifen, in die Gesellschaft der Reichen und Mächtigen vorzudringen und möglicherweise sogar in den Kreis von *Our Crowd* aufgenommen zu werden. Gay Talese beschreibt die großartigen Möglichkeiten, die, wie Rosenthal hoffte, eine Karriere als Reporter oder Redakteur bei der *New York Times* mit sich bringen konnte. Erfolgreiche Journalisten, so tagträumte Rosenthal, »dürften sich aus der Einfachheit und Finsternis ihrer kindlichen Existenz erheben und in den ausgewählten Kreisen der Oberen Zehntausend verkehren; könnten zu Beratern des Präsidenten werden, Freundschaft mit den Rockefellers schließen und Platz nehmen in den ersten Reihen an den Schauplätzen gesellschaftlicher und politischer Macht«.[6] Worte, die vermuten lassen, daß Rosenthals Ziel, bis in die Spitze der *New York Times* vorzudringen, schon von Beginn seiner Karriere an feststand.

Während seiner ersten zehn Jahre bei der Zeitung arbeitete Rosenthal fast ausschließlich vor Ort, wurde u.a. aber auch mit der Berichterstattung über die Aktivitäten der neugegründeten Vereinten Nationen betraut. Im Anschluß daran erhielt er 1955 seinen ersten Ruf als Auslandskorrespondent nach Neu-Delhi, wo Rosenthal blieb, bis er dann 1958 nach Polen versetzt wurde. In einem in der *New York Times* veröffentlichten Brief beschrieb er seine ersten Eindrücke im neuen Gastland mit den Worten: »Ich weiß nicht, was ich über Polen berichten sollte – wirklich nicht. Die Einheimischen sind eher unverschämt und sprechen kein einziges Wort Englisch. Die Soßen stinken, aber der Hering ist exzellent. Wir wohnen in einem schönen Haus, und kleine Männer in kleinen Autos verfolgen mich.«[7] Rosenthals Probleme im sowjetisch besetzten Polen unter der Regentschaft Wladyslaw Gomulkas schienen vorbestimmt, und schon ein Jahr später mußte der Korrespondent der *New York Times* auf einen Befehl von höchster Stelle hin das Land verlassen. Goulden vermutet, daß die angespannte politische Situation in Polen, aber auch Rosenthals fehlendes diplomatisches Geschick zu seiner Ausweisung geführt haben könnten. Möglicherweise wurden in Polen jedoch auch die Weichen für Rosenthals späteren entschiedenen Kampf gegen Kommunismus und Sozialismus gestellt – eine politische Position, die besonders während der Präsidentschaft Ronald Reagans ihren Ausdruck in der Berichterstattung der *New York Times* fand. Nach Polen folgte ein weiterer Auslandsaufenthalt in Japan, bevor Rosenthal 1963 nach New York City zurückkehrte.

In der Zentrale der *New York Times* übernahm Rosenthal dann die Stelle des *Metropolitan Editors*, eine Position, die ihm die redaktionelle Verantwortung für die Lokalberichterstattung übertrug. Obwohl seit mehr als achtzehn Jahren bei der Zeitung angestellt, hatte Rosenthal sich bis zu diesem Zeitpunkt nie mit Reportagen über seine eigene Heimatstadt beschäftigt. Zudem hatte er die vergangenen Jahre im Ausland verbracht und somit entscheidende Veränderungen in der Stadt nicht verfolgen können. Rosenthal selbst erkannte: »Obwohl ich New Yorker war, hatte ich den Kontakt zur Realität in der Stadt verloren.«[8] Seine Rückkehr wurde mit allgemeiner Skepsis betrachtet, und Reporter und Redakteure mißtrauten dem Auslandskorrespondenten, der die Leitung der

Lokalberichterstattung übernehmen sollte. »Rosenthal war als Außenseiter und Einzelgänger nach New York zurückgekehrt; genauso fühlte er sich, und dementsprechend verhielt er sich auch.«[9] Das New York der sechziger Jahre erschien ihm als wahres Sodom und Gomorrha, und die Berichterstattung der *New York Times* war in seinen Augen weit davon entfernt, dem Sittenverfall in der Stadt entgegenzutreten. Die Veränderung des inhaltlichen Schwerpunktes der Lokalseiten der Zeitung sollte, wie in den kommenden Jahren an den personellen und strukturellen Veränderungen innerhalb der zuständigen Redaktion abzulesen war, zu einem Hauptanliegen des späteren Chefredakteurs werden.

Besonders wichtig für ein Verständnis der Person Rosenthal sind die politischen Ereignisse des Jahres 1968. Rosenthal hatte gerade die Stelle des *Managing Editors*, also die Position des stellvertretenden Chefredakteurs, übernommen, als der landesweite Protest gegen den Krieg in Vietnam u. a. auch zu Studentenunruhen an der berühmten Columbia-Universität in New York führte. Dort waren aufgrund der Finanzierung ganzer Fachbereiche durch die Rüstungsindustrie und das Pentagon verschiedene Forschungsinstitute durch die Studenten besetzt worden. Nach mehrtägigen erfolglosen Verhandlungen zwischen Studentenschaft und Universitätsleitung war schließlich eine polizeiliche Räumung der besetzten Gebäude geplant. Rosenthal, der diese Vorgänge mit großem Interesse verfolgt hatte, erfuhr von den Plänen der Polizei und war am Tag der Räumung persönlich anwesend. Später betrat er zusammen mit dem Präsidenten der Universität, Grayson Kirk, dessen verlassenes Büro und notierte seine Eindrücke. Am folgenden Morgen war in der *New York Times* zu lesen: »Dr. Kirk bahnte sich langsam einen Weg durch schmutzige Bettlaken, halbaufgegessene Sandwiches, Comic-Hefte und Blechdosen, die auf seinem durchnäßten grünen Teppich lagen. Seine Gesichtsfarbe war fahl, und er schien sich in einer Art Trance zu bewegen. Ein Polizist hob eines der Bücher vom Boden auf und sagte: ›Das ganze Wissen der Welt steht in diesen Büchern; wie konnten sie nur so etwas mit den Büchern machen?‹«[10]

Auf Rosenthals Bericht hin hagelte es Proteste. Am Morgen der Veröffentlichung demonstrierten Studenten aller New Yorker Universitäten vor dem Wohnhaus der Familie Sulzberger. Verschiedene Stadtzeitungen New Yorks, darunter die *Village Voice*, reagierten ebenfalls mit heftigem Protest. Abgesehen davon, daß die wahren Hintergründe für die Studentenunruhen in Rosenthals Zusammenfassung der Ereignisse unerwähnt blieben, war seine Wortwahl stark emotional und subjektiv. »Der Artikel tat genau das, was Rosenthal seinen eigenen Reportern strengstens untersagt hatte.«[11] Neben zeitungsfremden Protesten stellten sich nun auch die meisten Journalisten der *New York Times* gegen den stellvertretenden Chefredakteur und warfen ihm unterschiedliche Maßstäbe bei der Bewertung fremder und eigener journalistischer Arbeiten vor. Die heftige Kritik überraschte und bestürzte Rosenthal gleichermaßen, vor allem suchte er nach einer Erklärung für das Unverständnis gegenüber seiner politischen Position. Trotz der Selbstzweifel bestärkten später aber verschiedene Gespräche und Diskussionsrunden Rosenthal in seiner konservativen Weltanschauung. In einem an den Chefredakteur gerichteten Schreiben kommt er zu folgendem Schluß: »Wie Sie wissen, bin ich seit einiger Zeit der festen Überzeugung, daß eine wohlüberlegte Kampagne linker Aktivisten im Gange ist, die das Ziel verfolgt, die Glaubwürdigkeit der *New York Times* zu untergraben. Vor einigen Tagen besuchten mich einige mir bekannte Politikwissenschaftler der Columbia-Universität und erzählten, sie seien genau derselben Ansicht, und es wäre besser, auf diesen Angriff gut vorbereitet zu sein.«[12]

Rosenthals Beobachtungen der allgemeinen politischen Lage im Land, der Studentenunruhen und besonders der politischen Einstellung der jungen Mitarbeiter bei der *New York Times* ergaben in seinen Augen plötzlich einen Sinn. Jetzt war er sich auch über seine Rolle im Unternehmen im klaren und bestätigte in einem Interview mit Joseph Goulden: »Ich machte mir große Sorgen darüber, daß die Zeitung in den vergangenen Jahren politisch gesehen immer weiter nach links gerutscht war. Es mußte nun meine Aufgabe sein, sie wieder zur Mitte zurückzuführen.«[13] Rosenthal suchte im Anschluß an diese Erkenntnis nach Möglichkeiten und Mitarbeitern, um den Erfolg seines Vorhabens, das sich über einen Zeitraum von zwei Jahrzehnten erstrecken sollte, zu garantieren. Wichtige Schritte für die zukünftige Veränderung der *New York Times* wurden also schon im Jahr 1968, d.h. zwei Jahre vor der Veröffentlichung der Pentagon Papers, unternommen. Pete Hamill schreibt 1985 über die Wirkung der Ereignisse von 1968 auf Rosenthal: »Im nachhinein sehen viele seiner Bekannten 1968 als einen entscheidenden Wendepunkt in Rosenthals politischem Denken; kurz darauf befand er sich in der festen Umklammerung der Männer, die einige Jahre später als Neokonservative beschrieben wurden.«[14]

2

Während Rosenthals Karriere bei der *New York Times* gelang es ihm, Schritt für Schritt die wichtigsten Schlüsselpositionen im Unternehmen zu besetzen und seinen Einfluß von der jeweils erreichten Machtstellung aus weiter auszubauen. Um die Auswirkungen dieses Handelns zu verstehen, muß auf den Aufbau und die hierarchische Struktur der Zeitung und der Unternehmensgruppe insgesamt eingegangen werden:

Die Unternehmensgruppe The New York Times Company setzt sich heute aus verschiedenen Unternehmen der Papier-, Druck- und Medienbranche zusammen und wird von einem durch ihre Aktionäre gewählten Aufsichtsrat, dem *board of directors*, geführt. Einer dieser Direktoren – in den vergangenen Jahrzehnten war dies der Vorstandsvorsitzende – ist gleichzeitig Herausgeber der *New York Times* und damit dem Aufsichtsrat gegenüber für die Geschicke dieses »Flaggschiffs« des Konzerns verantwortlich. Der Herausgeber hat absolute Entscheidungsgewalt über alle Fragen, die die Zeitung betreffen. Dem Herausgeber direkt unterstellt ist der *Executive Editor*, also der Chefredakteur der *New York Times*, eine Stelle, die Rosenthal bis 1986 innehatte und dazu nutzte, Personalstruktur und Berichterstattung entscheidend zu beeinflussen. Für den Chefredakteur arbeiten der leitende Redakteur der Meinungsseite, der für die Kommentare und Leitartikel der Zeitung verantwortlich ist, und der für die verschiedenen Bereiche des Nachrichtenressorts der *New York Times* zuständige *Managing Editor*, also der stellvertretende Chefredakteur. Kurz vor seiner Pensionierung gelang es Rosenthal, diese beiden einflußreichen Stellen mit zweien seiner engsten Mitarbeiter, Jack Rosenthal und Arthur Gelb, zu besetzen. In diesem Zusammenhang beschreibt

Joseph Goulden Gelbs Karrieresprung als »zufriedenstellenden Abschluß für einen durch Loyalität geprägten Aufstieg«.[15] Arthur Gelb, der sich schon in den späten sechziger Jahren zu Rosenthals wichtigster Stütze entwickelt hatte, hoffte lange, dessen Nachfolger zu werden. Herausgeber »Punch« Sulzberger, so eine von Goulden erwähnte Anekdote, entschied sich allerdings gegen ihn, nachdem Gelb durch eine Bemerkung über die Katastrophe im Kernreaktor Tschernobyl auf allgemeine Ablehnung gestoßen war. Gelbs größte Besorgnis im Zusammenhang mit dem atomaren Supergau – die eventuelle Verstrahlung des sowjetischen Kaviars – soll ihn damals zum »zweiten Mann« des Nachrichtenressorts der *New York Times* degradiert haben.[16]

Dem stellvertretenden Chefredakteur wiederum unterstehen die *Assistant Managing Editors*, die leitenden Redakteure der verschiedenen Sektoren des Nachrichtenressorts. Drei Abteilungen sind für die eigentliche Berichterstattung, die *hard news*, der *New York Times* verantwortlich: Der *metropolitan desk* beschäftigt sich ausschließlich mit den Lokalnachrichten aus New York City, New Jersey und Connecticut; Aufgabe des *national desk* ist die Berichterstattung über Ereignisse aus den ganzen USA, koordiniert durch die zwölf nationalen Büros der Zeitung, und im *foreign desk* laufen alle Informationen der Korrespondenten aus den siebenundzwanzig Auslandsbüros der *New York Times* zusammen.[17] Jeder dieser drei Sektoren untersteht dem jeweiligen leitenden Redakteur, und ihm folgen die *Assistant Editors*, die stellvertretenden Redakteure. Als A. M. Rosenthal 1963 zum leitenden Redakteur des *metropolitan desk* ernannt wurde, führte dies zwar zu einer wesentlichen Veränderung der Lokalberichterstattung der Zeitung, einen Einfluß auf die weiteren Abteilungen des Nachrichtenressorts erlangte er jedoch erst durch seinen Aufstieg zum *Assistant Managing Editor*, dann zum *Managing Editor* und schließlich zum *Executive Editor*.

Die traditionelle Aufgabe der Redakteure ist es, die schreibenden Journalisten zu leiten und deren Arbeit zu prüfen. Geprüft werden Grammatik, Ausdruck, Objektivität und politische Aussage der Artikel. Es gilt die Regel, daß je nach Bedeutung des Artikels ein entsprechend plazierter Redakteur die Korrektur und Überarbeitung vornimmt. Beiträge, die für die Veröffentlichung auf dem Titelblatt der *New York Times* bestimmt sind, werden dementsprechend vom stellvertretenden Chefredakteur oder sogar vom Chefredakteur persönlich gelesen und eventuell verändert. Ein wichtiger Bestandteil dieser Aufgabenteilung ist die gute Zusammenarbeit aller Redakteure: »Das Vertrauen der verantwortlichen Redakteure in die Urteilsfähigkeit der ihnen unterstellten Mitarbeiter ist die Basis der Kooperation im Nachrichtenressort«, schreibt der Medienwissenschaftler Leon Sigal.[18] Um eine einheitliche sprachliche und politische Linie, den sogenannten *style of The New York Times*, zu garantieren, muß der Chefredakteur der Arbeit der untergeordneten Redakteure vertrauen. A. M. Rosenthal war dafür bekannt, daß er seine jeweilige Machtposition nutzte, um auch die Arbeit anderer Redakteure zu kontrollieren und so die hierarchische Struktur der *New York Times* bewußt überging und veränderte.

Goulden beschreibt eine typische Situation aus dem Jahr 1966, als Rosenthal gerade alles daransetzte, seinen Weg zum stellvertretenden Chefredakteur zu ebnen. Ted Bernstein, damals verantwortlicher Redakteur für die Zusammenstellung der Titelseite, war in dieser Position zum Rivalen Rosenthals geworden. Für Rosenthal war Bernstein als Journalist von keinem besonderen Wert und konnte daher ins Abseits gedrängt und ignoriert werden. Bernstein bemerkte diese Absicht zum ersten Mal, als Rosenthal eines Nachmittags plötzlich in seinem Büro erschien, während dort gerade die Endfassung der Zeitungsausgabe für den kommenden Morgen zusammengestellt wurde. »›Tut einfach so, als wäre ich überhaupt nicht da‹, sagte Rosenthal. ›Ich schaue einfach nur zu.‹«[19] Rosenthal hatte mit seinem Auftreten in Bernsteins Büro die ungeschriebene Regel der *New York Times* verletzt, daß jeder Redakteur seinen Bereich allein verantwortete und sich des Vertrauens des stellvertretenden Chefredakteurs und des Chefredakteurs gewiß sein konnte. Einerseits war Bernsteins redaktionelle Urteilsfähigkeit durch Rosenthals Verhalten in Frage gestellt und seine Unabhängigkeit untergraben worden, andererseits hatte Rosenthal damit einen weiteren wichtigen Schritt getan, um seine Autorität auf die gesamte Zeitung auszudehnen. Schon wenige Jahre später wurde Rosenthals Kontrolle zu einer Art Zensur fast jedes einzelnen wichtigen Artikels. Das Zeitungsmitglied Homer Bigart, der die *New York Times* aus genau diesem Grund nach siebzehn Arbeitsjahren verließ, schrieb 1972: »Nachdem meine eigenen Artikel in der Zeitung gedruckt sind, lese ich sie nie mehr. Dies ist die sicherste Methode, um Magengeschwüre zu vermeiden. Man kann einfach nicht gewinnen. Schließlich kommt man an einen Punkt, an dem man das alles entweder akzeptiert oder kündigt. Einige Mitarbeiter haben versucht, dagegen anzukämpfen, sind dabei aber gescheitert.«[20]

An dieser Stelle muß daran erinnert werden, daß A. M. Rosenthals Aufstieg zum Chefredakteur der *New York Times* nur durch die Unterstützung des Verlegers möglich geworden war. Die Übernahme der Zeitung durch Arthur Ochs Sulzberger im Jahre 1963 kam für Rosenthal zur rechten Zeit. »Punch« Sulzberger besaß nicht die für eine Geschäftsleitung erforderliche Erfahrung, so daß sich die Zeitung tatsächlich schon einige Jahre nach seiner Amtsübernahme – allerdings nicht allein durch sein Verschulden – am Rande einer finanziellen Krise befand. Auf der Suche nach Erklärungen machte Rosenthal geschickt die zersplitterte Struktur des Unternehmens als eines der Hauptprobleme der *New York Times* verantwortlich: Die Zeitung sei, so der Chefredakteur, in die unterschiedlichsten kleinen Fraktionen und »Fürstentümer« zerfallen, die sich gegenseitig bekämpften; das Büro in Washington arbeite gegen die Zentrale in New York, und in New York wiederum stünden die verschiedenen Redaktionen des Nachrichtenressorts in keiner fruchtbaren Beziehung zueinander. Auch Sulzberger erkannte nach Rosenthals Ausführungen: »Wir sind organisiert wie ein Wald von Bambusbüschen.«[21] Selbst das Wirtschaftsmagazin *Business Week* empfahl der *New York Times* als einzig richtige Entscheidung zur Überwindung ihrer Finanzkrise »die Schaffung einer entscheidungsfreudigen und kenntnisreichen Führungsspitze, die – ohne Wenn und Aber – in der Lage ist, Neuerungen durchzusetzen«.[22] Sulzberger war von der Wichtigkeit einer Umstrukturierung des Unternehmens überzeugt, darüber hinaus versprach die enge Zusammenarbeit mit dem Chefredakteur neuen Erfolg und Ansehen für die *New York Times* und ihren Herausgeber. Damit hatte Rosenthal freie Hand bei der Zentralisierung der Machtstrukturen innerhalb der *New York Times* bekommen.

3

Mit der Ernennung zum *Metropolitan Editor* war A. M. Rosenthal 1963 die Leitung der Lokalberichterstattung der *New York Times* übertragen worden, und die Veränderung der Struktur und des Aufgabenbereiches des *metropolitan desk*, also der Lokalredaktion der Zeitung, sollte zum ersten großen Projekt des Aufsteigers im Unternehmen werden. Da Rosenthal allerdings durch seine langjährige Arbeit als Auslandskorrespondent den Kontakt zu Stadt und Zeitung weitgehend verloren hatte, mußte er sich zuerst eine stabile Basis für seinen Neuanfang in New York City sowie auch in der Redaktion der *New York Times* selbst schaffen.

Dabei wurde der von ihm ernannte stellvertretende Redakteur der Lokalseite Arthur Gelb zu seiner wichtigsten Stütze. Dieser war als Sohn tschechischer Immigranten in Harlem geboren und hatte wie Rosenthal das City College of New York besucht. Sein Werdegang war dem Rosenthals also durchaus ähnlich. Beide waren seit vielen Jahren befreundet, und Rosenthal erkannte, daß Gelb Qualitäten besaß, die für ihn zu diesem Zeitpunkt unentbehrlich waren; Gelb hatte sehr gute Kontakte in New York, kannte sich in internen Angelegenheiten der *New York Times* bestens aus und war loyal gegenüber seinem Vorgesetzten – »Abe und Artie« wurden zum prefekten Team. Da Gelb sich gegenüber Rosenthal absolut kritiklos verhielt, funktionierte die Zusammenarbeit der beiden reibungslos. Auch Goulden bestätigt: »Auf persönlicher wie auf fachlicher Ebene unterwarf Gelb sich Rosenthal bedingungslos. Gelb besaß noch nicht einmal den Stolz oder die Cleverneß, auch nur den Versuch zu unternehmen, die kleinste Unabhängigkeit vorzutäuschen.«[23] Den Journalisten gegenüber wußte Gelb allerdings den Einfluß seiner Stellung zu demonstrieren und »machte ausgiebigen Gebrauch von der mit seiner Nähe zu Rosenthal einhergehenden Macht«.[24] Jeder Mitarbeiter in der Redaktion wußte nur zu genau, daß Gelbs Worte die Worte Rosenthals waren – Widerspruch und Kritik an den Anweisungen des stellvertretenden Chefredakteurs wurden umgehend an diesen persönlich weitergeleitet. Mit Arthur Gelb war der erste von Rosenthals loyalen Assistenten, die von den Journalisten im Nachrichtenressort zuweilen auch »Abes Dobermänner« genannt wurden, fest im System etabliert.

Rosenthals nächstes Ziel war der Aufbau seiner persönlichen Kontakte in New York City. Mit einem selbst entwickelten »Rezept« gelang es ihm bald, seinen langen Auslandsaufenthalt wettzumachen. Goulden zitiert Rosenthal: »Ich entschied mich, die ganze Angelegenheit so zu handhaben, als sei ich Berichterstatter und hätte eine neue Stelle im Ausland angenommen. Als Korrespondent würde ich, so wußte ich, zuallererst versuchen herauszufinden, wer die Fäden in der Hand hält, wer die Hebel der Macht innerhalb der Regierung bedient, welches die kreativen Köpfe in der Stadt oder im Land und welches die einflußreichsten Geschäftsleute sind.«[25] Dieser Strategie folgend, begann Rosenthal Zusammenkünfte mit den Persönlichkeiten in New York zu arrangieren, die er selbst für angesehen und einflußreich hielt. Ein Mittagessen mit dem Bürgermeister oder eine Einladung beim Polizeipräsidenten standen ebenso auf Rosenthals Arbeitsplan wie Interviews mit New Yorks Größen aus Politik und Wirtschaft. Die meisten Journalisten der *New York Times* waren über diese Aktivitäten entsetzt: »Dies war ein Verhalten, das einem Redakteur nicht ziemte.«[26] Man befürchtete, daß die neuen Kontakte des *Metropolitan Editors* den Schwerpunkt der Lokalseiten verändern könnten, was Rosenthal dagegen vehement bestritt.

Tatsächlich war die Berichterstattung des *metropolitan desk* unter Rosenthal anfangs ungewöhnlich kritisch. Soziale Mißstände, Armut, menschliche Kälte, Gewalt und Kriminalität wurden für kurze Zeit zu Themen auf den Lokalseiten der *New York Times*. Es schien geradeso, als wolle Rosenthal seine Präsenz in der Stadt unter Beweis stellen. Die Situation änderte sich jedoch schon Mitte der siebziger Jahre. Die Finanzkrise der *New York Times,* unter anderem bedingt durch den Mangel an finanzkräftigen Werbekunden, gebot es, Attraktivität und Wettbewerbsfähigkeit der Zeitung zu verbessern. Eine Änderung des Tons der Lokalberichterstattung, argumentierte Rosenthal, käme dieser Bemühung entgegen, da der Verkauf teurer Anzeigenplätze die Verbreitung von guter Laune und Optimismus in den Nachrichtenspalten erfordere.[27] In den vergangenen Jahren, so Rosenthal, habe die *New York Times* deutlich zu viele »*gloom-and-doom* stories« – düstere Berichte über die Schattenseiten der Stadt – verbreitet. Nun sei es geboten, New York City in einem positiveren Licht zu porträtieren. Zu Rosenthals

Plan, die Lokalberichterstattung diesen neuen Zielen anzupassen, gehörte auch die Schließung der Büros der *New York Times* in den New Yorker Stadtteilen Brooklyn, Queens, der Bronx und Staten Island. »Punch« Sulzberger, der zwar immer wieder das Verantwortungsbewußtsein seiner Zeitung gegenüber den Interessen, Wünschen und Bedürfnissen der Einwohner seiner Heimatstadt betonte – »an allererster Stelle sehen wir uns als eine Zeitung für die Bevölkerung New Yorks«[28] –, stimmte der Schließung aller Stadtbüros außerhalb Manhattans zu. Damit hatte die *New York Times* ein deutliches Zeichen gesetzt; die Bewohner der vier verarmten Stadtteile New York Citys waren für die Zeitung weder von Wert noch von Interesse. Ihre Einwohner gehörten nicht zu den demographisch erfaßten und mit Sorgfalt definierten Lesern der »neuen« *New York Times*.[29] Die nun einzig wichtige Zielgruppe wohnte in Manhattan, erarbeitete das höchste Einkommen der Stadt und kümmerte sich wenig um Leid und Elend in den anderen Bezirken. Donald Nizen, damaliger Vizepräsident der New York Times Company, faßte 1981 in einem Interview mit *Editor & Publisher*, dem Jahrbuch des amerikanischen Medienmarktes, knapp zusammen: »We make no effort to sell to the mob«, in anderen Worten: »Wir unternehmen keine Anstrengungen, an das ›gemeine Volk‹ zu verkaufen.«[30]

Rosenthal und Gelb hatten täglich neue Ideen, um die Berichterstattung den Interessen der hofierten Leser in Manhattan anzupassen. Die neuen *life-style sections*, Beilageblätter über die neusten und schicksten Trends in der Stadt, wurden geschaffen, und die Lokalseiten der *New York Times* füllten sich mit Reportagen über allgemein gehaltene Themen. »Abe und Arties« Kreativität schien unerschöpflich: »Während einer nur kurzen Taxifahrt wußte Rosenthal nicht weniger als sieben Themen zu benennen, die, wie er dachte, in interessante Artikel verwandelt werden könnten; angefangen bei der Frage, wieso es der Elektrizitätsgesellschaft Con Edison erlaubt ist, gelegentlich ganze Straßenzüge abzusperren, bis hin zur Erörterung der Tatsache, daß der New Yorker Diamantenhandel in einem einzigen Häuserblock konzentriert ist.«[31] Als beispielsweise eines Tages im *New-York-Times*-Gebäude Rosenthals Blick beim Warten vor der Fahrstuhltür auf den feinen weißen Sand im Aschenbecher fiel, bekam die Mannschaft der Lokalredaktion eine weitere neue Aufgabe gestellt: Woher kam dieser Sand, wie kam er nach Manhattan, und wer füllte ihn in die abertausend Aschenbecher der Stadt?

Während dieser neuen Orientierung entsprechend etwa die Speisekarten der besten Retaurants im gerade schick gewordenen New Yorker Stadtteil SoHo[32] beschrieben wurden, landeten negative Nachrichten in Rosenthals Papierkorb. Nur eines von vielen Beispielen: Als sich der Stadtrat von New York gegen die Finanzierung von Tagesstätten für die Kinder arbeitender Mütter aus sozial schwachen Schichten entschied und am gleichen Tag die Vergabe eines mehrere Millionen Dollar umfassenden Zuschusses für den Ausbau des *Yankee Stadium* beschloß, blieb die erste Nachricht in der *New York Times* unerwähnt. Die finanzielle Unterstützung der Stadt für das Baseball-Stadion – der Manager der Yankees war ein guter Freund Rosenthals – wurde in einem umfassenden Bericht gewürdigt. Rosenthals Lokalberichterstattung gelang es auf diese Art und Weise und offenbar mit großer Konsequenz, Steuerhinterziehungen, Grundstücksspekulationen, Bauskandale und Korruption im New York der siebziger und achtziger Jahre zu ignorieren. Unzählige Beispiele dafür finden sich in den Publikationen der Autoren Martin Lee und Norman Solomon, Michael Parenti und Joseph Goulden. »Während sich die ›Wächter‹ der *New York Times* auf die Suche nach den zehn besten Orten zum Kauf von italienischer Eiscreme in der Upper West Side begaben, plünderten New Yorks Politiker vergnügt die Kassen der Stadt und investierten unzählige Millionen Dollar in fragwürdigen Transaktionen«, schreibt Goulden und kommt zu dem Schluß, die *New York Times* habe ihren aufgrund des Ersten Verfassungszusatzes in Anspruch genommenen privilegierten Status, der ja auf der Behauptung basiere, die Presse würde die Machenschaften der Regierenden im Auftrag der Öffentlichkeit überwachen, somit verspielt.[33]

Die Mehrheit der für die Lokalseiten der *New York Times* beschäftigten Reporter und Redakteure war allerdings nicht bereit, diese Veränderung in der Berichterstattung mitzutragen. Viele hatten die langsame Verschiebung des inhaltlichen Schwerpunktes der Stadtnachrichten einige Zeit lang mit Mißtrauen beobachtet und damit begonnen, ihre eigenen Sammlungen von Meldungen und Artikeln über Ereignisse anzulegen, die die Zeitung nicht veröffentlichte.[34] Einige Mitarbeiter entschieden sich, die Zeitung freiwillig zu verlassen, andere wurden von Rosenthal gezielt aus der Lokalredaktion oder ganz aus dem Unternehmen gedrängt. Einst erfolgreiche und engagierte Journalisten, die nun negativ auffielen, fanden sich plötzlich in düsteren Hinterzimmern und bei sinnloser Arbeit wieder. Scheinbar ohne Skrupel setzte Rosenthal durch, was er – wie Goulden dokumentiert – auf einer Cocktailparty einem seiner Mitarbeiter entgegengehalten haben soll: »Ich bin der beste Redakteur der Lokalseite, den es je gab. Und wenn du nicht lernst, mich wirklich zu ›lieben‹, wirst du es hier zu rein gar nichts bringen.«[35]

Rosenthals Personalpolitik, die sich später auf alle Bereiche des Nachrichtenressorts ausdehnen sollte, hatte in der Lokalredaktion ihre ersten »Opfer« gefunden. Ältere und erfahrene Journalisten, die in der Vergangenheit durch intensive Recherche und mit viel Engagement versucht hatten, die Zeitung in ein kritisches Medium zu verwandeln, wurden nach und nach von ihren Posten verdrängt. Ersetzt wurden sie durch jüngere Angestellte, die ohne Widerspruch genauso schrieben, wie dies der verantwortliche Redakteur erwartete.[36] Mit scharfen Worten kommentierte Pete Hamill Rosenthals Vorgehen; dieser habe »ein Klima der Angst und Demoralisierung geschaffen«. Goulden beschreibt Rosenthals Umgang mit ungeliebtem Personal als »Zermürbungstaktik«, und John Hess, ehemaliger Auslandskorrespondent der *New York Times*, spricht von »einer Ära der Günstlingswirtschaft und der Boshaftigkeit«.[37]

Mitarbeiter, die trotz alledem geblieben waren, standen unter ständiger Aufsicht, und Rosenthal und Gelb verlangten von ihrem Stab mehr Einsatz, Arbeitsstunden und Loyalität als je zuvor. Wenn beispielsweise Gelb die Aufgabenstellung für einen Artikel mit dem zuständigen Reporter besprach, pflegte er am Ende hinzuzufügen: »Und vergiß nicht, es besteht ein außerordentlich großes Interesse an der Geschichte«[38] – Worte, die bedeuteten, daß der Anstoß zum Thema von Rosenthal höchstpersönlich kam und eine sehr genaue Prüfung des zukünftigen Artikels zu erwarten war. Üblich war dann, daß Rosenthal und Gelb gemeinsam die fertigen, in der Redaktion abgelieferten Artikel Seite für Seite lasen und prüften, ob die erwünschte Darstellung und Sichtweise des Themas auch eingehalten worden waren.[39] Zu jeder wichtigen Reportage machte

Rosenthal Notizen und schrieb anschließend zustimmende oder ablehnende Bemerkungen an den Verfasser. Hatte die Arbeit seinen Gefallen gefunden, so war es durchaus möglich, daß sehr junge Reporter, an langjährigen Angestellten vorbei, innerhalb kürzester Zeit im Unternehmen aufstiegen. Rosenthal hob so das seit mehr als siebzig Jahren bewährte und respektierte *seniority system* der *New York Times*, also die Kopplung von Dienstjahren und Beförderungschancen im Unternehmen, einfach auf und ermöglichte dadurch, daß seine loyalsten Mitarbeiter, »Abes Yuppies«, ihren festen Platz im System erhielten. Rosenthal und Gelb sorgten außerdem dafür, daß die Journalisten täglich bedeutend mehr Artikel erarbeiten mußten, als es der tatsächlich zur Verfügung stehende Platz in der Zeitung erforderte; eine Situation, die – wie die beiden verantwortlichen Redakteure wußten – ihre Reporter unter starken Leistungsdruck setzte und zur Anpassung an ihre Wünsche zwang.[40] Nur dann, wenn ein Beitrag den Redakteuren wirklich gefiel, das hieß, ihren Vorstellungen genau entsprach, kam er für eine Veröffentlichung in Betracht. So wurde eine Atmosphäre ständigen Wettbewerbs geschaffen, die Rosenthal die Auswahl der nach seinen Kriterien besonders qualifizierten und anpassungsfähigen Mitarbeiter noch leichter machte.

Als Rosenthal dann im Jahre 1968 vom Herausgeber »Punch« Sulzberger schließlich zum stellvertretenden Chefredakteur der *New York Times* ernannt wurde, sorgte er sogleich dafür, daß Arthur Gelb seine bisherige Stelle als *Metropolitan Editor* übernahm. Da er sich Gelbs zukünftiger Unterstützung sicher sein konnte, garantierte ihm dieser Schachzug auch weiterhin die Kontrolle über die Lokalredaktion und war gleichzeitig ein Beispiel dafür, wie es Rosenthal auf seinem Weg zur Führungsspitze gelang, die Fundamente seiner späteren Machtposition abzusichern.[41] Mit der Übergabe der veränderten Lokalseite konnte sich Rosenthal nun ganz seiner nächsten wichtigen Aufgabe – der Kontrolle der Redaktion Washington – widmen. Arthur Gelbs Loyalität zahlte sich aus – er ist heute *Managing Editor* der *New York Times*.

4

Das Washingtoner Büro der *New York Times* galt noch bis in die späten sechziger Jahren als eine der unabhängigsten Stimmen in den USA und trug ganz wesentlich dazu bei, den Ruf der Zeitung als liberales und kritikbereites Medium aufzubauen und zu festigen. Die dort arbeitenden Journalisten, die lange Zeit zu den bekanntesten des Landes gehörten, genossen Anerkennung in der Hauptstadt und erfreuten sich gleichzeitig einer großen Unabhängigkeit von der Redaktionszentrale in New York. Die Karrieren der Büroleiter, wie Richard Oulahan, Arthur Krock und James Reston, sind eng mit der Geschichte »ihrer« Zeitung und des amerikanischen Journalismus verbunden. Besonders Reston, der dem Washingtoner Büro bis 1964 vorstand, erfüllte seine Aufgabe zur größten Zufriedenheit der Sulzberger-Familie. Die Anwesenheit der Büroleiter in Washington bedeutete für die Verleger der *New York Times* Repräsentation und einen engen Kontakt zur Regierung. Gay Talese schreibt: »Das Hauptstadt-Büro war die Botschaft der Zeitung in Washington und ihre verantwortlichen Redakteure die Diplomaten der Sulzberger-Dynastie im Weißen Haus.«[42] Tatsächlich hatte die *New York Times* ihre Büroleiter in der Hauptstadt schon unter der Leitung von Adolph Ochs dazu angehalten, einen engen, wenn möglich freundschaftlichen Kontakt zu den einflußreichsten Persönlichkeiten in Washington herzustellen. Reston hielt sich nicht nur an diese Order, sondern wurde selbst zum einflußreichsten Journalisten seiner Zeit in den USA. »Geradeso, als wäre er der ständige Vertreter einer wichtigen Nation«, so schrieb die Zeitschrift *Harper's*,[43] wurde Reston fast automatisch zur Besprechung wichtiger Entscheidungen hinzugezogen. Als James Reston im Dezember 1995 im Alter von sechsundachtzig Jahren starb, erschienen Nachrufe in allen wichtigen internationalen Zeitungen. So schrieb *Der Spiegel*: »Er war, Traum jedes Washington-Berichterstatters, der perfekte Insider und hatte laut Aussage von Politikern wie Journalisten soviel Macht wie drei US-Senatoren zusammen. Ihm steckte das amerikanische Außenministerium, was die Weltkriegssieger in Jalta vereinbart hatten; ihn empfing ein empörter John F. Kennedy Minuten nach seinem katastrophalen Wiener Gipfeltreffen mit Kreml-Chef Nikita Chruschtschow.«[44] Restons

Berichte galten Lesern und Politikern häufig als letztes Wort zur Sache.

Nachdem James Reston 1964 Washington verlassen hatte, um einen eigenen Verlag in Massachusetts aufzubauen, übernahm Tom Wicker das Hauptstadt-Büro der *New York Times*. Reston hatte allerdings eine Mannschaft junger und talentierter Journalisten hinterlassen, die in der Lage waren, sich, wenn nötig, auch über die Vorschriften der Zentrale in New York hinwegzusetzen. Die gespannte innenpolitische Lage in den USA und der im ersten Kapitel dieses Buches dargestellte Konflikt zwischen der Regierung Nixon / Agnew und der *New York Times* führten schließlich dazu, daß sich das Büro in Washington zur kritischsten und mächtigsten Stimme gegen die Politik des Präsidenten verwandelte. Eine Entwicklung, die A. M. Rosenthal von Anfang an mit Argwohn beobachtet hatte. Die Außenstelle der *New York Times* in Washington gehörte schließlich zu den wichtigsten Etappenzielen bei seinem Vorhaben, das gesamte Unternehmen zu kontrollieren und zu verändern.

Im Jahre 1968 hatte Rosenthal genügend Einfluß in der Zentrale der *New York Times* in New York erlangt, um nach einer Absprache mit Verleger »Punch« Sulzberger die Ablösung Tom Wickers vorzubereiten. Für die künftige Büroleitung in Washington wurde James Greenfield bestimmt. Greenfield war ein Freund Rosenthals und zu diesem Zeitpunkt, nachdem er zuvor im Innenministerium und zuletzt bei einer Fluggesellschaft gearbeitet hatte, gerade erst sieben Monate bei der *New York Times* beschäftigt. Als das Büro in Washington von der Entscheidung erfuhr, stellte sich die gesamte Mannschaft erbost gegen Rosenthal. Greenfield wurde als Marionette der Zentrale in New York erkannt und darüber hinaus für absolut ungeeignet gehalten, das Hauptstadt-Büro zu leiten; Reporter und Redakteure in Washington hielten ihn, wie Talese schreibt, für »einen aalglatten Angebertypen, der zu sehr vom Glamour und Einfluß der politischen Führungsschicht in Washington fasziniert sei«.[45] In Rosenthals Augen dagegen schien Greenfield genau die Vorzüge zu bieten, die für das Erreichen seiner eigenen Ziele nötig waren – Greenfield wäre loyal gegenüber New York, würde für Ruhe und Disziplin in Washington sorgen und wäre für Rosenthal keine Konkurrenz bei seinem weiteren Aufstieg im Un-

ternehmen: »Rosenthal, der Wicker möglicherweise als zukünftigen Rivalen im Wettstreit um die Position des Chefredakteurs erkannte, versuchte nun, diesen als Konkurrenten auszuschalten und
gleichzeitig einen profillosen, ihm zu Dank verplichteten Verbündeten auf den Sitz des Büroleiters in der Hauptstadt zu hieven.«[46]
Trotz der massiven Ablehnung aus Washington erklärte Verleger
Sulzberger die Ablösung für absolut unwiderruflich, was die Spannungen zwischen Zentrale und Außenstelle erhöhte. Die Lage verschärfte sich dramatisch, als eine Gruppe der angesehensten Journalisten in Washington geschlossen mit ihrer Kündigung drohte.
Dies wäre praktisch einer Auflösung des Büros und damit dem
Ende wichtiger Kontakte der *New York Times* zur Regierung
gleichgekommen. So unter Druck gesetzt, rief Sulzberger den all-
seits geschätzten James Reston zurück zur *New York Times* und
versuchte die Wogen zu glätten, indem er die zufälligerweise freie
Stelle des *Executive Editors* – Turner Catledge war im gleichen
Monat in den Ruhestand getreten – kurzfristig und für nur wenige
Monate an den ehemaligen »Botschafter« in Washington übergab.
Jedoch kam der Protest in der Hauptstadt nicht zur Ruhe. Schließlich setzte sich Reston persönlich für die Belange »seines« Büros in
Washington ein. In einem wiederum von Talese dokumentierten
Gespräch versuchte Reston, Sulzberger von den fatalen Folgen
einer Büroübernahme durch Rosenthals Günstling Greenfield zu
überzeugen: »Würde Greenfield wirklich, wie vorgesehen, die Leitung in der Hauptstadt übernehmen, käme dies, so Reston, der zer-
störerischen Wirkung einer Kettensäge gleich.«[47] Reston gelang es,
Sulzberger zu verdeutlichen, daß der geplante Wechsel der Büroleitung einen irreparablen Schaden für Ruf und Einfluß der Zeitung
anrichten würde; der Außenseiter Greenfield an der Spitze der
New-York-Times-Mannschaft würde das Vertrauen der langjährigen Freunde in der Hauptstadt gegenüber dem Blatt und damit die
Glaubwürdigkeit der gesamten Zeitung in Frage stellen. Der Verleger befand sich nun in einer äußerst schwierigen Situation. Nach
Rücksprache mit seinen drei Schwestern und Mutter Iphigene entschied sich Sulzberger schließlich gegen Rosenthal und für Reston:
»James Greenfield würde nicht nach Washington gehen.«[48]
    Am gleichen Tag bereiteten Greenfield und Rosenthal die ersten
Schritte zur Übernahme des Büros in Washington vor. Greenfield

bedankte sich für bereits erhaltene Glückwunschkarten und Gratulationen und arrangierte Interviews für die kommenden Tage. Die Neuigkeit über Sulzbergers plötzliche Meinungsänderung traf beide völlig unerwartet. Rosenthal soll, darf man Talese Glauben schenken, bei Erhalt der Nachricht dunkelrot angelaufen sein und wutentbrannt schreiend nach dem Verleger verlangt haben. Aus gutem Grund war »Punch« Sulzberger an diesem Tag jedoch nicht mehr erreichbar. Rosenthal mußte daraufhin einsehen, daß sein Versuch, den Einfluß des Büros der *New York Times* in Washington zu beschneiden, für dieses Mal gescheitert war. Greenfield, als Freund Rosenthals auf dessen Versprechungen hin zur Zeitung gekommen, machte diesen für die peinliche Situation verantwortlich. Talese notiert dazu folgendes kurze Gespräch zwischen den beiden:

»›Abe‹, sagte Greenfield schließlich, ›tu mir einen Gefallen.‹

Rosenthal nickte.

›Abe, komm nie auf die Idee, mich darum zu bitten, nochmals an diesen Ort zurückzukommen.‹

Rosenthal hatte verstanden, und Greenfield kündigte auf der Stelle.«[49]

Angemerkt werden muß allerdings, daß sich James Greenfield später doch seines Freundes Rosenthal erinnerte – Greenfield ist heute *Assistant Managing Editor* der *New York Times*. Die beiden Nachfolger von Tom Wicker, Max Frankel und Clifton Daniel, wurden direkt von der *New-York-Times*-Mannschaft in Washington gewählt, und Rosenthal mußte sie – ob er wollte oder nicht – als Büroleiter bestätigen.[50] Erst Mitte der siebziger Jahre gelang es ihm, seine Ziele auch in Washington durchzusetzen. Dabei kamen ihm die Ereignisse um die Pentagon Papers und die Watergate-Affäre zu Hilfe. Da die Veröffentlichung der geheimen Dokumente unter Rosenthals Aufsicht vorbereitet wurde, stärkte der anschließende Erfolg der Vietnam-Serie auch seinen Einfluß auf den Verleger. Gleichzeitig schien bewiesen, daß bedeutende innenpolitische Themen durchaus auch ohne die Hilfe des Büros in Washington in der Zentrale in New York bearbeitet werden konnten. Ein Jahr später führte die Berichterstattung der *Washington Post* über Watergate zum Sturz Nixons. Obwohl die Informationen der *Washington Post* damals auch der *New York Times* bekannt waren, entschied man dort – auf einen vertraulichen Ratschlag Außen-minister Kissingers hin –, die Affäre nicht zu verfolgen. So versagte die *New York Times* vor der amerikanischen Öffentlichkeit im Falle des Watergate-Skandals, und Rosenthal gelang es danach, das Washington-Büro für diese Fehlleistung der Zeitung verant-wortlich zu machen. Rosenthals Interpretation der Ereignisse um die Pentagon Papers und Watergate überzeugten nun auch Verle-ger »Punch« Sulzberger davon, daß Washington in Zukunft unter der direkten Kontrolle New Yorks arbeiten müsse.

Mit Sulzbergers Zustimmung[51] ernannte A. M. Rosenthal 1975 seinen Kandidaten Hedrick Smith zum neuen Leiter des Washing-toner Büros der *New York Times*. Smith hatte zwar schon unter James Reston in Washington gearbeitet, war dort aber nie zu größe-rem Ansehen gelangt. Sein von Rosenthal forcierter Karrieresprung bewog Smith natürlich, die neuen Regeln vorbehaltlos zu akzep-tieren. Goulden resümiert: »›Washington‹ würde von jetzt an nicht mehr unabhängig arbeiten und Smith direkt der Zentrale in New York – und damit Rosenthal – unterstehen.«[52] Lange geplante Per-sonalveränderungen sollten nun in die Tat umgesetzt werden. Ro-senthal übergab Smith eine ›Hit-Liste‹ der Personen, die er um-gehend aus dem Büro entfernt sehen wollte, und tatsächlich setzte der neue Büroleiter, so Goulden weiter, beinahe vom ersten Tage an, alles daran, die unerwünschten Journalisten aus ihren Positio-nen zu drängen.[53] Die so entstandenen Lücken wurden mit jungen Reportern aus New York besetzt, die Rosenthal dort beeindruckt hatten und nun durch ihre Versetzung in die Hauptstadt im Unter-nehmen fest verankert werden konnten.

Inhalt und Stil der Berichterstattung der *New York Times* aus der Hauptstadt änderten sich schnell. Jede bedeutende Repor-tage mußte von nun an – ebenso wie wenige Jahre zuvor in der Lokalredaktion – von Rosenthal persönlich gutgeheißen und zum Druck zugelassen werden.[54] Gleichzeitig endete auch der An-spruch der *New York Times*, die amerikanische Öffentlichkeit über alle politisch wichtigen Ereignisse in der Hauptstadt ausführlich und objektiv zu informieren.[55] Rosenthal verkündete, daß es nicht im Interesse der Leser sein könne, in der morgendlichen Lektüre Tag für Tag beispielsweise seitenlange trockene Auszüge aus Vor-trägen und Reden aus dem Senat oder dem Weißen Haus vorzufinden. Die *New York Times* hörte damit auf, *paper of record* zu sein, womit die USA ihr einziges Medium verloren, das diese Rolle erfüllte.

Vor Beginn dieser Umstrukturierungen hatten sich Ansehen und Bedeutung des Büros der *New York Times* in Washington auf die selbständige Arbeit der dort beschäftigten hochqualifizierten und engagierten Mitarbeiter gegründet. Nun hatte Rosenthal die Freiheit und damit die Kreativität der Journalisten in Washington beschnitten und alle Verantwortung den Redakteuren in New York übertragen. Dies hatte erhebliche Auswirkungen auf die Qualität der Berichterstattung des Blattes. *Columbia Journalism Review*, die Zeitschrift der berühmten Journalistenschule der Columbia-Universität, bemerkt dazu: In der Vergangenheit »war die größte Stärke der *Times* ihre Praxis, nur exzellente Reporter einzustellen und ihnen dann, auf einer festen Vertrauensbasis aufbauend, in ihrer Arbeit die nötige Freiheit zu lassen. Mit der beginnenden Kontrolle durch die Redakteure in New York entstanden verzerrte Darstellungsweisen.«[56] Gleichzeitig verlor die Berichterstattung an Tiefe und »Biß«. Als 1985 auch Reporter John Finney die *New York Times* verließ, ging mit ihm der letzte Journalist, der unter der Leitung von Rosenthals Rivalen James Reston das Washington-Büro zur Berühmtheit geführt hatte. Zum Abschied soll sich Finney Rosenthal gegenüber mit folgenden Worten geäußert haben: »Ich bin als letzter von ›Scotty‹ Restons Jungs übriggeblieben. Wenn ich am 1. Januar aus dieser Tür gehe, bedeutet dies das Ende einer ganzen Epoche.«[57] Genau dies war Rosenthals Wunsch – ein Büro der *New York Times* in der Hauptstadt mit einem von ihm geschaffenen Stab und unter seiner Kontrolle.

5

Wie die überwiegende Zahl der amerikanischen Zeitungen legte auch die *New York Times* seit ihrem Aufkauf durch Adolph Ochs im Jahre 1896 größten Wert auf die Unterscheidung zwischen objektiver Berichterstattung und subjektiver Meinung. Bis heute sollen sich die Nachrichtensektionen der Zeitung ausschließlich mit der unveränderten Wiedergabe von Ereignissen aus dem In- und Ausland – der »Welt der Fakten«[58] – beschäftigen, während die Meinungsseiten der *New York Times* die Nachrichten zu aktuellen Themen mit subjektiven Stellungnahmen und Kommentaren ergänzen. Aus europäischer Sicht ist diese Unterscheidung in der seriösen Presse jedoch fragwürdig, da sich die subjektive Sichtweise der Reporter oder Redakteure selbstverständlich auch in den Artikeln auf der Nachrichtenseite spiegelt und eine scheinbar eindeutige Unterscheidung beider Bereiche die gefährliche Illusion einer objektiven Wahrheit der Berichterstattung erzeugt.[59] Auf den Meinungsseiten der *New York Times* finden sich zwei Arten von Kommentaren und Meinungsäußerungen: die *editorials* und die *opposite editorials* oder kurz *op-eds* genannt. Die *editorials*, ähnlich wie die Leitartikel europäischer Zeitungen, erscheinen normalerweise unsigniert und geben selten Auskunft über den eigentlichen Verfasser – sie stehen stellvertretend entweder für die Meinung des Chefredakteurs bzw. des Verlegers oder für die allgemeine Ideologie des Unternehmens. Im Gegensatz dazu werden die *opposite editorials* von bekannten Kolumnisten, führenden Persönlichkeiten aus Politik und Wirtschaft, Professoren, den sogenannten Experten ihres Faches, veröffentlicht – Hintergrundinformationen und wissenschaftliche Analysen zu den aktuellen Themen sollen so vermittelt werden.

Von 1961 bis 1976 war John Oakes, vormals Ochs – ein Cousin von »Punch« Sulzberger –, leitender Redakteur der Meinungsseite der *New York Times*. Gemeinsam mit seinen von ihm persönlich sorgfältig ausgewählten Mitarbeitern versuchte Oakes, eine sinnvolle Ergänzung zur Berichterstattung des Blattes zu schaffen, indem er sich im Namen des Unternehmens zu den verschiedensten kontroversen Themen der Innen- und Außenpolitik der USA äußerte. In den späten sechziger und frühen siebziger Jahren bildete seine Meinungsseite einen wichtigen Gegenpol zur seichten Berichterstattung der damals von A. M. Rosenthal geführten Lokalredaktion. Im September 1970 setzte Oakes dann, in Anlehnung an eine ähnliche Idee in der 1966 aufgegebenen Zeitung *The New York Herald-Tribune*, die Einführung der *opposite editorials* durch. Den Lesern erklärte der verantwortliche Redakteur die Neuerung mit den Worten, die Aufgabe der *op-eds* bestünde »in der Schaffung einer größeren Plattform zur Diskussion der unterschiedlichsten Themen und zur Präsentation neuer Theorien und Erkenntnisse von Schreibern und Denkern, die keinerlei institutionelle Bindung zur *Times* besitzen«.[60] Das Informationsangebot der *New York Times* war damit um eine Facette reicher geworden, sie konnte nun eine größere Vielfalt von Meinungen zum Ausdruck bringen. Chefredakteur A. M. Rosenthal waren allerdings John Oakes und sein Engagement ein Dorn im Auge. Wie schon bei der Berichterstattung des Büros in Washington beklagte Rosenthal auch hier bedrohliche politische Tendenzen: Die Meinungsseite sei, so Rosenthal, an den linken Rand des politischen Spektrums gedriftet, ihre Kolumnisten seien »liberal«, wenn nicht sogar »links-liberal« eingestellt, und viele der jungen Reporter schrieben nur aus reinem Widerspruchswillen.[61] Mit den ihm zur Verfügung stehenden Mitteln versuchte Rosenthal nun auch die Meinungsseiten der *New York Times* zur »politischen Mitte« zurückzuführen. Oakes hatte durch seine Zugehörigkeit zur Verlegerfamilie mehr Spielraum im Unternehmen als andere und ließ sich von Rosenthals Kritik wenig beeindrucken. Die Situation änderte sich jedoch, als die Finanzkrise der Zeitung Mitte der siebziger Jahre Veränderungen erforderlich machte. Auf der Suche nach Erklärungen für die schlechte wirtschaftliche Lage der *New York Times* wurde Verleger »Punch« Sulzberger auf die Meinungsseiten des Blattes aufmerksam gemacht, die er schließlich als kontraproduktiv und unternehmensfeindlich einstufte. Auch hier dürfte Rosenthal, ähnlich wie im Falle der Lokalredaktion, die entscheidenden Hinweise geliefert haben.

Der leitende Redakteur der Meinungsseite verstand sehr wohl, daß New Yorks Geschäftswelt nicht alle Leitartikel und Kommentare gutheißen konnte; trotzdem war er fest davon überzeugt, daß die *New York Times* als verantwortungsbewußtes Medium ihren kritischen Standpunkt selbst in einer finanziell schwierigen Lage beibehalten und zum Wohle der Stadt und ihrer Bewohner Probleme und Mißstände konstruktiv kritisieren und kommentieren müsse. Goulden faßt Oakes' Standpunkt mit den folgenden Worten zusammen: »Oakes war überzeugt, daß die *Times* – ungeachtet ihrer finanziellen Situation und Einkommensquellen – zu jedem Zeitpunkt für die Rechte der Bürger eintreten sollte. Er ging sogar so weit, zu behaupten, daß die Zeitung selbst dann eine seiner Vorstellung nach ›korrekte‹ politische und gesellschaftliche Position vertreten sollte, wenn dadurch die wirtschaftliche Stabilität des gesamten Unternehmens leiden könnte.«[62] Da Sulzbergers und Rosenthals Vorstellungen zur Verbesserung der finanziellen Situation der Zeitung selbstverständlich keine »wirtschaftsfeindliche Meinungsseite« im Blatt vorsahen und Oakes Sulzberger nicht von der Richtigkeit seiner Position überzeugen konnte, war seine Karriere bei der *New York Times* schon zu diesem Zeitpunkt stark gefährdet. Rosenthals Strategie entsprechend galt es nun, die Attraktivität des Mediums für Werbekunden zu heben. Stellvertretend für die wichtigsten Unternehmen aus Amerikas Wirtschaft formulierte die Zeitschrift *Business Week* ihre Erwartungen an die Führung der *New York Times:* »Als Chefredakteur muß sich Rosenthal um eines der besorgniserregendsten Probleme der Zeitung kümmern: um einen fortschreitenden Zerfall der Qualität der Meinungsseite.«[63] Sulzberger und Rosenthal erkannten, daß die gesuchte Kooperation zwischen Wirtschaft und der *New York Times* deutliche Zeichen erforderlich machte. Die Entlassung Oakes' war in diesem Zusammenhang ein idealer Schachzug: Zum einen war dies ein Zugeständnis an die Freunde der Zeitung aus New Yorks Geschäftswelt, zum anderen war damit eine weitere, in Rosenthals Augen allzu kritische und unliebsame Stimme zum Schweigen gebracht.

Oakes' Arbeit war endgültig beendet, als er in einem Kommentar die finanzielle Misere New York Citys beklagte und als Lösung des Problems die Erhöhung des Steuersatzes für Großunternehmen in der Stadt vorschlug. Nach einem kurzen Gespräch mit Cousin »Punch« mußte John Oakes 1976 als leitender Redakteur der Meinungsseite zurücktreten. Max Frankel, der spätere Chefredakteur und Nachfolger Rosenthals, stand schon bereit, um den begehrten Posten zu übernehmen. Für Frankel, ehemals leitender Redakteur im Washingtoner Büro und seit 1973 verantwortlich für die Zusammenstellung der Sonntagsausgabe der *New York Times*, war die *Editorial Page* jedoch ein vollkommen neues Terrain. Als er die erste Sitzung der Mitarbeiter seines Ressorts einberief, um die neuen Richtlinien der Arbeit zu erläutern, erklärte er, er habe tatsächlich noch nie einen Kommentar für eine Zeitung geschrieben und seinen ersten Versuch in dieser Richtung als unglaublich schwierig empfunden. Die weitaus erfahreneren Journalisten waren entsetzt: »Dort saß der Mann, der gerade zum *Editor* der Meinungsseite der *New York Times* – der einflußreichsten Position auf diesem Gebiet in der gesamten Zeitungsbranche – ernannt worden war und konnte keinerlei Erfahrung in diesem Beruf nachweisen.«[64]

Einmal mehr wird hier deutlich, daß in allen Bereichen der *New York Times*, die unter Rosenthal verändert wurden, Begabung und Qualifikation der beförderten Mitarbeiter weniger wichtig waren als ihr Zugeständnis, die neue ideologische und politische Richtung der Zeitung mitzutragen. Die neuen Aufsteiger waren die »Produkte« Rosenthals. Wie im Büro in Washington so fand auch in der *editorial section* der *New York Times* innerhalb kürzester Zeit ein kompletter Personalumbau statt. Acht von zwölf langjährigen Mitarbeitern wurden kurz nach Frankels Amtsantritt entlassen, und die verbliebenen vier verließen bald darauf aus eigenem Antrieb ihre Arbeitsstellen. Damit war der von John Oakes sorgfältig ausgewählte Stab dieses Ressorts aufgelöst.[65]

Wie zu erwarten war, veränderte sich nach 1976 der Inhalt der Meinungsseiten der *New York Times*. Die Sprache der Kommentare wurde deutlich vorsichtiger, und die Angriffe auf New Yorks Geschäftswelt verschwanden. Max Frankels Wahl zum verantwortlichen Redakteur war also erfolgreich gewesen. Sulzberger und Rosenthal konnten nun weiter damit fortfahren, die Zeitung in ein stärker unternehmerfreundliches und weniger kritisches Medium umzuwandeln, um so u.a. neue Werbekunden anzuziehen. John Oakes, der sich während seiner gesamten Laufbahn bei der *New York Times* für die Darstellung und die Lösung sozialer und politischer Probleme eingesetzt hatte, erhielt zwei Jahre nach seiner Entlassung noch eine weitere Ohrfeige. Obwohl die Meinungsseite der *New York Times* unter Oakes' Leitung eine der engagiertesten Stimmen im Vietnam-Konflikt war und sich ebenso konsequent den Fragen wachsender Armut, sozialer Ungerechtigkeit und vernachlässigten Umweltschutzes stellte, wurde ihm dafür nicht eine einzige Anerkennung zuteil; auch das Komitee der Pulitzer-Preisverleihung hatte Oakes stets ignoriert. Im Jahre 1978 ehrte die Gesellschaft schließlich Jack Rosenthal, den Vertreter von Max Frankel, mit dem begehrten Pulitzer-Preis, der höchsten Auszeichnung im amerikanischen Pressewesen, für die »allgemeine hohe redaktionelle Qualität« seiner Arbeit. Im Auswahlausschuß hatten auch Turner Catledge und A. M. Rosenthal gesessen.

Ein weiteres Beispiel, das die Veränderung der Meinungsseite der *New York Times* zeigt, sind die Ereignisse um den Journalisten Sydney Schanberg. Schanberg war, ebenso wie A. M. Rosenthal, nach einer langen Arbeitsperiode als Korrespondent im Ausland zurück nach New York gekommen, wo ihm die Stelle des stellvertretenden Redakteurs der Lokalredaktion angeboten worden war. Während der ersten Jahre arbeitete Schanberg zur vollen Zufriedenheit seiner Vorgesetzten Gelb und Rosenthal. Dann zeigte Schanberg aber immer weniger Bereitschaft, die sozialen und politischen Probleme der Stadt zu ignorieren. Unter seinem Einfluß begannen die Lokalseiten der Zeitung erneut, über die Opfer von Armut, Kriminalität und Korruption zu berichten. Rosenthal, gerade zum Chefredakteur aufgestiegen, äußerte schließlich größtes Mißfallen über die neuen Töne der Lokalberichterstattung und drängte Schanberg dazu, das Ressort zu verlassen.[66] Als dieser dann tatsächlich zur Redaktion der Meinungsseite wechselte, verschwand mit ihm auch der kritische Ton aus den Reportagen den Lokalredaktion.

Als Journalist der Meinungsseite gelang Schanberg jedoch die Einführung einer Kolumne, die seine Arbeit aus der Lokalredaktion weiterführen sollte: Regelmäßig kommentierte Schanberg darin Alltagsprobleme in New York City. Waren die Kommentare anfangs eher unverfänglich, so zielte seine Kritik später auf die wahren Ursachen für die soziale Misere der Stadt. Schanberg schrieb vorbehaltlos, wie Hamill 1985 zusammenfaßte, über »das schlechte Benehmen, die Brutalität und soziale Verantwortungslosigkeit, die Geld- und Machtgier der großen Bauunternehmer, Banker und all der anderen Pfeiler des Establishments, die das Leben im New York der siebziger und achtziger Jahre für den Normalbürger unglaublich erschwerten«.[67] Offen kritisierte Schanberg auch die Regentschaft des, so der Journalist, korrupten Bürgermeisters Edward Koch und dessen dunkle Geschäfte besonders in der Kredit- und Immobilienbranche. Kritik an Schanbergs Arbeit ließ selbstverständlich nicht lange auf sich warten.

Wie schon zu den Zeiten von John Oakes fühlte sich New Yorks

Establishment durch Schanbergs Kommentare in der *New York Times* angegriffen. Um die Kanäle und die Wirkungsweise der Kritik zu verstehen, muß beachtet werden, daß auch Arthur Ochs Sulzberger als Verleger und Vorstandsvorsitzender der New York Times Company dem Kreis der angesehensten und einflußreichsten Geschäftsleute der USA zuzurechnen ist. Geschäftliche und persönliche Kontakte bestimmten zu einem nicht unerheblichen Teil die politische Richtung und den Inhalt der *New York Times*. Dies geschah auch im Fall der Umstrukturierung der Meinungsseite. Laut Joseph Goulden war »Punch« Sulzberger infolge der kritischen Leitartikel und Kommentare seiner Zeitung negativen Bemerkungen und bohrender Kritik von Geschäftsleuten und Politikern ausgesetzt. Die alljährliche Sommerfrische im Bohemian Grove, einem Club der Oberen Zehntausend in der Nähe von San Francisco, so Goulden, wurde für Sulzberger ebenso zum Spießrutenlauf wie die gelegentlichen Cocktailparties und Mondschein-Diners an den Treffpunkten der High Society und Führungselite in Manhattan. Als Verleger der *New York Times* fand sich Sulzberger wiederholt mit Mißfallensäußerungen zu Sydney Schanbergs Kolumne konfrontiert und wurde »es müde, Schanbergs Anstellung bei der Zeitung ständig verteidigen zu müssen«.[68] Dies hatte Folgen. Schanberg, den Rosenthal mittlerweile »Heiliger Franziskus« nannte, mußte im August 1985 den Stab Meinungsseite verlassen. Sulzberger und Rosenthal befanden sich zu diesem Zeitpunkt auf Reisen; so war es die Aufgabe Sidney Grusons, des Assistenten des Verlegers, Schanberg diese Entscheidung mitzuteilen. Schanberg, der bis zu diesem Zeitpunkt sechsundzwanzig Jahre bei der Zeitung beschäftigt gewesen war, kündigte kurz darauf. Das Ende von Schanbergs Kolumne führte zu heftigem Protest in der New Yorker Bevölkerung – zahlreiche Beschwerdebriefe erreichten die *New York Times*. Als Antwort der Redaktion der Meinungsseite war in der Zeitung zu lesen: »Nach einem Zeitraum von vier Jahren kamen wir zu dem Schluß, daß eine noch bessere Kolumne von einem anderen Journalisten geschrieben werden könnte. Mit dem Beginn der neuen Kolumne ist in Kürze zu rechnen.«[69] Als neuer Kolumnist wurde A. M. Rosenthal vorgestellt, der unter der Überschrift »Bitte lesen Sie diese Spalte« die Leser der *New York Times* von nun an dazu aufforderte, seine Sicht der Dinge zur Kenntnis zu nehmen.[70]

Ein Blick auf die Meinungsseite der *New York Times* der späten achtziger und der neunziger Jahre zeigt eine Zusammenstellung von Artikeln und Kommentaren, die mit der ursprünglichen Idee der Seite wenig gemeinsam hat. John Oakes hatte einst das Konzept der *opposite editorials* übernommen, um ein Forum für eine ausgeglichene Ergänzung der Berichterstattung im Nachrichtenteil der Zeitung zu schaffen und somit die Diskussion zu kontroversen Themen aus der Sicht unterschiedlichster Standpunkte anzuregen. Heute lassen die in der *New York Times* für *op-eds* vorgesehenen Spalten kaum noch Platz für Meinungsvielfalt und die Stimmen von Bürgerrechtsgruppen und Minderheiten. Dagegen bestimmen in Syndikaten organisierte Kolumnisten wie Rowland Evans, Robert Novak, George Will, William Buckley, Jeane Kirkpatrick oder auch William Safire und A. M. Rosenthal den ideologischen und politischen Ton der Meinungsseite.[71] Diese oft unausgewogenen und manipulativen Kommentare finden eine landesweite Verbreitung und erscheinen selbst in der kleinsten Dorfpostille, ein Phänomen, das in den Publikationen von Michael Parenti und Eric Alterman besonders deutlich beschrieben wird.

Als A. M. Rosenthal 1986 in den Ruhestand trat und Max Frankel zum neuen Chefredakteur der *New York Times* ernannt wurde, nahm dies Alexander Cockburn, damals Journalist bei der liberalen Zeitschrift *The Nation*, zum Anlaß, um eine politische Bewertung der Meinungsseite der *New York Times* abzugeben. Cockburn resümierte: Die *editorial page* habe sich unter Rosenthals Ägide zu einem Sprachrohr der republikanischen Regierung entwickelt und unterstütze systematisch die Politik des Weißen Hauses. Kommentare zu wichtigen innen- und außenpolitischen Themen müßten deshalb, allein wegen ihres großen Einflusses auf die öffentliche Meinung, von einem unabhängigen Gremium systematisch untersucht und öffentlich besprochen werden. Die Debatten um Präsident Reagans Vorgehen in Mittelamerika, den Bombenangriff auf Libyen, die Verschärfung der amerikanischen Einwanderungsgesetze oder die Fragen zu Aufrüstung und Rüstungskontrolle z. B. seien ganz wesentlich von den redaktionellen Richtlinien der *New York Times* und ihrer Umsetzung in den Artikeln und Kommentaren der Meinungsseite der Zeitung beeinflußt worden. Eine Liste von Themen, die sich, so Cockburn, beliebig erweitern ließe.

Darüber hinaus kritisierte Cockburn die ungewöhnliche Personalpolitik der *editorial section* der *New York Times* und forderte
eine Offenlegung der Information über die beruflichen Karrieren
der dort beschäftigten Kolumnisten. Richtig ist, daß die wichtigsten Mitarbeiter wie Jack Rosenthal und Leslie Gelb mehrmals
zwischen dem Staatsdienst und einer Anstellung bei der Zeitung
pendelten. So war beispielsweise Leslie Gelb im Verteidigungsministerium für die Zusammenstellung der Pentagon Papers verantwortlich, bevor er als Korrespondent für nationale Sicherheits-
fragen zur *New York Times* berufen wurde. Später wechselte er zum
Innenministerium über und war im Anschluß daran erneut
New-York-Times-Mitarbeiter. Cockburn faßt zusammen: »Eine
genaue Verfolgung der Einstellungs- und Beförderungspraktiken
der Redaktion der Meinungsseite der *Times* – und ich fordere
nochmals, daß dies zum Thema einer öffentlichen Anhörung vor
dem Kongreß werden soll – läßt es als durchaus möglich erscheinen, daß Leslie Gelb und Jack Rosenthal, die beide durch ihre Aktivitäten im Regierungsapparat – im Pentagon und Justizministerium – bekannt wurden, eines Tages die höchsten redaktionellen
Positionen einnehmen werden. Wäre dies die Sowjetunion, so
würde besonders Gelbs Pendeln zwischen Regierung und Presse als
Paradebeispiel für ein System gelten, dem die Traditionen einer
freien und unabhängigen Presse vollkommen fremd sind.«[72]
    Tatsächlich ist Jack Rosenthal heute leitender Redakteur der
Meinungsseite und Leslie Gelb sein Vertreter sowie Redakteur der
Rubrik »*opposite editorials*«. Die beiden haben somit die
höchsten Stellen in diesem Ressort der Zeitung inne und sind verantwortlich für den Inhalt und die politische Ausrichtung von Leit-
artikeln, Kommentaren und Kolumnen der *New York Times*. Ein
weiterer Erfolg der Personalpolitik A. M. Rosenthals, dem es in seiner 18jährigen Amtszeit als stellvertretender Chefredakteur und
Chefredakteur gelang, seine Günstlinge an die Spitze des Unternehmens zu hieven.

6

Im Jahre 1986, so das Nachrichtenmagazin *Time*,[73] behielt jeder Beschäftigte der *New York Times* zwei Geburtsdaten im Gedächtnis:
das eigene und das von A. M. Rosenthal. Am 2. Mai des folgenden
Jahres sollte der Chefredakteur seinen fünfundsechzigsten Geburtstag feiern und würde dadurch nach den Gesetzen des Unternehmens automatisch in den Ruhestand versetzt. Obwohl Rosenthal bis zuletzt vesuchte, eine Sonderregelung zu erwirken, hielt
Verleger »Punch« Sulzberger eisern an den Bestimmungen fest. Mit
der Festigung der Stellung der *New York Times* im amerikanischen
Machtgefüge der späten achtziger Jahre war die Rolle des Chef-
dakteurs beendet – Rosenthal hatte das Ende seiner Karriere
ereicht.

In einem Zeitraum von über dreißig Jahren war es Rosenthal im
Interesse des Unternehmens und in Übereinstimmung mit der Sulzberger-Familie gelungen, die verschiedenen Bereiche des Nachrichtenressorts zu verändern und die redaktionelle Kontrolle über
die Berichterstattung zu zentralisieren. Sein skrupelloser Füh-
rungsstil bewegte sich dabei allerdings oft an der Grenze des Tole-
rablen und beeinträchtigte auch den »guten Ruf« der Zeitung. Die
unfaire Behandlung unerwünschter Mitarbeiter, die zu offensicht-
liche Zensur der Berichterstattung, aber auch charakterliche
Schwächen des langjährigen Chefredakteurs, der sich nicht selten
zu Wutausbrüchen hinreißen ließ, waren für den Umbau der Zeitung zwar entscheidend gewesen, schienen jedoch mit der veränderten politischen und gesellschaftlichen Stellung der *New York
Times* in den späten achtziger Jahren nicht mehr vereinbar. Die
Stimmen, die eine Ablösung Rosenthals forderten, mehrten sich,
und im Herbst des Jahres 1986 hatte »Punch« Sulzberger entschieden, »daß nun der endgültige Zeitpunkt für eine Ablösung gekommen sei«.[74] Die Ruhestandsregelung der *New York Times* war also
ein willkommener Anlaß, um das Ende der Ära Rosenthal zu be-
siegeln. Auch die Mehrheit der Direktoren der New York Times
Company, darunter die drei Schwestern des Verlegers, sprach sich
deutlich gegen einen weiteren Verbleib Rosenthals an der Führungsspitze aus. Goulden schreibt: »Mehrere Direktoren wider-
setzten sich energisch jeder Art von Änderung der Ruhestandsrege-

lung, die für Rosenthal von Nutzen sein konnte. Dieser Mann, so argumentierten sie, habe schon genügend Probleme verursacht; nach Überschreiten der Altersgrenze von fünfundsechzig Jahren müsse er die Zeitung umgehend verlassen. ›Punch‹ widersprach nicht – zu diesem Zeitpunkt war er genau derselben Meinung.«[75]

Nach Rosenthals Abgang verkündete Sulzberger: »Den Traditionen von *Our Crowd* und des reformierten Judentums folgend, war es an der Zeit, daß sich die *New York Times* in einer ruhigeren und weniger Aufsehen erregenden Art und Weise um ihre Geschäfte kümmerte. Die Herrschaft der eisernen Faust im Nachrichtenressort mußte zu einem Ende gebracht werden.«[76] Schon hatte der Familienrat der Sulzberger den diplomatischer handelnden Max Frankel als Rosenthals Nachfolger ausgewählt, und in Anspielung auf Rosenthals eiserne Faust sollte der neue Chefredakteur nun, ganz im Sinne der politischen und gesellschaftlichen Rolle der »neuen« *New York Times*, die Zeitung als »eiserne Faust im Samthandschuh«[77] in die neunziger Jahre führen.

Rosenthal selbst fiel es ausgesprochen schwer, diese Entscheidung zu akzeptieren, waren doch persönliche Identität und Lebensaufgabe eng mit seiner Arbeit und seiner Stellung im Unternehmen verbunden: Als »A. M. Rosenthal von der *New York Times*« war er eine tonangebende Persönlichkeit in New York und weit darüber hinaus. Welchen Status sollte er wohl einfach nur als »Abe Rosenthal« haben?[78] Geradeso wie er die unzähligen Mitarbeiter während der Umgestaltung des Nachrichtenressorts aus dem Unternehmen gedrängt hatte, wurde Rosenthal nun selbst zum Opfer einer gnadenlosen Personalpolitik. Seine Aufgabe war beendet; zu groß war Rosenthals Einfluß und zu selbstherrlich sein Verhalten gewesen. »A. M. Rosenthal von der *New York Times*« hatte übersehen, daß am Ende selbst der Chefredakteur den Entscheidungen des Verlegers ausgeliefert war. Goulden hält dazu ein Gespräch mit der TV-Journalistin Barbara Walters, einer guten Bekannten Rosenthals, und »Punch« Sulzberger fest. In der Hoffnung, den Verleger doch noch zu einer Ausnahme bei der Ruhestandsregelung bewegen zu können, fragte Walters: »Warum sind Sie so fest entschlossen, den armen ›Abe‹ in den Ruhestand zu schicken?« »Ganz einfach, weil ich dies entschieden habe«, war die knappe und harte Antwort des Verlegers.[79]

Am 12. Oktober des Jahres 1986 informierte schließlich ein kurzer Artikel in der *New York Times* die Öffentlichkeit über die Veränderungen an der Führungsspitze des Unternehmens. Ohne jeglichen Hinweis auf die eigentlichen Gründe für den Wechsel wurde das Bild von einem freiwilligen Rücktritt des Chefredakteurs gezeichnet. Der Bericht zitiert Rosenthal mit den Worten: »Alles war nun an seinem Platz – genauso, wie ich es hinterlassen wollte, und so dachte ich, daß die Zeit für einen Wechsel gekommen sei.«[80] Gleichzeitig wurden Max Frankel als Nachfolger vorgestellt und einige weitere Beförderungen bekanntgegeben.

Nun wurde folgendes deutlich: Der scheidende Chefredakteur hatte noch dafür gesorgt, daß seine loyalsten Mitarbeiter die wichtigsten Positionen im Nachrichtenressort der *New York Times* besetzen konnten. Mit Rosenthals Eintritt in den Ruhestand wurde Arthur Gelb zum stellvertretenden Chefredakteur und James Greenfield zu dessen Assistenten ernannt. Jack Rosenthal übernahm Frankels bisherige Stelle als leitender Redakteur der Meinungsseite, und Leslie Gelb wurde als dessen Vertreter eingesetzt. Frankel bestätigte in einem Interview: »Es ist in der Tat eine Freude und ein großes Privileg, diesen ausgezeichneten Stab von Mitarbeitern und die Zusammenstellung der großartigsten Zeitung der Welt leiten zu dürfen.«[81] Hinter dem Rücken des neuen Chefredakteurs sprach man allerdings von einer Marionette, die lediglich zwischen »Rosenthals Statthaltern« und Sulzbergers Wünschen zu vermitteln habe. Die Aufgabe, die Frankel übernommen hatte, so vermuteten böse Zungen, bestand – knapp zusammengefaßt – schlicht darin, »›Abes‹ Stab für ›Punchs‹ Zeitung zu dirigieren«.[82]

Bei der Übernahme der Position des Chefredakteurs konnte Frankel auf eine mehr als 30jährige Mitarbeit bei der *New York Times* zurückblicken. Er hatte zuerst in der Lokalredaktion gearbeitet und war anschließend Auslandskorrespondent in Wien, Belgrad und Moskau. Im Jahre 1968 war ihm die Leitung des Büros in Washington übertragen worden. Ab 1973 war Frankel dann leitender Redakteur der Sonntagsausgabe, bis er 1976 von A. M. Rosenthal zum verantwortlichen Redakteur der Meinungsseite ernannt wurde. Mehrere Gründe sprachen 1986 schließlich für Frankels Nominierung als Chefredakteur: Zum einen hatte er sich während all der Jahre im Unternehmen weitgehend aus den Konflikten, die durch Rosenthals Umstrukturierungen entstanden waren, herausgehalten,[83] und zum anderen war Frankel ein Freund des Verlegers, was eine loyale Haltung in seiner zukünftigen Position als Chefredakteur erwarten ließ. Der zukünftige Chefredakteur wirkte außerdem ruhiger und sympathischer als Rosenthal, entsprach aber in seiner politischen Einstellung durchaus dem Vorgänger. Für Verleger Sulzberger stand fest: Frankel war der richtige Mann, um für die nötige Ruhe im Unternehmen zu sorgen und das beschädigte Image der Zeitung aufzupolieren. *Time* erklärte: »Von Frankel, als geduldigem und besonnenem Zeitgenossen, wird erwartet, die im Nachrichtenressort entstandenen Wogen zu glätten.«[84]

Tatsächlich verbesserte sich unter Max Frankel das Arbeitsklima beträchtlich, und sein Bemühen, die *New York Times* zu »entstalinisieren«,[85] wie *Columbia Journalism Review* schrieb, wurde von Reportern und Redakteuren mit großer Erleichterung aufgenommen. Der neue Chefredakteur stand auch den Vorschlägen und Wünschen seiner Mitarbeiter offener gegenüber als Rosenthal. Ein Resultat war eine sensiblere und kritischere Lokalberichterstattung der Zeitung. Frankels Hauptaufmerksamkeit richtete sich auf eine Verbesserung der sogenannten »Leserfreundlichkeit« der *New York Times*. Ganz im Sinne der unter Streß und Zeitdruck stehenden Leser der neunziger Jahre sollten zum Beispiel die Artikel des Blattes im Durchschnitt um etwa dreißig bis fünfzig Prozent kürzer werden. Um die Anzahl der Worte sinnvoll zu reduzieren, war jedes Mittel recht.[86] Frankels Ziel war es, die Wettbewerbsfähigkeit der Zeitung gegenüber der Boulevard-Presse und den elektronischen Medien zu optimieren. Seine Maßnahme führte aber auch zu einer von Reportern und Redakteuren vielfach beklagten Verflachung des Inhaltes. Eine der wenigen zur Verfügung stehenden Quellen der amerikanischen Bevölkerung für Hintergrundinformation zu wichtigen Themen wurde somit ein Stück fragwürdiger. Frankel hatte die Idee des *lite journalism*, der leicht zugänglichen und nicht übersättigenden Art und Weise der journalistischen Zubereitung aktueller Themen, in die Marktstrategie des Unternehmens eingeführt und dafür gesorgt, daß die *New York Times* ein größeres Publikum ansprechen konnte. *Columbia Journalism Review* zitiert dazu einen ungenannt bleibenden *New-York-Times*-Journalisten, der die neue Zielsetzung Frankels so zusammenfaßt:»Laßt uns die Zeitung nun so arrangieren, daß sie dem größten gemeinsamen Nenner ihres Leserkreises entspricht.«[87]

Im nachhinein kann die Entscheidung für Frankel als Nachfolger Rosenthals als Erfolg für das Unternehmen gewertet werden. Der gesellschaftsfähige Chefredakteur half, die *New York Times* zugunsten der Familie Sulzberger und aller anderen Teilhaber zu einem noch einträglicheren Unternehmen auszubauen. Auch lag es Frankel fern, vom ideologischen und politischen Kurs der Zeitung abzuweichen. Autor Harrison Salisbury dazu:»Frankel hätte zuallerletzt daran gedacht, das amerikanische Establishment anzugreifen – schließlich war er stolz darauf, selbst ein Teil davon zu sein.«[88] War es Rosenthal gelungen, wie er es selbst formuliert hatte, die Zeitung im politischen Spektrum nach rechts zu rücken und damit – wie wir im Anschluß sehen werden – die Basis für die »neue« wirtschaftsfreundliche und finanzkräftige New York Times Company zu schaffen, so war es nun Frankels Aufgabe, diese Position zu festigen.

Zum Abschied 1986 rühmte Verleger Arthur Ochs Sulzberger Rosenthals Erfolge mit den Worten:»Die großartigen Ergebnisse dieser Ära werden auf ewig als Monument für einen der Titanen der amerikanischen Zeitungsgeschichte weiterbestehen.«[89] Nur wenige Jahre nachdem dieser Satz in der *New York Times* selbst zu lesen war, scheint zumindest in der Public-Relations-Abteilung des Unternehmens die Erinnerung an Rosenthal schon verblaßt. Eine seit 1992 jährlich neu aufgelegte und an Interessenten zu Werbezwecken verschickte Broschüre der *New York Times* faßt sorgfältig die Meilensteine der Geschichte des Unternehmens zusammen: Alle herausragenden Leistungen der Sulzberger werden umfangreich behandelt. Erwähnung findet dort sowohl die Tatsache, daß William Laurence von der *New York Times* als einzigem Reporter gestattet wurde, dem Abwurf der Atombombe auf Nagasaki an Bord des Flugzeuges beizuwohnen, wie auch die Einführung eines täglichen Kreuzworträtsels im Jahre 1960. Erstaunlich ist jedoch, daß der Name des »Titanen« Rosenthal in der Hochglanzbroschüre gänzlich unerwähnt bleibt – ein eher unangenehmes Kapitel der *New-York-Times*-Geschichte scheint zu den Akten gelegt worden zu sein. Obwohl die *New York Times* in den neunziger Jahren versuchte, die negativen Episoden um »Abe« Rosenthal vergessen zu machen, und die Zeitung unter Max Frankel sich ruhiger und seriöser präsentierte, sollte – wie Journalist Edwin Diamond im Stadtmagazin *New York* schrieb – nicht übersehen werden, daß »Abe und Max« exakt die gleiche Vorstellung über die Position der *New York Times* innerhalb der Machtstrukturen des Landes hatten.[90] Auch Frankels Nachfolger Joseph Lelyveld, der am 7.April 1994 vom stellvertretenden Chefredakteur zum Chefredakteur der *New York Times* befördert wurde und damit die Struktur von Rosenthals und Frankels Zeitung übernommen hatte, bestätigte in einem ersten Interview: »Ich habe keine neue Ausgangsbasis; man fährt einfach damit fort, das alte ›Schlachtschiff‹ anzustreichen und zu renovieren.«[91]

Werbung und Wirtschaft

The whole notion of freedom of the press becomes a contradiction when the people who own the media are the same people who needed to be reported on.

MARTIN LEE UND NORMAN SOLOMON[1]

1

Um die heutige Position der *New York Times* im amerikanischen Wirtschaftssystem besser verstehen zu können, müssen wir einen Blick auf die seit den siebziger Jahren stark vorangeschrittene Monopolisierung des Medienmarktes werfen. Ben Bagdikian, ehemaliger Redakteur der *Washington Post* und Direktor der Journalistenschule der University of California in Berkeley, beschäftigte sich als erster ausführlich mit diesem Thema und untersuchte in verschiedenen Publikationen die Entstehung der großen Medienkonzerne – darunter die New York Times Company – und die Folgen dieser Entwicklung. Eine in Bagdikians Standardwerk *Media Monopoly* angeführte Parabel soll deshalb auch am Anfang dieses Kapitels stehen.

Ben Bagdikians Geschichte beginnt in den Wäldern Kanadas, wo der größte Teil des Rohstoffes für die amerikanische Papierherstellung gewonnen wird. In den dortigen Papiermühlen kaufen die im Zeitungs- und Zeitschriftengeschäft tätigen Konzene Zellstoff oder schon fertige Papierrollen zu hohen Preisen an. Mit dem Druck der Zeitungsspalten auf dieses teure Papier setzt dann eine Verwandlung ein, die, so Bagdikian, nur durch die komplexen Zusammenhänge zwischen Medien und freier Marktwirtschaft erklärbar wird. »Es erscheint wie ein Zaubertrick«, so Bagdikian, »Verleger verkaufen am Ende ihr Rohmaterial für weniger, als sie anfangs selbst dafür bezahlten, und machen trotzdem Milliarden von Dollar Profit. Werbekunden investieren bereitwillig zusätzliche Milliarden in dieses scheinbar ganz und gar nicht kapitalistische Geschäft und erzielen ebenfalls milliardenhohe Gewinne. Und darüber hinaus geschieht dies alles zum Wohle der Leser, die ›etwas‹ für ›nichts‹ bekommen.«[2] Ein Kreislauf, von dem also scheinbar alle Beteiligten profitieren – doch auf wessen Kosten? Die Antwort auf diese Frage kann ein Blick auf die marktstrategischen Veränderungen bei der *New York Times* zu Beginn der siebziger Jahre geben.

Trotz des kurzen und kräftigen finanziellen Aufschwungs im Anschluß an die Veröffentlichung der Pentagon Papers befand sich die New York Times Company in den Jahren 1973 und 1974 in einer bedrohlichen finanziellen Krise. Die Gründe dafür waren vielfältig und nur zum Teil durch das Unternehmen selbst verschuldet. Als durch eine allgemeine Rezession und die Finanzschwäche der Stadt Armut, soziale Konflikte, Gewalt und Kriminalität zunahmen, entschieden sich zahlreiche besser situierte Familien, in ruhigere Vororte zu ziehen oder New York ganz zu verlassen. Die *New York Times* verlor damit einen beträchtlichen Teil ihrer Leserschaft. Gleichzeitig gingen die Werbeeinnahmen drastisch zurück, da die traditionellen Werbekunden der Zeitung aufgrund eigener finanzieller Schwierigkeiten ihre Ausgaben kürzten oder in dem mehr versprechenden TV-Markt investierten. Tatsächlich hatte sich zu diesem Zeitpunkt die Fernsehindustrie endgültig zu einem ernstzunehmenden Konkurrenten für die Zeitungsbranche entwickelt. Weitere Gründe für die finanziellen Verluste der *New York Times* waren steigende Druck- und Produktionskosten, die zum Teil aus dem erfolgreichen Ringen der Gewerkschaften um höhere Gehälter und bessere soziale Absicherungen für die Beschäftigten in der Druckindustrie und im Verlagswesen resultierten.

In dieser wirtschaftlich schwierigen Phase mangelte es der Zeitung an einem erfahrenen und entscheidungskräftigen Verleger. Arthur Ochs Sulzberger zeigte zu der Zeit wenig Interesse an seiner Arbeit und ignorierte besonders die finanziellen Probleme des Unternehmens, so daß die *New York Times* im Jahre 1975 kurz vor dem Bankrott stand oder, wie Joseph Goulden schreibt, »beinahe *belly-up*, mit dem Bauch noch oben, im Wasser geschwommen wäre«.[3] So kamen für Sulzberger, der zu diesem Zeitpunkt von der eigenen Familie, dem Vorstand des Unternehmens und anderen Aktionären unter Druck gesetzt wurde, entscheidende Vorschläge von Chefredakteur A. M. Rosenthal zur Sanierung und Umstrukturierung der Zeitung genau im richtigen Moment. Nur eine Dekade nach dem drohenden Bankrott, also im Jahre 1985, erzielte die Zeitung Einnahmen in Höhe von 1,39 Milliarden Dollar beziehungsweise einen Nettogewinn von über 116 Millionen Dollar[4] – eine Einnahmensteigerung, die zweifellos auf die maßgeblich von Rosenthal forcierten inhaltlichen Veränderungen der Zeitung zurückzuführen war. Rosenthals redaktionelle Macht im Unternehmen hatte also durchaus auch wirtschaftliche Gründe.

Die wichtigste gewinnbringende Neuerung war die Schaffung der sogenannten *life-style sections*, bunter Beilageblätter, die über die neuesten Moden, die »Ins« und »Outs« von New York City informieren und so einen neuen Leserkreis ansprechen und gleichzeitig für die Erhöhung von Auflagenzahl und Werbeeinnahmen sorgen sollten. Mit Hilfe eines verfeinerten Computersystems der Marktforschungsabteilung, deren Etat 1976 wohlüberlegt um achtzig Prozent erhöht worden war, wurden ausführliche Daten über die Interessen und Lebensgewohnheiten der Leser der *New York Times* gesammelt und ausgewertet. Die so gewonnenen Informationen halfen, das Konzept der *life-style sections* zu entwerfen, die in Form von Magazinen dem Hauptteil der Zeitung beigelegt und auf die speziellen Interessen der ermittelten Gruppen zugeschnitten wurden. Als erste dieser neuen Beilagen erschienen *Weekend*, *Living* und *Home*.

Im April 1976 wurde die Zusammenstellung der ersten Ausgaben von *Weekend* Rosenthals Assistenten Arthur Gelb anvertraut – von da an gaben jeden Freitag die bunten Seiten der Sonderbeilage die besten Tips zur Freizeitgestaltung. Die Angebote teurer Fitneßstudios und Schönheitsfarmen in New York, aber auch »obligatorische« Kunstausstellungen, Konzerte, Opern- und Theateraufführungen und andere kulturelle Ereignisse wurden besprochen. Der Erfolg der Beilage war überwältigend: Die Auflagenzahl der Freitagsausgabe schnellte zuerst um 60 000 in die Höhe und pendelte sich schließlich bei 35 000 zusätzlich verkauften Exemplaren ein.[5] Rosenthal und Gelb hatten mit ihrer Idee also recht behalten: Die neuen Bezieher der *New York Times* wiesen die gleichen demographischen Merkmale wie die ›alten‹ Leser auf: ein hohes Einkommen, einen exklusiven Lebensstil und entsprechende Interessen. Dank *Weekend* wurden die Mitglieder dieser Konsumentengemeinde nun ebenfalls zu Käufern der *New York Times*. Selbst die *Washington Post* kommentierte neidvoll: »Die *Times* hat die Köpfe ihrer neuen Leser mit Geschichten über *asparagus and anthropology* erobert.«[6] In der Tat hatten die *New York Times* und die erste »Yuppie-Generation« New Yorks einander entdeckt. Rosenthal selbst soll sich zum Erfolg der ersten Beilage mit den Worten gratuliert haben: »Okay, damit hätten wir uns um den Freitag gekümmert, und nun weiter zu den restlichen Tagen.«[7]

Auf *Weekend* folgten *Living* und *Home*. *Living* widmete sich als Beilage der Mittwochsausgabe auf bis zu zwanzig Seiten den schicksten Restaurants, den leckersten Rezepten und dem exquisitesten Warenangebot der teuersten Delikatessenläden der Stadt. Arthur Gelb gelang es, einige seiner besten Freunde aus der Branche dafür zu gewinnen, aus dem Nähkästchen zu plaudern. Unter der Überschrift: »Von den Fähigkeiten der Frauen und den Träumen der Männer« erschienen daraufhin Artikel wie »Kochen mit den größten Küchenchefs der Welt« und Serien wie »Der Sechzig-Minuten-Gourmet«, eine Sammlung von Rezepten, die es der tüchtigen Geschäftsfrau auch nach Dienstschluß noch ermöglichen sollte, innerhalb von nur einer Stunde ein exklusives Menü für Ehemann und Familie zuzubereiten. Die Donnerstagsbeilage *Home* setzte sich zum Ziel, die Leser der *New York Times* über die neuesten Moden in der Möbel- und Dekorationsbranche zu informieren, wodurch das Blatt seinen Lesern nun auch bei der Inneneinrichtung des Stadtapartments in der Upper East Side oder dem Wochenendhaus auf Long Island mit Rat und Tat zur Seite stand. Einige der Vorschläge kamen von Verleger »Punch« Sulzberger persönlich, der sich, so Goulden, für den Inhalt der *life-style sections* seiner Zeitung weitaus mehr interessierte als für die *hard news* des Nachrichtenteils der *New York Times*. »Punch« half Rosenthal und Gelb oft sogar persönlich bei der Verbesserung des Inhalts der Sonderbeilagen: »An drei Nächten in der Woche kommt Sulzberger nicht zur Ruhe«, schrieb *Time* 1977, »Visionen von Früchten und Gemüsen, Rezepte für Medaillon Liègeoise, Mittel zur Termitenbekämpfung, Ratgeber zum guten Einkauf,

44-Dollar-Taschen aus Segeltuch und 1850 Dollar teure ›Liebes‹-Anhänger von Tiffany's tanzen dann vor den Augen des Schlaflosen.«[8]

Nach dem großen Erfolg der ersten drei Magazine wurden auch für die übrigen Tage der Woche Beilagen konzipiert; *Sports Monday* behandelte ausführlich die Sportereignisse in der Stadt, während *Science Tuesday*, so Rosenthal, die Tradition der *New York Times* bei der Kommentierung neuer wissenschaftlicher Entdeckungen und Erfindungen fortführen sollte. Obwohl für diese letzte Beilage sehr viel weniger Zuspruch erwartet wurde, verhalf die zeitgleiche Erfindung und Vermarktung des Heimcomputers – laut Sulzberger, »eine wunderbare Fügung«[9] – auch *Science Tuesday* zu unzähligen neuen Lesern und Werbekunden. Gleichgültig, ob es sich nun um einen Personal Computer, ein Empire-Möbelstück, ein Kochbuch für italienische Vorspeisen oder eine Gartenhacke mit einem mit Kalbsleder bezogenen Griff handelte, die Lektüre der bunten Sonderbeilagen machte den Lesern der *New York Times* alle besprochenen Objekte und Trends gleichermaßen schmackhaft. Und gleich neben den enthusiasmierenden Artikeln und Berichten befanden sich nicht zufällig auch die diesbezüglichen Werbeanzeigen der Restaurants, Geschäfte und Designer. Mit Stolz verkündete die Zeitung durch den Slogan »Mehr als einfach nur Nachrichten«[10] diesen veränderten Inhalt der *New York Times* und warb neue Leser und Werbekunden.

Mit der Veränderung von Form und Inhalt war aber auch eine Verschiebung der ideologischen Werte und Zielvorstellungen des Blattes verbunden. Schon als leitender Redakteur der Lokalseite hatte A. M. Rosenthal für einen »positiven« und »optimistischen« Ton in der Lokalberichterstattung Sorge getragen, was dazu geführt hatte, daß die alltäglichen Schreckensmeldungen aus den verarmten Bezirken der Stadt im Papierkorb landeten, da diese die Leser, wie Rosenthal annahm, wenig interessierten oder ihnen gar mißfielen. Diese Strategie wurde jetzt sozusagen nur noch erweitert, indem sich die *New York Times* verstärkt der Darstellung von Luxus und gehobener Lebensqualität der konsumorientierten Bevölkerungsgruppen New Yorks widmete: »Die *Times* berichtete zunehmend über die großen Ereignisse der High Society, über Empfänge und Bälle, die Elite und deren noble Clubs.«[11] Das Schicksal der weniger privilegierten Bewohner New Yorks wurde von der Zeitung nicht nur zunehmend ignoriert, sondern diese wurden mitunter sogar für die schlechte Stimmung in der Stadt verantwortlich gemacht. So wurden die Obdachlosen zum Beispiel als »schlecht fürs Geschäft, gefährlich und abstoßend für Kauflustige« erkannt, und die *New York Times* wußte zu berichten, »daß die aggressive Bettelei auf New Yorks Straßen die allgemeine Lebensqualität stark beeinträchtigt«.[12] In diesem Zusammenhang interessant ist eine Studie von Jim Naureckas, Mitarbeiter der Forschungsgruppe FAIR, die die Berichterstattung der *New York Times* zum Thema Obdachlosigkeit unter die Lupe nimmt. Naureckas kommt darin zu dem Schluß, daß in der zweiten Hälfte der achtziger Jahre von einer regelrechten Attacke der Zeitung gegen die *homeless people* von New York City gesprochen werden kann. Den Höhepunkt dieses Angriffs sieht er in einem Kommentar des Journalisten Myron Maget, der am 26. Januar 1988 als *opposite editorial* erschien: Maget erklärte auf einer halben Zeitungsseite, daß die ständig ansteigende Zahl von Obdachlosen mit Gewißheit nicht »zunehmende soziale Ungleichheit oder gar eine Ungerechtigkeit in der Gesellschaft« reflektiere, sondern daß ganz im Gegenteil die *homeless* für ihre Situation selbst verantwortlich seien – »Wenn man wirklich einmal genauer hinschaut, sieht man doch nur Verrückte, Alkoholsüchtige, Drogenabhängige, alles in allem eine Gefährdung für die Allgemeinheit.«[13]

Business Week erklärte 1976 diese Neuorientierung der *New York Times*, die auch mit der sich während der zweiten Hälfte der siebziger Jahre verändernden ethnischen Zusammensetzung der Einwohner New Yorks zusammenhing: »Das Bevölkerungsgemisch in der Stadt New York – dem wichtigsten Markt der Zeitung – veränderte sich dramatisch durch den immensen Zuzug von Schwarzen und *Hispanics*, die weniger Zeitung lesen als andere, und die zunehmende Zahl älterer Menschen, die sich für viele der in Werbeanzeigen angebotenen Konsumgüter nicht interessieren.«[14] Vor dem Hintergrund der wachsenden sozialen Konflikte und der zunehmenden Armut im New York der siebziger und achtziger Jahre und angesichts des Unvermögens der *New York Times*, über diese Mißstände objektiv zu informieren, klingt »Punch« Sulzbergers Kommentar zu den neuen Sonderbeilagen wie ein

Schlag ins Gesicht der Minderbemittelten dieser Stadt. In einem Interview auf die *life-style sections* angesprochen, schwärmte er: »Den Anregungen zu einer besseren Lebensart gebührt ein ganz besonderer Platz in der Zeitung. Je mehr wir dazu beitragen können, das Leben unserer Leser gesünder, interessanter und amüsanter zu gestalten – ja, ihnen vielleicht sogar helfen können, ein zufriedenes und erfülltes Leben zu führen –, desto besser.«[15]

2

Die amerikanische Gesellschaft der siebziger Jahre wurde zum Symbol für eine Konsumentengemeinschaft, die u. a. auch durch die zunehmende Kommerzialisierung der Medien immer mehr in den Bann der Werbung gezogen wurde, um dann – so die Meinung von Psychologen – im Kaufrausch nach Befriedigung und Erfüllung zu streben. Über das Zusammenwirken von Werbung, Medien und Konsum wurde viel geschrieben, hier soll dieser Aspekt nur gestreift werden, um die neue wirtschaftliche Rolle der *New York Times* und die erstaunlichen Erfolge der *life-style sections* zu erklären. Am deutlichsten beschreibt Medienwissenschaftler Michael Schudson die Entwicklung der neuen sogenannten *consumer culture* der USA in den siebziger und achtziger Jahren. Diese entfernte sich, so Schudson, immer weiter von traditionellen ethischen Werten und bemühte sich immer mehr um die kurzfristige Erfüllung der durch die Werbung geweckten Wünsche. »Die Vorstellung einer Konsumgesellschaft erzeugt Bilder raffender und nach Statussymbolen haschender Neureicher, die, wie besessen von materiellen Werten, ganz selbstverständlich die *shopping-mall*, das allgegenwärtige Einkaufszentrum, zu ihrem Lebensmittelpunkt erklären«, schreibt Schudson,[16] und der Psychologe Christopher Lasch macht sogar die Werbung selbst – ihren Inhalt einmal außer acht gelassen – für die Entwicklung eines eigenständigen Produktes verantwortlich: die Entstehung des fortwährend unzufriedenen, gelangweilten, ruhelosen und erwartungsvollen Konsumenten.[17] Als Übermittler von so phantastischen Werbebotschaften wie »Kauf mich, und du wirst erfolgreich sein« oder »Nimm mich mit nach Hause, und das Leben wird dir Freude bereiten«

schienen die Medien spätestens seit Ende der siebziger Jahre vollends unverzichtbar geworden zu sein.

Mit der Einführung der *life-style sections* hatte die *New York Times* den Standard auch für entsprechende Veränderungen in der Zeitungsbranche gesetzt und sich de facto, wie der Medienwissenschaftler Martin Walker schreibt, zur »*four-section-newspaper*« entwickelt, also zu einer Zeitung, die neben den drei traditionellen Ressorts für die lokale, die nationale und die internationale Berichterstattung nun noch eine vierte Sparte zur Informationsübermittlung aufweisen konnte, nämlich ihre bunten Sonderbeilagen – »einen ›Werbeauftrags-Generator‹ für jeden Tag der Woche«.[18] Einerseits sollten die neuen Beilagen kauffreudige Konsumenten ansprechen und andererseits finanzkräftige Werbekunden zur Investition anregen. Dies ermöglichte der *New York Times* im Wettbewerb mit den anderen Medien, insbesondere dem kommerziellen Fernsehen, konkurrenzfähig zu bleiben.

Der Wettkampf auf dem amerikanischen Medienmarkt hatte sich in den siebziger Jahren deutlich verschärft. Neue Marktforschungsmethoden ermöglichten den Werbekunden den Zugriff auf detaillierte Informationen über die Rezipienten des jeweiligen Mediums und damit über Reichweite und Effizienz von Werbespots und Anzeigen. Im sogenannten *media buying* der Werbeagenturen werden seitdem diejenigen Zeitungen, Zeitschriften oder Fernsehstationen ermittelt, die die zuvor genau analysierte, oft eng umgrenzte Zielgruppe für ein bestimmtes Produkt am effektivsten erreichen. Neben der Größe des Zuschauerkreises oder der Leserschaft und deren Zusammensetzung spielen jedoch auch Ruf und Ansehen der Sendestationen oder der Zeitung eine wichtige Rolle bei der Entscheidung für die Vergabe von Werbeaufträgen. Für die *New York Times* als Werbeträger spricht bis heute neben ihrem einzigartigen Leserkreis vor allem auch die scheinbar große Vertrauenswürdigkeit des Unternehmens, die mit Rosenthals »Korrektur« des politischen Kurses wiederhergestellt worden war. Auch der Erfolg einer vielversprechenden Schönheitskur oder die Qualität eines neueröffneten Restaurants erscheinen so auf den Seiten der *New York Times* glaubhafter als in den Spalten jeder anderen Zeitung. Darüber hinaus zeigen psychologische Studien, daß Konsumenten dem Inhalt von Zeitungsanzeigen im allgemeinen mehr Vertrauen schenken als Werbespots in Fernsehen und Hörfunk. Schudson führt dazu die Untersuchung einer Werbeagentur aus dem Jahre 1981 an, in der ermittelt wurde, daß achtundsechzig Prozent der amerikanischen Bevölkerung den Inhalt von Werbeanzeigen in Zeitungen für »glaubwürdig« oder sogar für »sehr glaubwürdig« hielten. Nur neununddreißig Prozent der Befragten teilten diese Meinung über Werbesendungen im Fernsehen.[19] Zusätzlich wurde die intensive Werbung in TV und Rundfunk, ganz im Gegenteil zu den oft seitenlangen Werbekampagnen in Zeitungen und Zeitschriften, zunehmend als störend empfunden, was den Werbeerfolg stark beeinträchtigte. Trotz aller Veränderungen und Neuerungen im Medienmarkt stellen die Printmedien also auch weiterhin die wichtigste Grundlage für den Kreislauf von Werbung und Konsum dar.

Der *New York Times* war es jedoch schon Ende der siebziger Jahre gelungen, das einträglichste Segment des Anzeigenmarktes an sich zu ziehen. Dementsprechend hoch waren die Preise für die Werbespalten in den *life-style sections* und im Hauptteil der Zeitung und damit selbstverständlich auch die Gewinne des Unternehmens. Selbst die größte Konkurrentin der Zeitung, die *Washington Post*, erklärte bitter: »Die *Times* bemüht sich hauptsächlich um die ›Spitzen‹-Leser, also die Reichsten New Yorks, um somit auch die ›Spitzen‹-Werbekunden ködern zu können.«[20] A. M. Rosenthals Anstrengung, die *New York Times* an ihren traditionellen Platz in der amerikanischen Gesellschaft zurückzuführen und ihre marktwirtschaftliche Attraktivität zu steigern, war also von Erfolg gekrönt. Der Chefredakteur hatte dabei auf Überlegungen zurückgegriffen, die auch schon einmal Adolph Ochs, dem Gründer der modernen *New York Times*, geholfen hatten, das bankrotte Unternehmen zu sanieren; schon im Jahre 1897 hatte die Fachzeitschrift *The Journalist* über Ochs' Zeitung geschrieben: »Als Werbeträger für exklusive Waren gewinnt die *Times* zunehmend an Bedeutung. Obwohl sie eine kleinere Leserschaft aufweist als ihre weniger konservativen Konkurrentinnen, so verfügen ihre Leser doch über die meisten Dollar – und dies ist nun einmal genau das, was der Werbekunde wünscht.«[21]

Mit der Einführung der *life-style sections* erzielte die *New York Times* hohe Gewinne; die Auflagenhöhe stieg, und die Werbeaufträge vervielfachten sich. Lagen die Werbeeinkünfte im Jahre 1975 noch bei 195 Millionen Dollar mit einem Nettogewinn von 12,7 Millionen, so betrugen sie 1977 schon 254 Millionen mit einem Gewinn von über 25,8 Millionen Dollar – Werbeerträge, die sich im anschließenden Jahrzehnt noch beträchtlich steigern sollten.[22] Doch schon nach einer Zwischenbilanz des Jahres 1977 stand – so *Time* – fest, daß »das Unternehmen der Sulzbergers das erfolgreichste Jahr seiner Geschichte abschließen wird«.[23] Da dieses zusätzliche Kapital nur teilweise an die Aktionäre ausgeschüttet wurde, konnte die New York Times Company durch zahlreiche neue Investitionen ausgeweitet werden. Die Übernahme von Verbrauchermagazinen wie *Family Circle, Golf Digest, Golf World, Tennis* und *Hockey* sowie acht Zeitschriften aus dem medizinischen Bereich schloß an die Idee und den Erfolg der *life-style sections* an und sicherte zusätzliche Gewinne. Zu Recht schrieb die Stadtzeitschrift *New York*: »Während der Periode ›Rosenthal-Sulzberger‹ entwickelte sich die *Times* zu einer wahren Geldmaschine.«[24]

3

Im Zusammenhang mit Werbung wird oft von einer Konfliktsituation der Medien gesprochen, derzufolge sie einerseits ihrer Funktion als objektive Beobachter im Dienste der Öffentlichkeit nachkommen und andererseits die Loyalität gegenüber ihren Werbekunden wahren sollten. Handelt die *New York Times* also als loyaler Geschäftspartner, so wird sie sich bemühen, ihre Kunden in der Berichterstattung in einem vorteilhaften Licht erscheinen zu lassen. Würde die *New York Times* aber ihre so oft beteuerte objektive Informations- und Aufklärungsfunktion erfüllen, dann wäre wohl Kritik auch beziehungsweise gerade an ihren besten Kunden unvermeidbar. Angesichts der Tatsache, daß aber *beide* Partner, Medien und Werbekunden, durch ihre Zusammenarbeit große Gewinne erzielen, scheint die Lösung des Konfliktes für die Medien auf der Hand zu liegen. Ben Bagdikians Geschichte, die dieses Kapitel eröffnete, zeigt, wer durch die Symbiose zwischen Medien und Werbekunden zum eigentlichen Verlierer wurde: der Leser

– er konsumiert die in der Werbung angepriesenen Waren und sorgt damit für die Attraktivität der Zeitung und den beständigen Fluß hoher Werbeeinnahmen. Als Antrieb für diesen Kreislauf dienen Nachrichten, Kommentare und andere Informationen, die sich allerdings in Format und Inhalt an den Mechanismen der Werbung orientieren, und Verlierer ist der Leser deshalb vor allem, weil ihm nur noch im Interesse von Medien und Werbekunden gefilterte Informationen geboten werden.

War es Chefredakteur A. M. Rosenthal, der die Weichen für die neue marktwirtschaftliche Orientierung der *New York Times* stellte, so wurde es Aufgabe des Nachfolgers Max Frankel, während der achtziger und neunziger Jahre die Attraktivität der Zeitung weiter zu erhöhen und die Kooperation mit ihren Werbekunden noch zu verbessern. Für die Leser fast unmerkbar, veränderte Frankels neue Marktstrategie fast alle Bereiche der Zeitung: Bald orientierte sich der Inhalt der Meinungsseiten ebenso an den Wünschen und Bedürfnissen der Werbekunden wie auch die Auswahl der *hard news* im Nachrichtenteil des Blattes. »Auch die *New York Times* begann nach dem Takt des Marketings zu tanzen«, schreiben Lee und Solomon.[25] Frankel suchte und fand neue Wege, um die sogenannte ›*productive*‹ *circulation* der Zeitung, ein Begriff, der schon zu Beginn der siebziger Jahre geprägt wurde, zu intensivieren.[26] ›*Productive*‹ *circulation* beschreibt hier die Aufnahmebereitschaft der Leser gegenüber der Werbung, also mit anderen Worten den durch die Lektüre angeregten Konsum der in der Zeitung angebotenen Produkte. Der Wert der Zeitung für den Werbekunden erschließt sich danach nicht aus der Auflagenhöhe, sondern allein aus dem ermittelten Umfang des durch die Werbung erreichten Warenverkaufs.

Ein Weg zur Maximierung dieses »ertragreichen Kreislaufes« bildeten die von Frankel propagierten Ergänzungen des Inhaltes der *New York Times*: Als eine der Neuerungen wurden an verschiedenen Tagen der Woche, unabhängig von den *life-style sections*, ganze Seiten im Hauptteil der Zeitung einem bestimmten Thema gewidmet. Unter Überschriften wie *Keeping Fit*, *Consumers World* oder *Eating Well* philosophierten dort Wissenschaftler, Professoren und andere Experten zum Beispiel über die ideale Ernährung oder den Nutzen von Vitaminpräparaten. Im Jahresabschlußbericht der *New York Times* von 1987 mit dem aussagekräftigen Titel *The Marketing of Excellence* feierte Frankel den großen Erfolg dieser neuen sogenannten *single-theme pages*, der einem einzigen Thema gewidmeten Zeitungsseiten. Gerade diesen Bericht Frankels beschreibt Dough Henwood, Herausgeber der Zeitschrift *Left Business Observer*, in treffenden Worten als »Hommage an eine geglückte und ertragreiche Verbindung zwischen der Werbung und dem Inhalt der *editorial pages*«. Die Idee der *single-theme pages* an solch hervorragender Stelle in der Zeitung sei, so Henwood, ein ganz besonders verlockendes Angebot für Werbekunden aus eng umgrenzten Wirtschaftsbereichen.[27] Mit Stolz verweist die *New York Times* zum Beispiel auf den herausragenden Erfolg der *Good-Health*-Seite in der Sonntagsausgabe, die sich, so Frankel, in großem Maßstab für die Gesundheit der amerikanischen Volkes einsetze, laut Henwood allerdings eher »ein Paradebeispiel für die Wunder des ausgeklügelten Marketings« darstellt. Reporter wie Marian Burros und Jane Brody predigen in *Good Health* Fitneß und körperliches Wohlbefinden und vergessen dabei natürlich nicht, die neuesten Wundermittel aus der Wissenschaft ausführlich zu beschreiben. Einer der größten Finanziers der *Good-Health*-Seite ist die Firma Schering-Plough, Hersteller des teuren Gesundheitsproduktes *Fibre Trim.*

Deutlich wird hier eine Entwicklung, die nicht nur im Feuilleton der *New York Times* Auswirkungen zeigte. Auch die Spalten der Nachrichten- und Meinungsseiten begannen sich in den achtziger Jahren zunehmend mit »Informationen« zu füllen, die im wesentlichen dazu dienen sollten, die Leser in eine Kaufstimmung zu versetzen – *revenue related reading matter,* »an Einkünfte gekoppelter Lesestoff«, wie es Carl Lindstrom, Redakteur der *Hartford Times,* nannte. Solche Reportagen und Kommentare, die sich in der Grauzone zwischen eindeutiger Werbung und tatsächlichen Nachrichten bewegen, werden in der Branche *fluff* genannt, eine Bezeichnung, die wohl in Anlehnung an den amerikanischen Brotaufstrich gleichen Namens, einer süßen, sättigenden, aber fast substanz- und nährstoffarmen Masse aus aufgeschäumtem Sirup, Eiweiß und Zucker entstanden ist. *Fluff* erscheint in der *New York Times* zum Beispiel in Form von scheinbar seriösen wissenschaftlichen Erläuterungen über die Vorzüge ausgewählter medizinischer Produkte, von Unbedenklichkeitsbescheinigungen für Silikonimplantate und Schönheitsoperationen oder von Analysen der Testergebnisse herausragender Automarken. Nicht selten handelt es sich dabei um Presseverlautbarungen der jeweiligen Hersteller. »Die Praxis, Nachrichten und Neuigkeiten nach dem größtmöglichen Nutzen für die begleitenden Werbeanzeigen auszuwählen, ist mittlerweile so weit verbreitet und wird so oft angewandt, daß sie schon den Standard wissenschaftlicher Präzision und publizistischen Fachwissens erreicht hat«, schreiben Lee und Solomon.[28] Auch Ben Bagdikian liefert Hinweise zu diesem veränderten Informationsgehalt der Zeitungen. Zwei gegensätzliche Tendenzen ließen sich feststellen: Zum einen gebe es, so Bagdikian, eine deutliche Abnahme von Nachrichten über die kommunale Verwaltung, die bundesstaatlichen und nationalen Regierungsgeschäfte, über Ausbildung und Bildung, über die Arbeit von Gewerkschaften, die nationalen Einkommensverhältnisse und über die Probleme von Minderheiten. Zum anderen zeige sich eine deutliche Zunahme von Puzzles, Horoskopen, kurzen Comic strips, überregionalen Geschichten menschlicher Schicksale, Neuigkeiten über gute »Lebensart« sowie über den Geschäfts- und Finanzmarkt und über Kriminalität und Gewalt.[29]

Aus Angst vor dem Verlust an Werbeeinnahmen verschwanden außerdem Nachrichten aus den Spalten der *New York Times*, die auch nur ansatzweise Kritik an den eigenen Werbekunden beinhalteten. Die Zeitung hatte aus den »Fehlern« der Vergangenheit gelernt. Im Jahre 1976 wurde beispielsweise eine Serie von Artikeln über Inkompetenz und Fehlverhalten im medizinischen Bereich veröffentlicht, die unverzüglich den Zorn einiger großer Pharmafirmen erregte. Da die *New York Times* allerdings selbst kaum Werbung aus dieser Branche schaltete, hatte diese Serie die größten Auswirkungen auf einige der von der New York Times Company publizierten wissenschaftlichen Zeitschriften; verärgerte Pharmafirmen stornierten Werbeanzeigen im Umfang von 260 Seiten. So verlor allein die Fachzeitschrift *Modern Medicin* eine halbe Million Dollar Werbeeinnahmen, woraufhin sich die New York Times Company gezwungen sah, ihre acht Magazine aus dem medizinischen Bereich an den Buchverlag Harcourt Brace Jovanovich zu verkaufen.[30] Diese Erfahrung stellte jedoch nicht nur eine bittere

Lektion für die *New York Times* dar, sondern beeinflußte darüber hinaus auch das Verhalten anderer Zeitungen und Verlage: »Was würde wohl passieren«, fragte Bagdikian, »wenn nun, nachdem die *New York Times* ihre Magazine verkaufen mußte, dem neuen Besitzer ein Manuskript über einen Verstoß gegen die Berufsethik im medizinischen Bereich angeboten werden würde?«[31]

Parallel zur Veränderung der Inhalte der Nachrichten und Kommentare verschoben sich deutlich die Proportionen zwischen *hard news* und Werbeanzeigen. So zeigt eine von dem Medienwissenschaftler Martin Walker aufgeführte Statistik, daß schon zwischen 1935 und 1978 der Werbeanteil der Zeitung um 320 Prozent angewachsen und dagegen der Nachrichtenanteil um 29,8 Prozent gesunken war – eine Entwicklung, die sich fortsetzte. Heute besteht die Werktagsausgabe der *New York Times*, nach eigenen Angaben des Unternehmens, aus über sechzig Prozent reiner Werbung, wobei kauffördernde Reportagen und Kommentare, also *fluff*, noch zu den vierzig Prozent der eigentlichen Nachrichtenseiten gezählt werden. Die Sonntagsausgabe der *New York Times* setzt sich sogar zu über achtzig Prozent aus ihren verschiedenen umfangreichen Werbesektionen zusammen.

Während der Anteil der Werbung in der Zeitung also ständig wuchs, nahmen Menge und Vielfalt der eigentlichen Nachrichten ab. Da darüber hinaus Druck und Produktion der *New York Times*, trotz ihrer Verlegung in das steuergünstige New Jersey, durch die zum Teil sehr aufwendigen, oft farbigen Anzeigen sehr viel teurer geworden waren, wurde außerdem der Verkaufspreis des Blattes erhöht. Als Resultat zahlten die Leser der *New York Times* immer mehr Geld für eine Zeitung, die immer weniger Nachrichten und immer mehr Werbung enthielt, d. h., die Leser zahlten teilweise selbst noch für die Werbeanzeigen, die der *New York Times* und ihren Werbekunden zu immer größeren Gewinnen verhalfen. Einige Zahlen mögen diese Entwicklung verdeutlichen: Im Jahre 1986 erreichte die Sonntagsausgabe der *New York Times* eine Auflagenzahl von 1,6 Millionen verkauften Exemplaren. Die sehr umfangreiche Zeitung wog damals im Durchschnitt zehn amerikanische Pfund, also etwa 4,5 Kilogramm, wobei pro Pfund, so der Vorstand des Unternehmens stolz in der Eigenwerbung, mit einem Konsum der Leser in einem Warenwert von über 1,3 Millionen Dollar gerechnet werden konnte. An jedem Sonntag des Jahres sorgte die *New York Times* also dafür, daß Waren in einem Gesamtwert von dreizehn Millionen Dollar verkauft wurden. Kein Wunder also, daß die Werbekunden bereit waren, Höchstpreise zu zahlen. Allein im *Sunday Magazine*, der Beilage der Sonntagsausgabe, kostete 1986 eine farbige ganzseitige Anzeige bis zu 27930 Dollar: »Das Sonntagsmagazin der *Times* – prall gefüllt mit teuren Anzeigen – ist Objekt des Neides vieler Verleger im ganzen Land«, kommentierte die *Washington Post*.[32] Aufschlußreich ist die Zusammenstellung der Werbekunden einer beliebig herausgegriffenen Ausgabe des Sonntagsmagazins des betreffenden Jahres. Neben »Jaguar« und »Gucci« erschienen dort die Anzeigen von zwölf Pelzbekleidungsherstellern und von drei Champagnermarken. Außerdem wurden 5990 Dollar teure Armbanduhren von Tiffany's und Eigentumswohnungen in New Yorker Luxuslagen bis zu einem Höchstpreis von fünf Millionen Dollar angeboten. Das Ergebnis: Die *New York Times* erwirtschaftete 1986 Einkünfte in Höhe von 1,565 Milliarden Dollar mit einem Reingewinn von 256 Millionen Dollar, wobei achtzig Prozent dieses Betrages aus den Werbeeinnahmen und die restlichen zwanzig aus dem Verkauf der Zeitung stammten.[33]

Der Medien- und Kommunikationswissenschaftler Stephan Ruß-Mohl stellt in *Zeitungsumbruch*, einer der neueren deutschen Publikationen zum amerikanischen Pressewesen, richtig fest: »Kaum ein Produkt dürfte (…) unter dem Diktat der Marketingfachleute im letzten Jahrzehnt drastischer sein Erscheinungsbild verändert haben als die amerikanische Tageszeitung.« Einer Ergänzung bedarf allerdings die Folgerung, daß die Rolle der Medien als »›Watchdogs‹, als unabhängige Beobachter und Kritiker des öffentlichen Lebens, gefährdet sei, wenn sich die Inhalte der Zeitung« (als Resultat des Marketings) »allzusehr an dem orientieren, was das Publikum gerne lesen möchte«.[34] Tatsache ist, daß weniger die Wünsche des Publikums, als vielmehr die Warenangebote der Werbekunden den Inhalt der Berichterstattung beeinflussen. Dazu Ben Bagdikian: »Die Veränderungen in den Zeitungen dürfen nicht als Reaktion auf die Wünsche der Leser verstanden werden.«[35]

Die in den siebziger Jahren intensivierte Kooperation zwischen Medien und Werbekunden brachte erstere in eine völlig neue Position innerhalb des amerikanischen Wirtschaftssystems. »Die Eigentümer von Zeitungsverlagen und TV-Stationen fanden zunehmend neue Möglichkeiten, um das Wachstum ihres Publikums, kombiniert mit den steigenden Werbeeinahmen, in unschätzbare Lizenzverträge und immense Einkünfte zu verwandeln«, schreibt auch der Bostoner Gesellschaftskritiker Noam Chomsky.[36] Angesichts der Angebote und Dollars der Werbekunden fiel es den US-Medien immer schwerer, ihre Rolle als unabhängige Informanten der Öffentlichkeit und die angestrebte Objektivität ihrer Berichterstattung beizubehalten. Auch die *New York Times* erlag auf ihrem Weg zur New York Times Company, heute einer der führenden Mediengiganten der Vereinigten Staaten, dieser Versuchung. Vorbei sind die Zeiten, als Journalist Leon Sigal 1973 bewundernd über diese Zeitung schrieb: »Solange sich die Einkünfte in einer Höhe bewegen, die das Überleben des Blattes sichern, haben Berufsethos und sozialer Auftrag Vorrang vor reinem Profitdenken.«[37]

4

Die enge Zusammenarbeit der Medien mit ihren Werbekunden und anderen Wirtschaftsunternehmen führte in den achtziger und neunziger Jahren zu weiteren entscheidenden Umstrukturierungen auf dem amerikanischen Medienmarkt. Die enormen Einkommenssteigerungen der wichtigsten Medien – auch der *New York Times* – ermöglichten neue Investitionen und förderten die Ausweitung und Vergrößerung der Unternehmen. Kleinere Zeitungen, Zeitschriften, ganze Verlage und Fernseh- und Radiostationen wurden reihenweise von den wenigen Großkonzernen aufgekauft – eine Entwicklung, die u.a. durch die Deregulierungspolitik der Reagan-Regierung begünstigt wurde. Präsident Reagan, der den Aufbau guter Beziehungen zu den führenden Medien zu einem Hauptziel seiner Politik erhoben hatte, sorgte durch eine Lockerung der gesetzlichen Beschränkungen von Firmenzusammenschlüssen im Medienbereich und Teilhaberschaften branchenfremder Unternehmen für die fortschreitende Integration der einflußreichsten Medienkonzerne in das amerikanische Wirtschaftssystem. Heute erwirtschaften die so entstandenen Mediengiganten größere Gewinne als je zuvor, sind aber gleichzeitig um so abhängiger von den in den gleichen Dimensionen gewachsenen Werbeaufträgen, die sich nicht selten jeweils auf mehrere Millionen Dollar belaufen können. Ben Bagdikians *Media Monopoly* ermöglicht einen aufschlußreichen Einblick in diese neue Struktur der amerikanischen Medienlandschaft:

Schon im Jahre 1982 veröffentlichte der Autor die erste Ausgabe seines Buches und stellte darin fest, daß sämtliche wichtigen zu diesem Zeitpunkt in den USA existierenden Medien und Medienanbieter von nur fünfzig großen Konzernen kontrolliert wurden: 1787 Tageszeitungen, 11000 Zeitschriften, 9000 Radio- und 1000 Fernsehsender, 2500 Buchverlage und die sieben wichtigsten Produktionsfirmen für Kinofilme. Diese große Zahl scheinbar unabhängiger Unternehmen gaukelte dem unkritischen Beobachter des US-Medienmarktes natürlich eine große Vielfalt von Meinungen und politischen Ansichten vor, jedoch war es, laut Bagdikian, diesen fünfzig Konzernen schon 1982 gelungen, die Berichterstattung und die ideologische Richtung aller Medien im Land zu bestimmen. In Anlehnung an George Orwells *1984* schreibt Bagdikian: »Die fünfzig Männer und Frauen wiederum, die diesen Unternehmen vorstehen, könnten sich in einem einzigen großen Sitzungssaal zusammenfinden und bilden sozusagen ein neues und ganz privates ›Ministerium für Information‹. Ihnen gelingt es, ihre eigenen Vorstellungen von Kultur und Politik zur nationalen Sichtweise der Dinge zu erheben.«[38]

Als Ben Bagdikian fünf Jahre später die überarbeitete Ausgabe von *Media Monopoly* vorstellte, war die Zahl der Medieneigentümer von fünfzig schon auf neunundzwanzig zusammengeschrumpft. In der jüngsten Ausgabe des Buches aus dem Jahre 1993 spricht der Autor schließlich von nur noch zwanzig Besitzern – eine Zahl, die wohl weiter abnehmen wird. Im Jahre 1993 kontrollierten also nur noch ganze zwanzig Medienriesen den gesamten amerikanischen Medienmarkt. Noam Chomsky, der in seinem Buch *Manufacturing Consent* Bagdikians Ergebnisse aufgreift, stellt die New York Times Company bei der namentlichen Nennung dieser Unternehmensgruppen an die erste Stelle. Obwohl die New York Times Company weder der finanzstärkste noch der am weitesten verzweigte dieser zwanzig Medienkonzerne ist, so steht sie gemessen am Einfluß doch an der Spitze – ihre intensiven Kontakte zu den politischen und wirtschaftlichen Machtzentren in den USA sowie der exklusive Leser- und Kundenkreis und der gute Name ihres Flaggschiffes, der *New York Times* – fast liebevoll auch »The Gray Old Lady« genannt –, machen das Unternehmen zur unangefochtenen Autorität.

Zum Imperium der New York Times Company gehören heute fünfunddreißig Regionalzeitungen, siebzehn Zeitschriften, fünf der CBS- oder ABC-Gruppe angegliederte Fernsehstationen, mehrere Hörfunkanbieter, verschiedene Informationsdienste, eine Nachrichtenagentur sowie forstwirtschaftliche Betriebe und Papiermühlen.[39] Die in der *Regional Newspaper Group* der New York Times Company zusammengeschlossenen Regionalzeitungen – die meisten davon im Süden der USA – arbeiten in ihren Lokalteilen zwar unabhängig von der Zentrale der Unternehmensgruppe, beschränken sich in ihrer nationalen und internationalen Berichterstattung jedoch auf die Wiedergabe der Nachrichten und Kommentare der *New York Times*. Die Namen dieser zum Teil sehr traditionsreichen Blätter lassen zunächst nicht vermuten, daß auch sie den redaktionellen Richtlinien aus New York unterliegen. Der größte Coup in diesem Investitionsbereich gelang der New York Times Company im Oktober 1993 mit der Übernahme von Affiliated Publications, der Muttergesellschaft des renommierten *Boston Globe*. Mit diesem Aufkauf wurde die New Yorker Zeitung auch in Boston und in Neuengland insgesamt zur führenden Stimme. Um auch auf dem internationalen Zeitungsmarkt operieren zu können, fanden sich im Jahre 1967 die *New York Times* und die *Washington Post* zusammen und gründeten gemeinsam mit der Whitney Communications Corporation die *International Herald Tribune*, die sozusagen als »globale Tageszeitung« mit Sitz in Paris durch Satellitenübertragung in acht verschiedenen Ländern gleichzeitig gedruckt und weltweit verkauft wird. In der *Magazine Group* der New York Times Company sind Zeitschriften zusammengeschlossen, deren Lektüre die verschiedensten Bereiche des Familienlebens und der Freizeitgestaltung »sinnvoll« ergänzen soll. Ihre Titel, wie beispielsweise *Cruising World, Decorating Remodeling, Family Circle Great Ideas, Golf Digest, Sailing World* oder *Tennis Buyer's Guide*, verweisen auf den ausgewählten Kundenkreis dieser Zeitschriften und lassen die damit verbundenen Werbeeinnahmen der *Magazine Group* erahnen; allein im Bereich des exklusiven Golfsports – dem Steckenpferd von »Punch« Sulzberger – ist die New York Times Company international mit sieben verschiedenen Titeln vertreten und damit in den USA und in Großbritannien marktführend. Die in der *Broadcasting Group* mit Sitz in Memphis, Tennessee, organisierten Fernseh- und Radiostationen garantieren der New York Times Company Mitspracherecht auch auf dem elektronischen Medienmarkt, und die *Information Service Group* sorgt durch ihre unterschiedlichen Nachrichtendienste für eine Verbreitung der Schlagzeilen der *New York Times* über jedes erdenkliche Datennetz. Zusätzlich liefert der hauseigene Agenturdienst, der New York Times News Service, Reportagen und Artikel von Korrespondenten und Kolumnisten weltweit an rund sechshundert weitere Medienbetriebe und ermöglicht diesen den Nachdruck oder die elektronische Umsetzung der Information. Die Investitionen der New York Times Company in der Papierindustrie schließlich garantieren der Unternehmensgruppe eine Senkung ihrer Produktionskosten. Die Tatsache, daß sich die Mehrzahl der Objekte in den waldreichen kanadischen Provinzen Quebec und Ontario befinden, erklärt u.a. auch – so eine Studie der Forschungsgruppe FAIR –, warum sich die *New York Times* in der Vergangenheit auf ihrer Meinungsseite so konsequent für den *US-Canada Trade Pact* und damit für die starke steuerliche Erleichterung der Handelsbeziehungen zwischen den Vereinigten Staaten und ihrem Nachbarn eingesetzt hat.[40]

5

Ben Bagdikians besorgniserregende Studie über die Monopolisierung des amerikanischen Medienmarktes wurde von verschiedenen Autoren aufgenommen und fortgesetzt. Der Journalist und Kolumnist Mark Hertsgaard beispielsweise brachte Bagdikians Ergebnisse in Zusammenhang mit den sogenannten *Fortune 500*, der Spitzengruppe amerikanischer Firmen, die heute rein zahlenmäßig zwar nur weniger als ein Prozent der privatwirtschaftlichen Unternehmen der USA umfaßt, dabei aber, laut Hertsgaard, siebenundachtzig Prozent der gesamten Produktion im Land kontrolliert. Hertsgaard untersuchte die Verbindungen zwischen den *Fortune 500* und den von Bagdikian beschriebenen Mediengiganten und gelangte zu der Feststellung, daß nicht nur die neun einfluß-reichsten dieser Medienunternehmen zur Gruppe der *Fortune 500* gehören, sondern diese darüber hinaus auch durch unzählige ge-meinsame Finanzgeschäfte, großzügige Kredite und personelle Ver-flechtungen mit den übrigen »Klubmitgliedern« auf das engste verbunden sind. So hatte auch die Mehrzahl der Direktoren der neun von Hertsgaard untersuchten Konzerne, genauer die Vor-standsmitglieder der Muttergesellschaften von ABC, CBS, NBC, *The Washington Post, The Wall Street Journal*, der *Los Angeles Times, Newsweek, Time* und natürlich der *New York Times*, gleichzeitig einflußreiche Positionen in den unterschiedlichsten Firmen, in Banken, Anwaltsfirmen, an Universitäten und in Wohl-fahrtsorganisationen inne. Durch diese sogenannten *interlocking directorates*, also ineinandergreifende Verwaltungs- oder Auf-sichtsräte, sind die größten Medienkonzerne demnach aufs engste mit Dutzenden anderer der einflußreichsten Privatunternehmen in den USA verflochten.[41]

Weitere interessante Einblicke in diese Querverbindungen gibt eine Veröffentlichung des Soziologen William Domhoff. In *Power Structure Research* beschreibt er Entstehung, Struktur, Intensität und Auswirkungen der ineinandergreifenden Aufsichtsräte und er-klärt die Entstehung dieser weitreichenden Verflechtungen mit der Möglichkeit, auf diesem Wege besser gemeinsame Ziele benennen und anstreben zu können.[42] Besonders intensive Verbindungen stellte Domhoff zwischen den größten privatwirtschaftlichen Un-ternehmen und den wichtigsten öffentlichen Organisationen fest. »Der privatwirtschaftliche und der staatliche Sektor sind so eng miteinander verflochten, daß von einer einzigen ›privaten Sphäre‹ gesprochen werden kann, in der die einflußreichsten Unterneh-men, Stiftungen und die das politische Geschehen bestimmenden Gruppierungen organisiert sind. Zudem stellt dieses Netzwerk die Basis einer Machtelite in den Vereinigten Staaten dar, deren Mit-glieder als Angehörige der Oberschicht in hohen Positionen von Institutionen beschäftigt sind, die wiederum von Angehörigen der Oberschicht kontrolliert werden.«[43]

Noam Chomsky geht in *Manufacturing Consent* weiter ins

Detail und untersucht speziell die Verflechtungen der amerikanischen Mediengiganten mit branchenfremden Unternehmen. Er erstellt dazu verschiedene Statistiken, die es u. a. ermöglichen, einen Überblick über die sozialen und beruflichen Hintergründe der »außenstehenden« Direktoren, also der durch die Besitzer der mit »A« bewerteten Aktien gewählten Aufsichtsratsmitglieder der zehn größten Medienkonzerne in den USA zu gewinnen. Chomsky kommt zu dem Ergebnis, daß zwei Drittel aller in der Analyse erfaßten Direktoren neben ihren Funktionen in den jeweiligen Medienunternehmen zusätzlich als Vorstandsmitglieder in anderen Firmen, als Banker oder Rechtsanwälte beschäftigt waren oder immer noch sind. So hatten zum Zeitpunkt der Untersuchung im Jahre 1986 die fünfundneunzig Direktoren der zehn untersuchten Medienkonzerne zusammen insgesamt Führungspositionen in 255 unterschiedlichen branchenfremden Firmen und sechsunddreißig Banken inne. Zudem hält Chomsky fest, daß »die Zusammensetzung der ›außenstehenden‹ Direktoren der Medienkonzerne genau der Struktur der Aufsichtsräte der großen privatwirtschaftlichen Unternehmen entspricht, die außerhalb des Medienbereiches tätig sind«.[44] In anderen Worten bedeutet dies, daß die personellen Verflechtungen der Direktoren der Medienkonzerne oder, richtig gesagt, der Direktoren der großen Firmen, Banken und Kanzleien eine klare Trennung von Medienunternehmen und Wirtschaft heute nicht mehr zulassen. Mehr noch: Aufgrund dieser Verflechtungen sind, so wiederum Bagdikian, die Direktoren »der Unternehmen, deren wirtschaftliche Transaktionen die Nachrichten eigentlich bestimmen, in den Aufsichtsräten der Medienkonzerne vertreten, die wiederum darüber entscheiden, was die amerikanische Öffentlichkeit über die Wirtschaft erfährt«.[45] Lee und Solomon schlußfolgern: »Die großartige Vorstellung von der Freiheit und Unabhängigkeit der Presse wird zum Widerspruch, wenn die Personen, die die Medien kontrollieren, genau diejenigen sind, über die eigentlich berichtet werden müßte.«[46]

Auch die New York Times Company ist auf diese Weise eng verflochten; die sich anschließende Darstellung ihrer Aufsichtsratsmitglieder soll einen Überblick über die zahlreichen Verbindungen des Konzerns zu branchenfremden Unternehmen ermöglichen. Die folgenden Informationen beruhen im wesentlichen auf einer internen Liste der *New York Times*, die für die Neuwahl des Aufsichtsrates im Jahre 1993 zusammengestellt wurde.[47] Neun der vierzehn Direktoren der New York Times Company werden direkt durch die Eigentümer des Konzerns bestimmt, sie werden als *inside directors* bezeichnet und sind ausschließlich Angehörige der Familie Sulzberger oder enge Freunde. Im Jahre 1993 waren dies im einzelnen:

John F. Akers, damaliger Präsident und Generaldirektor von IBM und Direktor von PepsiCo Incorporated. Akers saß 1993 außerdem in Führungsgremien des Business Roundtable, des California Institute of Technology, des Metropolitan Museum of Art, von United Way und der Yale School of Management.

Richard L. Gelb, Präsident und Generaldirektor der Bristol-Myers Squibb Company, eines in der Gesundheitsvorsorge und im medizinischen Bereich tätigen Konzerns, und Direktor der New York Life Insurance Company und der Bessemer Securities Corporation. Gelb saß darüber hinaus im Aufsichtsrat der Federal Reserve Bank of New York und in den Vorständen des Lincoln Center, der Phillips Academy, des Memorial-Sloan Kettering Cancer Center und im politisch höchst einflußreichen Council on Foreign Relations. Gelb war außerdem Mitglied des Business Roundtable und des Conference Board.

Marian Sulzberger Heiskell, Vorstandsmitglied in verschiedenen Wohlfahrtsorganisationen und Stiftungen und Ehefrau von Andrew Heiskell, dem ehemaligen Präsidenten von Time Incorporated, der Muttergesellschaft des Nachrichtenmagazins *Time*. Marian Heiskell war außerdem Direktorin in den Aufsichtsräten von Ford, Merck und der Elektrizitätsgesellschaft Consolidated Edison, Vorsitzende des Council of the Environment of New York City und Mitglied bei der National Audubon Society und der Regional Plan Association.

Ruth Sulzberger Holmberg, Präsidentin der Times Printing Company und Verlegerin der *Chattanooga Times*. Holmberg saß auch im Vorstand der Gesellschaft Reading is Fundamental und im Kuratorium der University of Tennessee.

Walter E. Mattson, stellvertretender Vorsitzender der New York Times Company.

Georg L. Shinn, Präsident und Generaldirektor der First Boston Incorporated, einer internationalen Investmentbank, die der New York Times Company in der Vergangenheit mit großzügigen Krediten zur Seite stand. Shinn saß außerdem als Direktor in den Aufsichtsräten der New York Life Insurance, der Manufacturers Hanover Bank und der Minenbaugesellschaft Phelps Dodge Corporation.

Arthur Ochs Sulzberger, Präsident und Generaldirektor der New York Times Company und Herausgeber der *New York Times*. Sulzberger war darüber hinaus Direktor der American Newspaper Publisher Association, Mitglied im Kuratorium der Columbia-Universität und Vorsitzender der Gesellschaft des Metropolitan Museum of Art.

Judith P. Sulzberger, Ärztin am St. Luke's-Roosevelt Hospital Center in New York und Dozentin am Columbia College of Physicians & Surgeons.

Cyrus R. Vance, ehemaliger Außenminister der USA, stellvertretender Verteidigungsminister und Generalstabschef der Armee. Vance war 1993 Teilhaber der Anwaltsfirma Simpson, Thacher & Bartlett, Direktor der Federal Reserve Bank of New York und der General Dynamics Corporation, Vorstandsmitglied bei der Manufacturers Hanover Bank und Vorsitzender der Japan Society.

Die fünf *outside directors*, also die durch die Besitzer der »A«-Aktien gewählten Aufsichtsratsmitglieder der New York Times Company, waren im Jahre 1993:

Louis V. Gerstner, heute Generaldirektor von IBM und ehemaliger Präsident und Generaldirektor der American Express Company.

Gerstner war 1993 auch Vorsitzender der American Express Travel Related Services Company und Direktor und Vorstandsmitglied verschiedener Tochtergesellschaften der American Express Company. Zusätzlich war Gerstner Direktor in den Aufsichtsräten und Führungsgremien verantwortlich für AT&T, Bristol-Meyers Squipp Company, Caterpillar, Melville Corporation, Joint Council of Economic Education, New York International Festival of the Arts, Statue of Liberty/Ellis Island Commission, Harvard-Universität, Council on Foreign Relations und Business Committee for the Arts.

A. Leon Higginbotham Junior, dienstältestes Mitglied im Kuratorium der Pennsylvania Law School, Berater der Anwaltsfirma Weiss, Rifkind, Wharton & Garrison und Oberster Richter am Bundesberufungsgericht der Vereinigten Staaten

George B. Munroe, Generaldirektor der Phelps Dodge Corporation, Direktor bei AMAX Incorporation, New York Life Insurance Company und Santa Fe Pacific Corporation. Munroe war außerdem in den Aufsichtsräten von Manufacturers Hanover Bank, Manville Corporation, New York Life, Southern Peru Copper Corporation vertreten und Mitglied der US-Bundesanwaltskammer und des Council on Foreign Relations.

Charles H. Price II, ehemaliger Botschafter der USA in Großbritannien, war 1993 Vorsitzender der Mercantile Bank of Kansas City und Direktor der Muttergesellschaft Mercantile Bancorp sowie Generaldirektor der Ameribanc Incorporated. Price war zusätzlich Direktor der Unternehmensgruppen Hanson PLC, Texaco Incorporated, Sprint Corporation und von British Airways PLC.

Donald M. Steward, Direktor der Bankers Life of Iowa Insurance Company, der Campbell Soup Company und Kurator der Educational Broadcasting Corporation. Steward war darüber hinaus Präsident des Spelman College und des College Board, einer Gesellschaft zur Förderung hochbegabter Studenten, Aufsichtsratsmitglied bei der National Bank of Georgia und Angehöriger des Council on Foreign Relations.

Wie diese Informationen zeigen, waren im Jahre 1993 Direktoren der New York Times Company – zum Teil mehrfach – in den Vorständen der führenden amerikanischen *blue-chip firms*, wie J.P. Morgan, American Express, Manville, New York Life, Merck, Phelps Dodge und selbst in den Chefetagen von IBM, Ford und General Dynamics vertreten. So unterhält die *New York Times* engste Verbindungen beispielsweise zur Chemie- und Atomindustrie, aber auch zu wichtigen Zulieferfirmen für die amerikanische Rüstungsindustrie. Darüber hinaus sitzen Direktoren der New York Times Company in den Aufsichtsräten der größten Banken und Kanzleien und auch als Berater in politisch und wirtschaftlich strategisch wichtigen Gremien wie dem Business Roundtable, der New York Federal Reserve Bank und dem Council on Foreign Relations – Verflechtungen, die ein höchst beeindruckendes Kommunikationsnetzwerk und einen wichtigen Mechanismus zur gegenseitigen Beeinflussung darstellen. Nur nebenbei erwähnt sei die Tatsache, daß beim Flugzeugabsturz der Delegation des US-Handelsministers Ronald Brown am 3. April 1996 in Kroatien neben dreißig hochkarätigen Handelsexperten, Vorstandsmitgliedern und Generaldirektoren großer amerikanischer Firmen als einziger Branchenfremder auch ein Journalist der *New York Times* ums Leben kam.

In dem Maße, wie die Mehrzahl der Direktoren der Medienriesen in den Führungsetagen der unterschiedlichsten Unternehmensgruppen, Institutionen und Beratungsausschüsse zu wirken begann, gingen auch Unbefangenheit, Kritikbereitschaft und Objektivität der Medien verloren. »Als Folge der weitreichenden Verflechtungen der Medien auf höchster wirtschaftlicher Ebene orientierten sich die dem Leser gebotenen Informationen immer stärker an privatwirtschaftlichen Interessen«, schreiben die Medienwissenschaftler Lee und Solomon.[48] Im Falle der New York Times Company gibt ein Artikel aus der *New York Times* von 1992 einen der wenigen öffentlichen Hinweise auf die Kooperation des Präsidenten und Verlegers mit anderen Unternehmen aus der Wirtschaft. Bei der Übergabe der Position des Herausgebers an seinen Sohn wurden die Leistungen von Arthur Ochs Sulzberger mit den Worten gewürdigt: »Mr. Sulzberger war zu jeder Zeit eine zwar im Hintergrund wirkende, aber doch treibende Kraft in der Industrie. Er war Vorsitzender der American Newspaper Publishers Association und darüber hinaus Mitglied in den unterschiedlichsten Aufsichtsräten.«[49] Selbstverständlich kennt die *New York Times*, wie jedes andere große Medienunternehmen auch, die eigenen *sacred cows* – so der umgangssprachliche Ausdruck in den amerikanischen Nachrichtenredaktionen –, die heiligen Kühe, die in Reportagen und Kommentaren nur von ihrer besten Seite beschrieben werden oder vollkommen unerwähnt bleiben. Einige Beispiele mögen dies verdeutlichen:

Die großen amerikanischen Automobilfirmen, darunter die Ford Motor Company, gehören zu den wichtigsten Werbekunden der *New York Times*. Marian Sulzberger Heiskell, Direktorin der New York Times Company und Schwester von Arthur Ochs Sulzberger, saß noch vor einigen Jahren – übrigens zusammen mit Direktoren der Mutterunternehmen der *Washington Post* und der *Los Angeles Times* – im Aufsichtsrat von Ford.[50] Als die amerikanische Regierung 1974 über verbesserte Sicherheits- und Umweltschutzregelungen für die Automobilindustrie diskutierte, wandte sich Henry Ford II direkt an Verleger Arthur Ochs Sulzberger. Ben Bagdikian zufolge erklärte Ford Sulzberger gegenüber, eine Veränderung der staatlichen Sicherheits- und Umweltschutzbestimmungen würde ohne Zweifel die Kosten der Automobilproduktion erhöhen und sich damit – infolge der veränderten Finanzlage des Unternehmens – zwangsläufig auch negativ auf Fords Werbeaufträge für die *New York Times* auswirken. In Anbetracht des gemeinsamen Interesses an der Lösung dieses Problems lud Henry Ford deshalb Vertreter der wichtigsten Medien im Land zu einem Forum ein, um seine Sichtweise der Situation zu erläutern. Ein Assistent, so Bagdikian, fügte dieser Einladung hinzu: »Ich möchte ihnen eindringlich raten, ihre *Editorial Editors* und die für die Bereiche Wirtschaft und Finanzen zuständigen Redakteure mitzubringen, denn die Themen, die die Herren Ford und Iacocca anzusprechen wünschen, gehen weit über den Rahmen einer ›Automobilgeschichte‹ hinaus.«[51] Dieser Vorschlag wurde ernst genommen, und die Zusammenkunft fand wie geplant kurz darauf statt. Als Resultat erschienen Berichte bei Associated Press, United Press International, Dow Jones, Reuters und bei den Nachrichtendiensten der *Washington Post* und der *Los Angeles Times*, die den

Standpunkt der Ford Motor Company gegen die geplanten Sicher-
heits- und Umweltschutzbestimmungen kritiklos übernommen
hatten und nun weitergaben. Die *New York Times* plazierte ihren
eigenen Artikel zum Thema schließlich als Schlagzeile auf dem Titelblatt zusammen mit einem großen Bild von Henry Ford. Sulzberger gab später zu, daß er seine Redakteure darin unterstützt habe,
die Position der Automobilindustrie vorteilhaft zu präsentieren, »da
dies auch die Werbeeinkünfte der Zeitung beeinflussen würde«.[52]

Im August des Jahres 1989 war eine Ausgabe des Sonntagsmagazins der *New York Times* den Aktivitäten des Chemie- und Phar-
magiganten Merck gewidmet. Ein ausführlicher Bericht beschrieb
die Bedeutung des Unternehmens für Gesellschaft und Wissenschaft. Ebenso wie im Falle Ford waren auch hier die positiven Zeilen über Merck nicht ohne ein konkretes Eigeninteresse der *New
York Times* entstanden. Wie das Forschungsinstitut FAIR dokumentiert, entstand – nach den Worten des verantwortlichen
Kolumnisten – die Idee zum *puff piece on Merck*[53] während eines
Zusammentreffens verschiedener Redakteure der *New York
Times*, die mit großem Interesse einen Vortrag des Präsidenten von
Merck über das Engagement des Konzerns in Afrika folgten. Dort
hatte Merck zum damaligen Zeitpunkt gerade Medikamente zum
Schutz gegen die unter der Bevölkerung grassierende Krankheit
river blindness, einer zur Erblindung führenden Wurminfektion,
im Gesamtwert von einer Milliarde Dollar verkauft – eine Droge,
die ursprünglich zur Behandlung afrikanischer Kühe entwickelt
worden war. James Greenfield, damals *Assistant Managing Editor*
und leitender Redakteur des Sonntagsmagazins der *New York
Times*, später von FAIR nach dem Ursprung des Artikels befragt,
antwortete, er habe die Idee dazu völlig eigenständig entwickelt.
Er bestritt außerdem zu wissen, daß Marian Sulzberger Heiskell als
Direktorin im Vorstand von Merck tätig war.

Medienkritiker und Mitarbeiter von Bürgerrechtsbewegungen
beobachten seit Jahren die fragwürdige Berichterstattung der *New
York Times* über die Atomindustrie. Auch ein Beispiel aus diesem
Bereich soll die Auswirkungen der ineinandergreifenden Direkto-
rien und des Zusammenspiels der New York Times Company mit
ihren Partnern zeigen. Karl Grossman, Autor eines Buches über
die Hintergründe der amerikanischen Atompolitik,[54] beschreibt

u. a. den Umgang der *New York Times* mit den Ereignissen um den Reaktorbau in der Stadt Shoreham auf Long Island.

In den frühen sechziger Jahren plante New Yorks größte Energie- und Elektrizitätsgesellschaft, die Con Edison Company, den Bau einer Atomanlage am East River in New Yorks Stadtteil Queens – ein Vorhaben, das nach massiven Protesten seitens der Bevölkerung gestoppt wurde. Als Alternative zu dieser Anlage entwarf Con Edison daraufhin in Zusammenarbeit mit der Partnergesellschaft Long Island Lighting Company (LILCO) Pläne zur Errichtung von mittlerweile insgesamt elf Atomkraftwerken auf Long Island, wovon allerdings nur Shoreham zur Ausführung kam. Schon von Anfang an traten beim Bau der Anlage Konstruktionsfehler und technische Pannen auf, und selbst Mitarbeiter von LILCO bescheinigten, so Grossman, daß die Nuklearanlage von Shoreham eine tödliche Gefahr für die Umgebung darstellte.[55] Im Jahre 1985 wurde die Kapazität des Reaktors dann stillschweigend von 540 auf 820 Megawatt erhöht, ohne das ohnehin brüchige Bauwerk zu verstärken und die Sicherheitsvorkehrungen zu verbessern. LILCO wurde daraufhin schließlich von der New York State Public Service Commission zu einer hohen Geldstrafe verurteilt, die das Unternehmen in eine schwere Finanzkrise stürzte.

Unterdessen trug die Berichterstattung der *New York Times* dazu bei, die Vorgänge um Shoreham zu verschleiern. Grossman zitiert in diesem Zusammenhang verschiedene Zeugen. »Jede Neuigkeit, die LILCO den Rücken stärkte, wurde von der *New York Times* schamlos in den Vordergrund gespielt. Nachrichten dagegen, die den Interessen von LILCO oder der Atomindustrie im allgemeinen hätten schaden können, wurde nur die minimalste Aufmerksamkeit geschenkt«, sagte Wayne Prospekt, Demokrat aus dem betroffenen Suffolk County auf Long Island. Gregory Blass, Republikaner aus Suffolk County äußerte sich ähnlich: Während des gesamten Zeitraumes »unterstützte die *Times* privatwirtschaftliche Interessen und stand unverhohlen auf der Seite des Versorgungsunternehmens und der großen am Geschäft beteiligten Banken«.[56] Frances Cerra, Journalistin bei der *New York Times*, die über Jahre hinweg die Entwicklungen in Shoreham beobachtet hatte, kündigte ihr Arbeitsverhältnis, als sich der zuständige Redakteur weigerte, ihre kritischen Reportagen drucken zu lassen. In

einem Brief an die Zeitschrift *Quill* führte Cerra aus: »Während ich als Journalistin bei der *Times* mit der Berichterstattung über Long Island beauftragt war, kam eines Tages der verantwortliche Redakteur auf mich zu und ordnete an, ich solle von nun an Shoreham als außerhalb meines Arbeitsbereiches liegend betrachten und in meiner künftigen Recherche ignorieren. Nachdem ich ihm erklärt hatte, daß ich dies nicht akzeptieren könne, wurde ich einem anderen Ressort zugeordnet und damit ›bestraft‹, ohne konkreten Arbeitsauftrag zu bleiben und sinnlose Botengänge auszuführen.«[57]
Auch Anne Mayo, Journalistin bei der *Village Voice*, befaßte sich lange Zeit mit »den nuklearen Horrorgeschichten«, die in der *New York Times* unerwähnt blieben. Nach eigenen Angaben bekam sie den Großteil ihrer Informationen von einem befreundeten Journalisten bei der *New York Times* zugesteckt, der selbst nicht in der Lage war, das Material zu veröffentlichen – »ein *New-York-Times*-Reporter, dessen Recherche über die Atomindustrie durch die redaktionelle Zensur seiner Artikel so lange boykottiert wurde, bis er schließlich einen Nervenzusammenbruch erlitt«.[58]

Ein Blick auf die Meinungsseite der *New York Times* im Jahre 1989 – dem Höhepunkt der Auseinandersetzungen um Shoreham – läßt ebenfalls eine eindeutige Position des Unternehmens zugunsten der Nuklearindustrie erkennen. Karl Grossman zählte in diesem Jahr elf Leitartikel zum Thema Shoreham, die allesamt den Leser vom unzweifelhaften Nutzen der Atomanlage zu überzeugen versuchten: »Shoreham ist als neue und wichtige Energiequelle unverzichtbar.« Einer der Kommentare mit der Überschrift »Klügere Zukunft für Shoreham« überraschte durch Innovationsgeist und schlug zur finanziellen Sanierung des Unternehmens gar vor, das »fertiggebaute und sichere Kraftwerk« könne nun in eine Produktionsstätte für Tritium, einen der wichtigsten Bestandteile zum Bau nuklearer Raketensprengköpfe, umgewandelt werden.[59] Für alle zum Thema Shoreham in der *New York Times* erschienenen Kolumnen waren insgesamt nur drei Journalisten verantwortlich; Roger Starr, der engagierteste in dieser Gruppe, fügte dem in einem Interview noch hinzu: »Und zwischen uns dreien und Verleger Sulzberger bestehen nicht die geringsten Meinungsverschiedenheiten.«[60]

Neben Shoreham wurde im Jahre 1989 auch der zehnte Jahrestag des Unfalls von Three Mile Island diskutiert. 1979 war in der dortigen Atomanlage radioaktive Flüssigkeit ausgetreten und hatte die Umgebung nachhaltig kontaminiert. Während zehn Jahre später die verschiedensten Zeitungen über eine Häufung von mißgeborenen Kindern, Fällen von Leukämie und Krebserkrankungen unter den Anwohnern von Three Mile Island berichteten, veröffentlichte die *New York Times* auf ihrer Meinungsseite einen Artikel unter der Überschrift »Die guten Neuigkeiten über Three Mile Island«.[61] Der Artikel beschrieb den Unfall als einen durchaus glücklichen Umstand. Er habe, ohne größeren Schaden anzurichten, zur Verbesserung der amerikanischen Atomtechnik geführt, wodurch die USA nun für eine »atomare Zukunft« besser gerüstet seien als je zuvor. Der für die Veröffentlichung dieses Kommentars zuständige Redakteur war der schon in vorherigen Kapiteln erwähnte Leslie Gelb. Karl Grossman fügt zum besseren Verständnis der politischen und ideologischen Position Gelbs hinzu: »Als Mitarbeiter im Außenministerium unter der Regierung Carter war Gelb an der Planung eines CIA-Manövers beteiligt, das westeuropäische Journalisten dahingehend beeinflussen sollte, in ihrer Berichterstattung die neuentwickelte amerikanische Neutronenbombe in einem ›positiven‹ Licht erscheinen zu lassen.«[62]

Der Umgang der *New York Times* mit dem Thema Atomenergie zeichnet sich aus, so nochmals die Journalistin Anne Mayo, durch »Kumpanei, Absprachen und gemeinsame Zielsetzungen zwischen dem *paper of record* und denjenigen in der Regierung und der Industrie, die sich immer schon vehement für die Nuklearindustrie eingesetzt hatten«.[63] Diese Kooperation ist allerdings nicht weiter verwunderlich, wenn die Verbindungen der New York Times Company zur amerikanischen Atomindustrie einmal näher betrachtet werden. Die vielschichtigen Verflechtungen der Unternehmensgruppe mit der Atomindustrie und den Finanziers des Nuklearanlagenbaus sahen zum Zeitpunkt des eskalierten Konfliktes 1989 folgendermaßen aus: Das Vorstandsmitglied der New York Times Company George Munroe war gleichzeitig Vorsitzender der Phelps Dodge Corporation, einer Minenbaugesellschaft, die sich besonders während Munroes Wirken verstärkt mit der Förderung von Uran beschäftigte. Munroe war außerdem Direktor der Manufacturers Hanover Corporation, eines der Finanzinstitute, die die Energiegesellschaft Long Islands LILCO mit hohen Krediten unterstützten. Darüber hinaus war der *New-York-Times*-Direktor Georg Shinn Präsident und Generaldirektor der First Boston Corporation, einer weiteren international tätigen Investmentbank, die ebenfalls hohe Summen im Energieanlagenbau angelegt hatte. Shinn befand sich außerdem ebenso wie Munroe im Vorstand von Manufacturers Hanover und von Phelps Dodge. Der Direktor William R. Cross, der allerdings nach 1989 als Mitglied des Aufsichtsrates der New York Times Company ausschied, war stellvertretender Präsident des Morgan Guarantee Trust und sorgte in seiner Position als einflußreicher Berater dafür, daß LILCO hohe Kredite zuflossen, die die Finanzierung der Atomanlage von Shoreham überhaupt erst ermöglichten und später deren Fortbestand sicherten. Zu guter Letzt war im Jahre 1989 Marian Sulzberger Heiskell, die Schwester des Verlegers, nicht nur als Direktorin der New York Times Company, sondern auch – und dies schon seit 1971 – als Vorstandsmitglied der New Yorker Energiegesellschaft Con Edison tätig, des Unternehmens, das den Bau des Atomreaktors auf Long Island ja überhaupt erst angeregt hatte.

Bei allen hier angeführten Beispielen, ob es sich nun dabei um die Berichterstattung über Ford, Merck oder die Nuklearindustrie handelt, wird deutlich, daß die Kooperation der *New York Times* mit ihren Partnern in vielen Fällen eine Dimension erreicht hat, die die reine Produktwerbung weit überschreitet. Auf den Zeitungsseiten wird heute nicht nur für relevante Firmenprodukte geworben, sondern werden ganze Unternehmenskonzepte und Ideologien an die Leser weitergegeben. »Die großen privatwirtschaftlichen Unternehmensgruppen verstärkten ihr Interesse an einer Art *advocacy advertising*, einer Werbestrategie, die nunmehr das gesamte kapitalistische System anstatt einzelner Produkte an die Kunden verkaufen sollte«, schrieb 1986 Michael Parenti, Professor für Medien- und Politikwissenschaften an der New York University.[64]

Die unterschiedlichsten Kanäle ermöglichen heute den Einzug der *corporate ideologies*, der Firmenkonzepte von privaten Unternehmen, in die Nachrichtenspalten der *New York Times*. Vor allem die Geschäfts- und Finanzseiten gelten dabei als ein besonders fruchtbarer Nährboden. Firmeneigene Pressemitteilungen werden dort bisweilen unverändert im Wortlaut übernommen, und selbst Seymour Topping, ehemals stellvertretender Chefredakteur der *New York Times*, gibt zu: »Eine Vielzahl unserer Wirtschaftsreportagen hat ihren Ursprung in Pressemeldungen«, die der Zeitung von anderen Unternehmen zugespielt werden.[65] Eine besonders wichtige Funktion hat dieser Mechanismus bei der Handhabung firmenpolitischer Krisensituationen wie im Falle eines schweren Unfalls oder einer Umweltkatastrophe, denn für das anschließend erforderliche *image-polishing*, die Wiederherstellung des guten Rufes des betroffenen Unternehmens, sorgen die zuständigen PR-Manager der Firmen oft in gutem Einvernehmen mit den Redakteuren der Verlage, Fernseh- und Rundfunkstationen. Einen ähnlichen Zweck erfüllen die sogenannten *ad-itorials* oder *adver-torials*, Reportagen und Kommentare, die aus den PR-Abteilungen privater Firmen stammen und durch ihre geschickte Plazierung auf den Meinungsseiten der Zeitungen die Grenze zwischen Firmenwerbung (*advertising*) und Kolumnen und Kommentaren des jeweiligen Mediums (*editorials*) verwischen. »Jede Woche müssen wir aufs neue feststellen, daß hochbezahlte *ad-itorials* auf der *opposite-editorial*-Seite der *New York Times* erscheinen; mit nur wenigen Ausnahmen bieten diese viertelseitigen Anzeigen den größten privatwirtschaftlichen Unternehmen des Landes die Möglichkeit, ihre Sicht der Dinge direkt an die Leser der *New York Times* weiterzureichen«, warf die Forschungsgruppe FAIR der Zeitung 1990 in einem offenen Brief an den Chefredakteur vor.[66]

Die hier beschriebenen Praktiken könnten durch Beispiele aus fast allen Bereichen der amerikanischen Wirtschaft veranschaulicht werden. Nur einige typische Fälle seien angeführt: Mitte der achtziger Jahre füllten beispielsweise *ad-itorials* über die Bath Iron Works Corporation, eine der größten Waffenschmieden der USA, die Seiten der *Washintgon Post* und der *New York Times*. Ohne die Leser über die Herkunft oder den möglicherweise zweifelhaften Wahrheitsgehalt der Informationen aufzuklären, beschworen die von der Firma geschalteten Anzeigen die Übermacht der sowjetischen Armee und postulierten eine »dringlich gebotene Aufrüstung« der amerikanischen Streitkräfte mit »Schiffen, wie zum Beispiel den mit Lenkraketen ausgerüsteten Fregatten des Typs FFG, entworfen und gebaut von Bath Iron Works«.[67] Weitere Bereiche, für die sich geschickt plazierte Werbekampagnen in der *New York Times* als äußerst nützlich erwiesen, sind Gesundheit und Umweltschutz. So zeigte zum Beispiel eine Anzeige des Verbandes der chemischen Industrie in der *New York Times* eine attraktive junge Frau mit einem Baby im Arm. Ihre Worte: »Meine Arbeit besteht darin, die ordnungsgemäße Handhabung von Chemieabfällen zu koordinieren. Damit sorge ich für eine sichere Umwelt – heute und noch für Generationen nach uns.«[68] Die Gefahren, die allein schon die unkontrollierte Produktion von Industrieabfällen in sich birgt, blieben in der Anzeige des Chemiekonzerns selbstverständlich unerwähnt – einer von vielen Fällen, in denen die von Umweltschutzorganisationen, Ärzteverbänden oder Bürgerinitiativen gesammelten Fakten über die zum Teil katastrophale Umweltsituation in den USA ignoriert wurden. In der Zeitung unerwähnt blieb in der Vergangenheit auch die Tatsache, daß die New York Times Company ein konkretes Eigeninteresse an der Verschleierung der Gefährlichkeit von Umweltgiften hat. Druckereien und Papiermühlen der Unternehmensgruppe produzieren Chemikalien, die nicht immer ordnungsgemäß entsorgt werden. So wurde die New York Times Company im August 1991 von zwei kanadischen Indianervölkern zur Zahlung von 1,3 Milliarden Dollar verklagt, weil Dioxine aus der dortigen Papierfabrik mehrere Flüsse und deren Fischbestand auf Dauer verseucht hatten.[69]

Der eindeutige Einfluß politischer und wirtschaftlicher Interessen auf die Anzeigenpolitik der *New York Times* wird auch in einer Studie von FAIR über den Umgang des Blattes mit Informationen zum *North American Free Trade Agreement* (NAFTA) aus dem Jahre 1993 deutlich. Aufgrund der Vermutung, die Diskussion in der Zeitung sei hauptsächlich von Gruppen aus Politik und Wirtschaft geführt worden, die NAFTA unterstützten, analysierte FAIR sämtliche Nachrichten und Kommentare der *New York Times* zu diesem Thema. Das Ergebnis dieser Analyse zeigt, daß über achtzig Prozent aller Berichte für die Errichtung der Freihandelszone plädierten, während kritische Stimmen weitgehend unerwähnt blieben. Darüber hinaus startete die Zeitung eine Kampagne mit dem Ziel, Zeitungsspalten an Werbekunden zu verkaufen, die ihre Ansichten zu NAFTA zu äußern wünschten – natürlich nur dann, wenn diese der Freihandelszone ausdrücklich positiv gegenüberstünden. Eine hausinterne Mitteilung machte diese Absicht besonders deutlich: Die Werbemanagerin der *New York Times*, Eve Kummel, schrieb: »Mit dem Ziel, einerseits die Öffentlichkeit zu belehren und andererseits die Entscheidungsträger in Washington zu beeinflussen, beabsichtigt die *New York Times*, eine Serie von drei ›*adver-torials*‹ zu drucken, die die wirtschaftlichen und sozialen Vorteile von NAFTA in den Vordergrund stellen sollen.«[70] Neben den erwarteten Kunden aus Politik und Wirtschaft folgten allerdings auch verschiedene Gewerkschaftsverbände, wie die Electronic Workers Union oder die Ladies' Garment Workers Union, dem Aufruf und waren bereit, die Summe von 57 630 Dollar für eine Anzeige in der *New York Times* zu zahlen, um ihre kritische Meinung gegenüber NAFTA zu äußern. Ihre Anfragen wurden jedoch von der Zeitung abgelehnt. Die schließlich veröffentlichten Anzeigen unterstützten ausnahmslos NAFTA und wurden darüber hinaus inmitten der *news copy* der Zeitung so plaziert, daß der Eindruck entstand, es handle sich dabei um objektive Nachrichten.

Die Macht der Auswahl

We should make peace with government. We should not be its enemy. We are supposed to be the observers, not the participants – the neutral party, not the permanent opposition. We should cure ourselves of the adversarial mindset. The adversarial culture is a disease attacking the nation's vital organs.

MICHAEL J. O'NEIL,
PRÄSIDENT DER SOCIETY OF AMERICAN NEWSPAPER EDITORS[1]

1

Die erste Amtsperiode Präsident Reagans, also die Jahre 1981 bis 1984, waren die entscheidende Phase, in der es den führenden US-Medien gelang, ihre ideologische Ausrichtung und Position auch in der politischen Landschaft des Landes neu zu bestimmen. Noch ein Jahrzehnt zuvor hatten die Veröffentlichung der Pentagon Papers und die Watergate-Affäre zwar Stärke und Einfluß besonders der *New York Times* und der *Washington Post* demonstriert, diese aber gleichzeitig ins politische Abseits gerückt. Trotz der konservativen Grundhaltung ihrer wichtigsten Redakteure und Verleger wurden beide Zeitungen damals mit »liberalem« und »antinationalem« Gedankengut in Verbindung gebracht, ja sogar für die militärische Niederlage der USA in Vietnam verantwortlich gemacht. Mit dem Beginn einer neuen politischen und ideologischen Ära, die ganz im Sinne Reagans und seiner konservativen Mannschaft traditionelle Werte und einen ausgeprägten Patriotismus in den Vordergrund stellte, wollten nun auch die Journalisten, bis dahin sozusagen als »Nestbeschmutzer« verurteilt, am allgemeinen Hochgefühl teilhaben und ihr negatives Image abstreifen. In saloppen Worten charakterisierte Robert Parry, Reporter bei der Associated Press, die damalige Stimmung in der Medienbranche: »Wir Journalisten waren es wirklich leid, ständig für die Niederlage in Vietnam verantwortlich gemacht zu werden. Wir wollten einfach nicht weiter als ›Stinktier auf der Gartenfeier‹ gelten. Schließlich hatten wir doch alle endlich das ›Vietnam-Syndrom‹ überwunden. Sollten wir Journalisten nun wieder der Spielverderber sein, der in die Tür tritt und sagt, ›Jungs, seid doch mal ehrlich, auch die neue Regierung ist da in einige äußerst fragwürdige Aktionen verwickelt und sagt vielleicht nicht die ganze Wahrheit‹? Wer will schon so jemand sein?«[2]

Als Ronald Reagan im Januar 1981 in sein Amt als Präsident der USA eingeführt wurde, begegnete er also einem nationalen Pressecorps, das von sich aus bereit war, die unter Nixon gezeigte kritisch-kämpferische Haltung gegenüber der Regierung gegen eine eher kooperative Position einzutauschen. So entdeckte auch David Gergen, der Medienberater Reagans, »den einmütigen Wunsch der Journalisten, die Presse zu ihrer traditionellen, die Regierung respektierenden Haltung zurückzubringen«, und tatsächlich schien es, so der Medienkritiker Mark Hertsgaard, »als hieße die amerikanische Presse die veränderte politische Situation als eine Möglichkeit willkommen, um ihren eigenen Patriotismus unter Beweis stellen und sich in Zukunft wieder an vorderster Front und für die richtigen Werte einsetzen zu können«.[3] Dementsprechend erörterte auch Michael J. O'Neil, ehemaliger Präsident der Vereinigung amerikanischer Zeitungsredakteure, während einer Tagung im Jahre 1982 die neue Orientierung für Reporter und Redakteure mit den Worten: »Wir sollten endlich mit der Regierung Frieden schließen und nicht länger Feinde sein. Von uns wird erwartet, einfach nur zu beobachten, ohne uns einzumischen – eine neutrale Partei, nicht Opposition zu sein. Wir müssen uns heilen von unsrer kämpferisch-gegnerischen Einstellung, denn die Verbreitung des gegen die Regierung gerichteten Gedankengutes ist eine Krankheit, die die lebenswichtigen Organe der Nation zerstört.«[4] Eine Aufforderung, die von vielen der Zuhörer nur zu gerne angenommen wurde, um sich auf diesem bequemen Wege beruflichen Erfolg, Status und Ansehen in der Gesellschaft Washingtons zu sichern oder zurückzuerobern. Schließlich hatten die Erfahrungen der vergangenen Dekade ja gezeigt, daß es sehr viel schwieriger war, anders als die Mächtigen zu denken und gegen sie zu handeln als mit ihnen zusammen. Zu Beginn der achtziger Jahre forderten dann selbst Medienexperten eine solide Zusammenarbeit zwischen Regierungsbeamten und Journalisten; nur so könnten die Interessen beider Parteien und deren verantwortungsvolles Handeln gegenüber

Land und Bevölkerung gewährleistet werden. Auch Charles Steinberg propagierte schon 1980: »Die Angestellten der Medien und der staatlichen Verwaltung müssen zusammenarbeiten – wenn nicht im Interesse der Bevölkerung, dann wenigstens in ihrem eigenen. Beide tragen ein großes Maß an Verantwortung, nicht nur der Öffentlichkeit, sondern auch ihren Vorgesetzten gegenüber.«[5]

Verständlicherweise war auch die neue Mannschaft im Weißen Haus sehr daran interessiert, die Bemühungen der Medien um eine reibungslose Zusammenarbeit zu unterstützen. Reagans Beamte wurden schon zu Beginn ihrer Amtszeit angewiesen, gute Beziehungen zu den führenden Journalisten aufzubauen, um so ein deutliches Zeichen für eine zukünftige Kooperation zu setzen. »Die Überlegung, die Presse in den eng umschlossenen Kreis der Mächtigen, in den *inner circle*, aufzunehmen – oder wenigstens so zu tun als ob –, war ein Gedanke, der in Washington schon lange nicht mehr geäußert worden war«, bemerkte Sanford Socolow, der Produzent der *CBS Evening News*.[6]

Auch die *New York Times* schien die neue Regierung und ihr Angebot an die führenden Medien geradezu erwartet zu haben. Schließlich stimmte Reagans Politik, wie die Erneuerung »uramerikanischer Werte« oder auch die entschiedene Kampfansage an den Kommunismus, völlig mit der Weltanschauung Rosenthals und seiner engsten Mitarbeiter überein.[7] Dazu kam, daß es Chefredakteur und Verleger in gegenseitigem Einvernehmen gelungen war, durch die Entlassung unbequemer Journalisten, Umbesetzungen und eine bewußt konservative Berichterstattung einen internen strukturellen und ideologischen Umbau der Zeitung zu erreichen. Mit dem Amtsantritt Reagans war nun der Zeitpunkt gekommen, auch die Beziehungen der Zeitung zur Regierung neu zu bestimmen. Interessant ist in diesem Zusammenhang Harrison Salisburys 1980 im Times Books Verlag erschienene und schon im ersten Kapitel erwähnte Publikation *Without Fear or Favor*, in der die künftige Rolle der *New York Times* im politischen und gesellschaftlichen Leben der USA analysiert wird. In fast prophetischen Worten spricht Salisbury von der neuen Stärke der Zeitung und ihrer Teilhabe beziehungsweise ihrem Mitspracherecht an wichtigen Vorgängen im Lande. Das zeitweilige Abdriften der Zeitung zu allzu liberalem Gedankengut erklärt er mit dem Fehlen einer starken, die politischen und wirtschaftlichen Kräfte in den USA vereinenden Hand: »Man kann nicht behaupten, daß sich die *Times* immer im Zentrum der Macht befand, denn für lange Zeit gab es kein Zentrum; keine zentrale Quelle der Macht, keinen charismatischen Anführer; keine politische Bewegung im alten Stil und kein Manifest.«[8] Nur wenige Monate nach der Veröffentlichung dieser Sätze übernahm Ronald Reagan die Präsidentschaft in den USA. Die New York Times Company war – wie fast alle großen Medienkonzerne im Land – gut auf einen veränderten Umgang mit der Regierung vorbereitet, und obwohl Reagan und seine Medienberater von Anfang an viel Energie in die Manipulation und die Kontrolle der Medien investierten, behält Hertsgaard mit der Annahme recht, daß »die Zähmung der Presse weniger auf die Anstrengungen des Weißen Hauses, als vielmehr auf deren eigene Bemühungen zurückzuführen« sei.[9]

2

Schon unmittelbar nach dem Regierungswechsel im Weißen Haus begann Reagans Planungsstab mit der Entwicklung detaillierter Richtlinien für den Umgang mit den Medien. Zum einen hatte der Sturz Nixons die Notwendigkeit einer klaren Definition der Beziehungen zwischen Regierung und Medien mehr als verdeutlicht, zum anderen war sich der Schauspieler Reagan der immensen Bedeutung von Public Relations (PR) und einer positiven Presse für den Erfolg seiner Politik bewußt. Reagans sorgfältig ausgewählten Medienberatern gelang es innerhalb weniger Monate, eine beispiellose Strategie zur Manipulation der Medien zu entwickeln. Ziel war es, den Informationsfluß zwischen Beamten und Journalisten so zu kontrollieren, daß die auf Nachrichten angewiesenen Zeitungen, Rundfunk- und Fernsehstationen mit der Regierung einfach zusammenarbeiten mußten. Schließlich hatte die Vergangenheit gezeigt, daß eine Einschränkung der Informationsmöglichkeiten dazu führen konnte, daß sich die einflußreichen Medien gegen die Regierung stellen und so selbst dem Präsidenten gefährlich werden konnten. Reagans Berater waren sich deshalb einig: »Die Presse muß in ein der Regierung gegenüber positiv eingestelltes Instrument verwandelt werden, das die Nachrichten des Weißen Hauses zuverlässig und auf eine relativ unaufdringliche Art und Weise an die Öffentlichkeit weitergibt.«[10] Wahrscheinlich ahnten Reagan und seine Mannschaft zu Beginn der Amtsperiode gar nicht, wie leicht sie dieses Ziel erreichen würden, denn die Medien – und gerade auch die *New York Times* – hegten ihrerseits ähnliche Absichten. So überraschte die positive Berichterstattung über Reagans zum Teil äußerst unsoziale Politik und Mißwirtschaft selbst die PR-Spezialisten der Regierung, die »ziemlich einmütig mehr als zufrieden darüber waren, wie ihr Präsident von den Medien behandelt wurde«.[11]

Verantwortlich für die Medienpolitik der Reagan-Regierung waren im wesentlichen zwei Männer: Michael Deaver und David Gergen. Dank ihrer langjährigen Tätigkeit im Bereich Public Relations waren sich beide der Wichtigkeit von Presse und Fernsehen für die Unterstützung der Politik und eine eventuelle Wiederwahl des Präsidenten bewußt – die Medien als moderner amerikanischer Königsmacher. Basis ihrer Arbeit war zuerst die Erfassung und genaue Analyse der Medienstrukturen in den USA, zum Beispiel Informationen über den Einfluß und die Leserkreise der verschiedensten Zeitungen; Ruf und Stellung der einzelnen Journalisten, besonders derjenigen in Washington; die Namen ihrer Vorgesetzten sowie ihre persönlichen Schwächen und Stärken. Beide wußten bald, »welche Hebel sie wann in Bewegung setzen mußten«,[12] um eine bestimmte Nachricht an eine bestimmte Zielgruppe weiterzuleiten oder im ganzen Land zu verbreiten. Von großer Bedeutung für Reagans Erfolg war außerdem, daß sich die sehr unterschiedlichen Persönlichkeiten Deavers und Gergens in ihrer Arbeit auf geradezu ideale Weise ergänzten.

Michael Deaver hatte schon in den späten sechziger Jahren begonnen, als Sekretär und Pressesprecher für Ronald Reagan, damals noch Gouverneur in Kalifornien, zu arbeiten. Als Reagan sich 1974 dann für einige Jahre aus der aktiven Politik zurückzog, gründete Deaver zusammen mit seinem Kollegen Peter Hannaford eine PR-Agentur in Los Angeles, die sich im besonderen um die Vermarktung von Reagans konservativer Weltanschauung bemühte. Lou Cannon schreibt darüber in einer Biographie des späteren Präsidenten: »Reagan hielt zu diesem Zeitpunkt monatlich etwa acht bis zehn Reden für ein Gehalt von fünftausend Dollar pro Auftritt. Darüber hinaus erschienen seine Kolumnen in 174 verschiedenen Zeitungen, und seine Kommentare wurden von über zweihundert Radiostationen gesendet.«[13] Als Reagan 1980 für das Präsidentenamt kandidierte, wurde Deaver & Hannaford zur Wahlzentrale ernannt. Tatsächlich war es Deaver, der durch sein Geschick bei der aggressiven Vermarktung der Person Reagans die Weichen für dessen politische Karriere stellte. Die Nähe zur Macht des Freundes genoß er in vollen Zügen. Als Reagans Mannschaft schließlich ins Weiße Haus einzog, konnte Deaver kaum begreifen – so Hertsgaard –, daß er plötzlich eine der einflußreichsten Positionen in der Hauptstadt innehatte: »Das überraschendste von allem war, daß ich plötzlich hier saß und mich alle für unglaublich wichtig und interessant hielten.«[14]

David Gergens Einstieg in den PR-Bereich dagegen begann mit seiner Ernennung zum Leiter von Richard Nixons White House Research and Writing Team. In dieser Position mußte er erleben, wie alle Bemühungen, dem Präsidenten ein positives Image zu verleihen, infolge der Veröffentlichung der Pentagon Papers und des Watergate-Skandals scheiterten. Trotzdem hielt Gergen bis zum bitteren Ende zu Nixon und konnte so den Machtkampf des Präsidenten mit den Medien, insbesondere mit der *New York Times* und der *Washington Post*, aus nächster Nähe verfolgen. Gergen sammelte dabei wertvolle Erfahrungen, die ihm Jahre später als Reagans *Director of White House Communications*, als Verantwortlicher für die Planung aller PR-Aktionen des Präsidenten, halfen, eine vollkommen neue Medienstrategie mitzuentwickeln. Oft trat Gergen, gegen den Protest Deavers, für berechenbare Kompromisse und eine gute Zusammenarbeit mit ausgewählten Medien wie der *New York Times* ein. Er wußte nur zu gut: »Eine schlechte Behandlung der Presse erschwert es, diese zu benutzen, und kann außerdem zu einer Art Vergeltung führen, die bei einer Übereinstimmung nicht zu erwarten ist.«[15] Gergen verstand es, mit diplomatischem Geschick gute Kontakte und freundschaftliche Beziehungen zu Reportern, Redakteuren und Verlegern aufzubauen. Hatte zum Beispiel ein gerade erschienener Artikel oder Kommentar nicht die von der Regierung gewünschte Sicht wiedergegeben, so war es Gergen, der durch Telefonate oder Einladungen zum

Lunch oder Dinner die Angelegenheit in Ordnung brachte. Wichtiger als ein Gespräch mit den schreibenden Journalisten war jedoch der Kontakt zu einflußreichen Redakteuren. Gergen wußte: War es einmal geglückt, einen Redakteur beispielsweise von der Geheimhaltung eines politischen Manövers zu überzeugen, »so wurden schon im Vorfeld unzählige Reportagen verhindert, bevor diese überhaupt in Auftrag gegeben oder geschrieben werden konnten«.[16]

Gemeinsam gelang es Deaver und Gergen, die Grundstrukturen für die Medienpolitik nicht nur Ronald Reagans, sondern auch aller nachfolgenden amerikanischen Präsidenten zu legen. Tatsächlich verbarg sich hinter den sogenannten »Public Relations« des Weißen Hauses ein ausgeklügeltes System von Propaganda, das die Ideologie des Staatsoberhauptes und seine Politik verkaufen sollte. Deaver entwarf dabei die Taktik, und Gergen knüpfte die notwendigen Kontakte. Mark Hertsgaard faßt diese von Reagans Beratern konzipierte Strategie im Umgang mit den Medien wie folgt zusammen:

– »Plane im voraus!
– Halte dich in der Offensive!
– Kontrolliere den gesamten Informationsfluß!
– Beschränke den Zugang der Journalisten zum Präsidenten!
– Behandle nur die Themen, über die *du* reden willst!
– Sei nie widersprüchlich!
– Wiederhole ein und dieselbe Nachricht so oft wie möglich!«[17]

Diesen Richtlinien folgend waren der Präsident und seine Mitarbeiter von Anfang an bestrebt, für eine strenge Kontrolle des Informationsflusses zwischen Regierung und Presse zu sorgen. Hatte Jimmy Carter noch einige Jahre zuvor durch die Lockerung der Geheimhaltungsvorschriften von Staatsdokumenten versucht, mehr Transparenz und damit ein größeres Vertrauen zwischen Regierung und Bevölkerung zu schaffen, so machte Reagan die betreffenden Gesetzeserweiterungen des Vorgängers rückgängig. Carters sogenannter *Freedom of Information Act* wurde schließlich so stark beschnitten, daß von nun an jedes wichtige Dokument mit dem Stempel *Top Secret* klassifiziert werden konnte. »Abgesegnet durch Reagans neue Bestimmungen, konnten Politiker und Beamte das Recht der Öffentlichkeit auf Information getrost ignorieren«, schreiben Walter Brasch und Dana Ulloth.[18] Weiter verschärft wurde die Kontrolle durch eine im August 1983 in Kraft getretene Bestimmung, derzufolge alle Beamten, die Zugang zu den für geheim erklärten Staatsdokumenten hatten, ein sogenanntes *nondisclosure agreement* unterschreiben mußten. Mit seiner Unterschrift verpflichtete sich dieser Personenkreis, etwa 100000 Staatsdiener, auf Lebenszeit über alle Informationen zu heiklen politischen Themen Stillschweigen zu bewahren. Darüber hinaus wurden sämtliche Arbeitsberichte, Kommentare, Bücher und Artikel einer strengen Zensur unterworfen, bevor sie an die Presse weitergeleitet wurden. Um eventuelle undichte Stellen im System zu kontrollieren, wurden Telefongespräche abgehört, und ausgebildete *Polygraph-Test Operators* erhielten den Auftrag, Staatsangestellte mit Hilfe von Lügendetektoren auszufragen. Brasch und Ulloth sprechen von über 15000 durchgeführten Tests allein im Jahre 1983.

Die starke Einschränkung des Informationsflusses zwischen Regierung und Presse wurde durch eine Überflutung der Medien und der Öffentlichkeit mit belanglosen Informationen ergänzt – Hertsgaard spricht von *manipulation by inundation*.[19] Dazu traf sich das gut eingespielte Medienteam tagtäglich im Weißen Haus und entwarf die »Nachricht des Tages« oder die »Nachricht der Woche«: eine Information, die exakt zu diesem Zeitpunkt durch die Medien verbreitet werden sollte. Nachdem Form, Inhalt und Schwerpunkt der erwünschten Berichte festgelegt waren, setzte sich Reagans PR-Maschinerie in Gang: »Nur wenige Minuten nachdem eine bestimmte Entscheidung gefällt worden war, fanden sämtliche hohen Beamte und Tausende von PR-Verantwortlichen die ›Nachricht des Tages‹ auf den Bildschirmen ihrer Computer vor. Umgehend schaltete sich auch der Nachrichtendienst des Weißen Haus ein und übermittelte ebenfalls auf elektronischem Wege die entsprechenden Presseverlautbarungen, offiziellen Stellungnahmen und Auszüge aus den Reden des Präsidenten an Hunderte von Redaktionsbüros der wichtigsten Medien im ganzen Land.«[20]

Die meisten der Reporter und Redakteure waren scheinbar dankbar, daß ihnen durch den Pressestab des Präsidenten Arbeit abgenommen wurde. Kritische Journalisten, die die von der Regierung lancierten »Nachrichten« zu ignorieren versuchten, fanden sich dagegen von jeglicher Information ausgeschlossen. Hier kam Deavers und Gergens Strategie erst wirklich zum Tragen: Neben der Massenproduktion inhaltsloser Nachrichten wurden wirklich relevante Informationen aus dem Weißen Haus, die ja strenger Kontrolle unterlagen, zu einer begehrten Handelsware umfunktioniert, die nunmehr gegen die Solidarität und die Kooperationsbereitschaft ausgewählter Medien eingetauscht werden konnte. Harrison Salisbury schreibt: »Der wichtigste Grund für die Klassifizierung von Dokumenten war, einen Vorrat von ›Staatsgeheimnissen‹ anzulegen, aus welchem Informationen an Reporter gegen die Zusage von Schlagzeilen eingetauscht werden konnten – geradeso, wie die Holländer den Indianern einst wertlosen Schnickschnack für die Insel von Manhattan anboten.«[21]

Resultat war ein Journalismus, der sich entweder auf unwichtige Themen beschränkte und die eigentlich wesentlichen politischen und gesellschaftlichen Veränderungen während der Amtszeit Reagans totschwieg oder schlicht die Meinung der Regierung zu brisanten Themen kopierte. Hertsgaard spricht von einem »liebenswürdigen und (in Anspielung auf das Lieblingsnaschwerk Reagans) ›geleebohnenartigen‹ Journalismus, der die schöne Oberfläche in den Vordergrund schob, anstatt auf Inhalt zu bauen, und damit von den wahren Knackpunkten der Regierungspolitik ablenkte«.[22] Während beispielsweise 1981 das ohnehin schwache amerikanische Sozialsystem drastisch beschnitten, gleichzeitig aber eine Steuerermäßigung für Besserverdienende und Großunternehmen durchgesetzt und der Rüstungsetat in schwindelerregende Höhen geschraubt wurde, drehte sich die Berichterstattung der Presse um simple Fragen der Popularität des Präsidenten: »Tagespolitische Themen mit großer Tragweite wurden zu trivialen, aber einprägsamen Fragen über Reagans Tüchtigkeit als Staatsoberhaupt oder sein steigendes oder sinkendes Ansehen in der Öffentlichkeit heruntergespielt.«[23] Da die Medien weder Fragen nach dem Sinn und Zweck der in den frühen achtziger Jahren durchgeführten Reformen stellten noch auf mögliche Gefahren für die Stabilität des Sozialgefüges der USA hinwiesen, hatte die amerikanische Bevölkerung kaum eine Chance, den wahren Inhalt beziehungsweise den vollen Umfang von Reagans politischem Umbau des Landes zu begreifen.

Unmittelbar nach Reagans Amtsantritt erörterte auch James Reston, der ehemalige Chef des Washingtoner Büros der Zeitung, in der *New York Times* das Wirtschaftsprogramm und die Sozialpolitik des neuen Präsidenten und lobte beispielsweise Reagans »wirklich ernstzunehmende Anstrengung, die finanziellen Opfer zur Sanierung des Staatshaushaltes gerecht auf alle Schichten der amerikanischen Bevölkerung zu verteilen«.[24] Selbst als später nicht mehr bestritten werden konnte, daß Reagans Politik genau das Gegenteil bewirkte, also die Kluft zwischen Arm und Reich größer wurde, und die Regierung vorbehaltlos die konservativen Ziele des Establishments unterstützte, blieb die Kritik der Medien aus. Es entstand das Wort vom »Teflon-Präsidenten«, an dem jeder auch nur theoretische Versuch von Kritik scheinbar spurlos vorüberginge. Beispielhaft für die Bemühungen der Presse, Reagan immer wieder in einem positiven Licht erscheinen zu lassen, ist ein von Hertsgaard dokumentiertes Zusammentreffen von Michael Deaver und Hedrick Smith, dem von A. M. Rosenthal eingesetzten Leiter des Hauptstadt-Büros der *New York Times*. Deaver wollte einen Wirtschaftsgipfel, der im Mai 1983 in Williamsburg stattfinden sollte, als PR-Aktion für den Präsidenten genutzt wissen. Während des Mittagessens mit Smith wurde der Inhalt eines gewünschten Artikels besprochen, und nur einige Tage später war auf der Titelseite der *New York Times* zu lesen, mit welchem Eifer und welcher Hingabe sich der Präsident auf seine verantwortungsvolle Rolle während des Gipfels vorbereite. Deaver konnte zufrieden sein, denn wie erwartet, setzte der Artikel in der *New York Times* den Maßstab für die weitere Berichterstattung in der übrigen Presse und vor allem auch im Fernsehen, Reagans stärkstem Medium: »Das wichtigste aber war, daß Smiths Artikel den Ton für die Berichterstattung der Fernsehstationen über das Gipfeltreffen angab; sämtliche TV-Reportagen vermittelten das Bild eines Präsidenten, der die schwierige Situation vollkommen im Griff hatte.«[25]

Weitere Themen, deren sich die Medien gerne annahmen, waren die Propaganda des Weißen Hauses gegen das sogenannte *evil empire* – das »Reich des Bösen« –, also die Sowjetunion, und der entschiedene Kampf Reagans gegen die Ausbreitung des Kommunismus und den globalen Terrorismus. Dieser Nachrichtenbereich war auf geradezu ideale Weise geeignet, einerseits Zustimmung für Reagans Außenpolitik zu erreichen und andererseits von den Mißständen im eigenen Land abzulenken. Da Reagans antikommunistische

Weltanschauung außerdem von A. M. Rosenthal mit großem Verständnis und viel Sympathie aufgenommen wurde, ist es nicht verwunderlich, daß die *New York Times* bei der journalistischen Aufbereitung von Themen des Kalten Krieges an der Spitze der amerikanischen Medien stand. Michael Parentis Buch *Inventing Reality* und James Aronsons *The Press and the Cold War* führen zahlreiche Beispiele von manipulierten und verzerrten Nachrichten aus dem außenpolitischen Bereich an, die auf eine eindeutige Absprache der Zeitung mit der Regierung hinweisen. Einige seien hier angeführt:

Im Januar 1981 entwickelte der damalige Außenminister Alexander Haig, unterstützt von Präsident Reagan und hohen Staatsbeamten, die Theorie von einer sowjetischen Steuerung des internationalen Terrorismus, der sich auf dem besten Wege befände, die »freie Welt«, also die westlichen Demokratien, zu unterminieren. Zur gleichen Zeit erschien Claire Sterlings Buch *The Terror Network*, in dem die Autorin versuchte, gerade diese Behauptung zu untermauern. Sterling beschwor eine Verknüpfung der arabischen, irischen, baskischen, japanischen, italienischen und der westdeutschen Terroristengruppierungen, die alle – so die Autorin – im Auftrag Moskaus handelten. Diese Veröffentlichung wäre mit großer Wahrscheinlichkeit kaum auf Aufmerksamkeit gestoßen, wäre sie nicht kurz nach Erscheinen von der *New York Times* und der *Washington Post* ausführlich besprochen worden; lange Textauszüge und blutige Bilder von Gewaltakten kündeten dort von der Skrupellosigkeit der sogenannten »marxistischen Terroristen«.[26] Sterling, die nach ihrer Anstellung bei einer kleinen, von der CIA finanzierten Zeitung in Rom auf Rosenthals Initiative hin für die *New York Times* schrieb, gelang es allerdings nicht, in auch nur einem der Berichte einen konkreten Beweis für ihre Thesen anzuführen.

Die »Terrorismusexpertin« Claire Sterling spielte ebenfalls eine wichtige Rolle bei der Berichterstattung über die sogenannte *Bulgarian Connection*. Am 13. Mai 1981 versuchte der geistig verwirrte türkische Fanatiker Mehmet Ali Agca, der sich später vor Gericht als Jesus Christus ausgab, mit einem Mordanschlag auf Papst Johannes Paul II. in Rom die Öffentlichkeit zu schockieren. Mehr als ein Jahr später nahm Sterling diesen Vorfall zum Anlaß, um ihre Theorien über die weltweite »rote Gefahr« weiterzuspinnen. In einem ersten Bericht im *Reader's Digest* sprach sie von einer Verbindung Agcas zum bulgarischen Geheimdienst, der im Namen des KGB den Mordauftrag erteilt habe. Als Grund dafür nannte die Journalistin den wachsenden Einfluß des Papstes in dem nach Reformen drängenden Polen.

Sterlings These, die, so die Verfasserin, auf dem Inhalt anonymer »westlicher Geheimdienstquellen« basierte, wurde jedoch von westeuropäischen Geheimdiensten als barer Unsinn zurückgewiesen. Dies hielt die *New York Times* allerdings nicht davon ab, innerhalb von nur drei Monaten zweiunddreißig Artikel über die *Bulgarian Connection* zu veröffentlichen und Sterling darüber hinaus als engagierte und vertrauenswürdige Journalistin zu porträtieren.

Eine manipulierte Darstellung des Rüstungspotentials und des Waffenarsenals der USA und der UdSSR waren weitere Themen, die Präsident Reagan halfen, Kongreß und Öffentlichkeit von der Notwendigkeit seiner Aufrüstungsbemühungen zu überzeugen. Die Geschichte vom *Yellow Rain*, dem »gelben Regen«, ist ein Beispiel dafür. Im September 1981 sprach Reagans Außenminister Alexander Haig in verschiedenen Reden von den »ganz wesentlichen«, »sich aufzwingenden« und »überwältigenden Beweisen«, daß die Sowjetunion mit dem Einsatz von biologischen Waffen »in Afghanistan, Kambodscha und vielleicht auch anderswo« begonnen habe.[27] Als Beweis für diese Behauptung diente ein einziges, gelblich verfärbtes und mit verschiedenen Giften angereichertes Blatt eines Strauches, das von der thailändisch-kambodschanischen Grenze stammte. Die Berichterstattung der Medien über dieses Thema überschlug sich. Artikel mit Überschriften wie »Wie die Sowjets Chemikalien zur Kriegsführung einsetzen« sprachen von der Tötung »von Tausenden und Abertausenden von Menschen, und weiteren Tausenden, die die gleichen schrecklichen medizinischen Symptome zeigen«.[28] Als sich diese Behauptungen später jedoch als unhaltbar herausstellten und eine tatsächlich beobachtete Gelbfärbung des Regens in einer bestimmten Region Südostasiens auf einen hohen Anteil von Blütenpollen zurückgeführt werden konnte, hüllte sich die Presse in Schweigen.

Als Rechtfertigung für Reagans Rüstungspläne – erinnert sei an SDI, die vom Präsidenten geplante Kriegsführung im All – kann auch die Berichterstattung über das Schicksal von KAL 007 gesehen werden. Am 1. September 1983 wurde das Linienflugzeug 007 der Korean Airlines mit 269 Passagieren an Bord über der Kamtschatka-Halbinsel von russischen Kampfflugzeugen abgeschossen. Die amerikanische Regierung und die Medien überboten einander daraufhin mit Vorwürfen gegen die Sowjetunion. Der Präsident sprach von »einem Akt der Barbarei, der nur von einer Gesellschaft erdacht und ausgeführt werden konnte, die die Rechte jedes einzelnen und die Werte des menschlichen Lebens im allgemeinen schamlos mißachtet«. Die *Washington Post* beschrieb die UdSSR als »unzivilisierte und grausame Nation«, und Leslie Gelb behauptete in der *New York Times*, »die Sowjetunion ist einfach anders – sagen wir rauer, brutaler oder sogar unzivilisierter – als die übrige Welt«.[29] Erst nach Monaten wurde bekannt, daß das Flugzeug über dreihundert Meilen vom planmäßigen Kurs abgewichen war und dadurch ein sowjetisches Militärsperrgebiet überflogen hatte, in welchem just zu diesem Zeitpunkt die neuentwickelte Rakete vom Typ PL 5 getestet werden sollte. Trotz mehrmaliger Warnung von sowjetischer Seite blieb KAL 007 auf Kurs. Der Verdacht, daß die Passagiermaschine zu Spionagezwecken eingesetzt war, liegt nahe. Michael Parenti spricht von einer seit Jahren bekannten engen Zusammenarbeit von Korean Airlines und der CIA – »die koreanische Fluglinie überfliegt regelmäßig russischen Luftraum, um Informationen über militärische Aktivitäten zu sammeln« [30] – und einer langen amerikanischen Geschichte der getarnten Spionageflüge. Diese Hintergrundinformationen wurden allerdings 1983 der amerikanischen Öffentlichkeit vorenthalten. Unbekannt blieb auch, daß die Berichterstattung der Medien über KAL 007 half, den Bau von Reagans »Lieblingsspielzeugen«, den Pershings und Cruise Missiles, an denen die Rüstungs- und Chemieindustrie später gut verdienen sollte, voranzutreiben: »Als eine der Folgen des ›Unglücks‹ stimmte der Senat Reagans Vorhaben zu, die Weiterentwicklung von Nervengasen und der chemischen Kriegsführung zu intensivieren, obgleich er sich kurz zuvor dagegen ausgesprochen hatte. Der Kongreß unterstützte nun das MX-Missile-Programm, gab die Rekordsumme von 187,5 Milliarden Dollar für den Verteidigungshaushalt frei und autorisierte den Bau völlig neuer Waffensysteme.«[31]

Zusammenfassend sollte an dieser Stelle festgehalten werden, daß keines der hier beschriebenen Beispiele allein eine lang anhaltende politische Wirkung gehabt hätte, wäre es Reagan nicht gelungen, durch die Kooperation mit den wichtigsten Medien Themen des Kalten Krieges kontinuierlich präsent zu halten. Die permanenten Hinweise auf von der Sowjetunion drohende Gefahren und die Zeichnung einer chaotischen Außenwelt halfen, die Politik des Präsidenten anderen Politikern und der Öffentlichkeit regelrecht zu verkaufen – »die ganze Sache war einfach PR«.[32] In Parentis Worten ausgedrückt, stand die Wiege der meisten durch die Medien verbreiteten Geschichten über das *evil empire* in den PR-Abteilungen der Reagan-Administration. Ihr Zweck war, »eine Atmosphäre der wachsenden Bedrohung zu schaffen, um somit steigende Militärausgaben, außenpolitische Interventionen und Repressionen im eigenen Land zu rechtfertigen«.[33]

Acht volle Jahre hatten Reagans Medienberater Zeit, um die Zusammenarbeit zwischen Medien und Regierung neu zu gestalten. Die daraus resultierende Kritiklosigkeit der Presse und die positive Berichterstattung über den Präsidenten und dessen politische Maßnahmen, die selbst Michael Deaver und David Gergen, die eigentlichen Erfinder der Propagandamaschinerie im Weißen Haus, überraschten, hat die Beziehungen der Medien zum politischen Machtapparat in Washington bis heute nachhaltig beeinflußt. »Das ›Reagan-Modell‹ funktionierte so gut, daß das Verhältnis zwischen Weißem Haus und Presse von nun an ein neues sein wird«, bemerkte auch Hertsgaard.[34] In der Tat nutzten alle nachfolgenden Regierungen, ob von der republikanischen oder der demokratischen Partei gestellt, in ihrem Bedürfnis nach einer kooperativen Presse die von Reagan entworfenen Strukturen. Gergen hatte dies vorausgesehen, als er gegen Ende der Präsidentschaft riet: »Es wäre nun äußerst nützlich, einige der unter Reagan angewandten Maßnahmen im Umgang mit der Presse zu institutionalisieren, um zu gewährleisten, daß auch zukünftige Präsidenten von ihnen profitieren können.«[35] Tatsächlich konnte er diesen Wunsch selbst in die Tat umsetzen; Gergen wurde von Präsident Bush zum Medienberater berufen und auch 1993 zu Bill Clintons *Director of Communications* ernannt. In der Medienpolitik beider Regierungen ist Gergens Stempel unverkennbar. So schreibt *Der Spiegel* 1993 über

Clinton: »*Message control*, die möglichst lückenlose Überwachung ihrer politischen Botschaft, ist ins Zentrum der Informationspolitik der neuen Regierung gerückt.«[36]

Als sich Ronald Reagans Amtszeit dem Ende neigte, wurde ihm durch die Medien des Landes ein feierlicher Abschied gewährt. Auch die *New York Times* versäumte es nicht, ihre Leser nochmals darauf hinzuweisen, daß er ohne Zweifel »als einer der populärsten Präsidenten der gesamten amerikanischen Geschichte«[37] angesehen werden müsse. Schließlich war es ihm zu verdanken, daß sich die *New York Times* jetzt unter den wenigen im Weißen Haus freundschaftlich aufgenommenen Medien befand. Dementsprechend wurde auch George Bush 1989 als würdiger Nachfolger Reagans angekündigt. Unter der Überschrift »Ivy League und Schweinekrusten« begrüßte die Titelseite der *New York Times* den neuen Präsidenten, der nun als eine Mischung zwischen »Edelmann« und dem *regular guy* vermarktet werden sollte. Die Zeitung lobte das neue Staatsoberhaupt mit den Worten »George Bush verkörpert das patrizische Ideal von Verantwortung, *begotten by privilege*«.[38]

3

Welchen Medien gelang nun der Zugang zum *inner circle*, dem engsten Kreis der politisch Mächtigen? Eine Liste der Zeitungen und Fernsehstationen, die politische Prozesse in Washington bis heute aus nächster Nähe beobachten und beeinflussen, erstellte der Politikwissenschaftler Stephen Hess im Jahre 1984. James Aronson bestätigte diese Angaben 1990. Beiden Autoren zufolge umfaßt das »journalistische Machtzentrum der USA«[39] insgesamt drei Tageszeitungen: die *New York Times*, die *Washington Post* und das *Wall Street Journal*; zwei Nachrichtendienste: die Associated Press und United Press International; vier Zeitschriften: *Time*, *Newsweek*, *U.S. News & World Report* und *Business Week* sowie die Fernsehstationen ABC, CBS, NBC.

Schon 1982 beschrieb auch der Medienkritiker William Rivers das für die Öffentlichkeit verborgene Zusammenwachsen der Regierung mit den hier genannten Medien. Der Autor prägte den Begriff *shadow government*, also die »Schattenregierung«, um den verdeckten Einfluß der Medienkonzerne auf die Politik des Weißen Hauses zu verdeutlichen. Die freiwillige Kooperation und gegenseitige Abhängigkeit beider Partner faßte Rivers damals mit den folgenden Worten zusammen: »Diese beiden ›Regierungen‹, also die offizielle Regierung und die national anerkannten Medien, bilden in zunehmenden Maße eine symbiotische Einheit. Beide Teile dieser Einheit verhalten sich in einer Art ›Doppel-Spiegel-Effekt‹ zueinander, wobei jede einzelne Seite auf das Verhalten ihres Gegenübers reagiert und gleichzeitig den vorausberechneten Bedürfnissen der jeweils anderen Seite entgegenkommt.«[40] In der Tat sind Medien und Politiker heute mehr denn je auf gegenseitige Unterstützung angewiesen, um Informationen zusammenzutragen und zu verbreiten. Beiden Seiten stehen dabei allerdings sehr unterschiedliche Mittel zur Verfügung, um die Arbeit des Partners zu manipulieren und damit Einfluß auf politische Entscheidungsprozesse auszuüben. Zunächst sei hier auf die Möglichkeiten seitens der Medien, speziell der führenden Zeitungen, eingegangen.

Die offensichtlichste Form der Beeinflussung politischer Prozesse durch die Presse stellt die Art und Weise der Berichterstattung dar. Die Entscheidung über Aufbau, Inhalt und Plazierung der Artikel und die Auswahl von Zusatzinformationen wie Fotografien, Schaubilder oder sogenannte Expertenmeinungen bestimmen die Gewichtung der diskutierten Themen. Es ist im allgemeinen die Aufgabe der wissenschaftlichen Methode der Inhaltsanalyse, diese Mechanismen aufzudecken und zu interpretieren. Eine weitere Möglichkeit, politische Entscheidungen zu beeinflussen, bieten die Meinungsseiten der Zeitungen. Sie stellen ein legitimes Forum der amerikanischen Printmedien dar, um die offizielle Politik der Regierung zu unterstützen oder abzulehnen. Das hohe Ansehen der Kommentatoren, besonders derjenigen der *New York Times*, und die Tatsache, daß die veröffentlichten Kolumnen und Kommentare über sogenannte *syndicates* und Nachrichtendienste weltweit Verbreitung finden, darf allerdings nicht darüber hinwegtäuschen, daß *editorials* und *opposite editorials* oft gerade den Standpunkt der Regierenden widerspiegeln und nicht notwendigerweise die Meinung der Zeitung oder des Verfassers – sollte diese von der des Weißen Hauses überhaupt abweichen – zum Ausdruck bringen.

Am deutlichsten zeigt sich die Beteiligung der Medien an Entscheidungsprozessen in Washington aber an ihrer Macht bei der Themenwahl: Ob überhaupt und in welchem Umfang über bestimmte politische Fragen berichtet wird, entscheidet schließlich über die Wirkung und den Fortgang der jeweiligen Beschlüsse und Ereignisse. *The power to select*, die Macht, aus den Abertausenden in der Hauptstadt gesprochenen und geschriebenen Worten und zwischen den unzähligen täglichen Ereignissen auswählen zu können – darauf beruht der eigentliche politische Einfluß der führenden Medien. »Die erste Präsentation der Medien bestimmt in vielen Fällen über die Gewichtung politischer Themen. Entscheiden die Medien, eine bestimmte Fragestellung besonders hervorzuheben, rückt diese umgehend in den Mittelpunkt der Aufmerksamkeit von Entscheidungsträgern innerhalb der Regierung, beratenden Experten und – soweit sie der Diskussion folgen kann – auch der Öffentlichkeit«, schreibt der Journalist Lowndes Stephens.[41] Die beiden Medienwissenschaftler William Rivers und Michael Nyhan ergänzen: »Ebenso folgenreich wie die Darstellungsweise der zum Druck ausgewählten Themen ist die Möglichkeit der Medien, Ereignisse einfach zu ignorieren; Worte, denen es nicht gelingt, eine Resonanz in der Presse zu finden, hätten ebensogut überhaupt nicht gesprochen zu werden brauchen.«[42] Die *New York Times*, in den USA als wichtigstes Instrument der Meinungsbildung angesehen, spielt bei diesem Auswahlprozeß eine ganz besondere Rolle.

Auch der Regierung stehen zahlreiche Mittel zur Verfügung, um Presse und Fernsehen für ihre Ziele zu gewinnen und gegebenenfalls zu instrumentalisieren. Die entscheidende Rolle spielt dabei, wie auch Reagans Medienberater richtig erkannten, die Kontrolle und die Manipulation des Informationsflusses zwischen den Partnern. Staatsmänner, die ihre politischen Ideen und Pläne gegenüber der oppositionellen Meinung durchzusetzen versuchen, sind beispielsweise daran interessiert, die »richtigen« Neuigkeiten an die Medien weiterzuleiten: Pressemitteilungen werden entweder an Reporter verteilt oder direkt an die Redaktionsbüros verschickt, Telefonkampagnen klären über die Regierungsaktivitäten auf, ausgewählte Journalisten werden zu Pressekonferenzen und Briefings eingeladen. Nicht selten handelt es sich bei solchen Veranstaltungen um *staged events*, also um speziell zur Verbreitung

von einseitigen Informationen und zur Manipulation der Berichterstattung organisierte Zusammenkünfte. Ein Beispiel:

Im Jahre 1982 plante die Federal Aviation Administration (FAA),
die nationale Luftfahrtbehörde, den Ausbau und die Modernisierung der nationalen Flugüberwachungs- und Navigationssysteme.
Angesichts der dazu benötigten hohen Investitionen von neun Milliarden Dollar und der Konkurrenz parallel beantragter Projekte
anderer Ministerien war die Zustimmung des Kongresses nicht
sichergestellt. Eine überzeugende Darstellung in den Medien
sollte deshalb den Antrag der FAA stützen. Zu diesem Zweck lud
die Behörde am 28. Januar 1982 Repräsentanten der Wirtschaft
und Journalisten zu einer Erläuterung der geplanten Modernisierung ein. Schon am darauffolgenden Tag berichteten, ganz im
Sinne der FAA, die verschiedensten Zeitungen über die neuen Sy-
steme und unterstrichen deren zivile wie auch militärische Bedeutung. So erschienen Artikel zum Thema auf Seite siebzehn der
Washington Post, auf Seite vier des *Philadelphia Inquirer*, auf
Seite drei des *Wall Street Journal* und auf der Titelseite der *New
York Times*.[43] Diese herausragende Plazierung des FAA-Artikels
gerade in der *New York Times* läßt vermuten, daß die Zeitung
über den wahren Grund der Zusammenkunft zwischen Luftfahrtbehörde und Presse von vornherein genau informiert war.

Für Regierung und Medien gleichermaßen wichtig sind die sogenannten *leaks*, die undichten Stellen oder Lecks innerhalb des Re-
gierungsapparates. Der Begriff *leak* umschreibt dabei die vertrauliche Weitergabe von Informationen durch Staatsdiener an die
Presse – ein Mechanismus, bei dem sich gerade die während der
Amtszeit Reagans geschlossenen persönlichen Kontakte und
Freundschaften zwischen Regierungsbeamten und Journalisten als
besonders nützlich erweisen. Die Gründe der Politiker für die In-
formationsweitergabe sind vielfältig. Diese kann beispielsweise
dazu dienen, politische Gegner einzuschüchtern, bloßzustellen,
ihren Ruf zu schädigen – oder umgekehrt, das allgemeine Interesse
auf die eigene Position zu lenken, Unterstützung anzuregen oder
Wähler zu umwerben.[44] Aufgabe der Medien ist es, die so »durchge-
sickerten« Neuigkeiten in der Öffentlichkeit bekanntzumachen.
Lowndes Stephens spricht in diesem Zusammenhang auch von
calculated leaks, von undichten Stellen, die absichtlich und mit

Berechnung geschaffen werden, um einen bestimmten politischen Standpunkt durch die werbewirksame Projektion nach außen – also aus dem Regierungsapparat heraus – zu stützen. Die Rolle der Medien beschreibt Stephens als die »eines Verbündeten, der entweder auf der Seite des einen oder des anderen der miteinander konkurrierenden Elemente des exekutiven oder des legislativen Armes der Regierung oder anderer Entscheidungsträger im politischen Machtgefüge der USA steht«.[45] Artikel und Kommentare der *New York Times*, die auf *leaks* beruhen, lassen sich oft an Hinweisen wie »nach Angaben aus anonymer Quelle« oder »wie ein Regierungsbeamter bestätigte« erkennen. Dazu hier drei von zahlreichen Beispielen:

Im Oktober 1977 berichtete die *New York Times*, das amerikanische Außenministerium plane, drei zentralafrikanischen Ländern hohe Kredite für militärische Zwecke zu gewähren. Die Zeitung fügte hinzu, es handele sich dabei um ein Vorhaben, das große Kontroversen innerhalb der Regierung ausgelöst habe. Tatsächlich war dieses Thema aber zum Zeitpunkt, als der betreffende Artikel erschien, im Außenministerium offiziell noch gar nicht besprochen worden. Die Informanten der *New York Times* hatten durch die Nachrichtenübermittlung und die darauf erfolgte Berichterstattung den zu erwartenden Vorschlag eines oder zweier Regierungsbeamter im voraus abgewehrt – »Die Reportage der *Times* war für die Verantwortlichen ein Schuß vor den Bug«, so der Politikwissenschaftler William Lewis.[46]

Zu Beginn von Ronald Reagans Amtszeit plante Außenminister Alexander Haig eine Kampagne, um Unterstützung in der Regierung für die von ihm geforderte militärische Kontrolle in El Salvador zu gewinnen. Haig und seine Assistenten gaben deshalb einseitige Informationen an die Medien weiter: Die Presse bezeichnete Kuba und die Sowjetunion als »Quelle allen Übels« in Mittelamerika und warnte eindringlich vor einer drohenden Eskalation der Situation. Mark Hertsgaard schreibt: »Eine der ersten Früchte von Haigs Bemühungen war ein Artikel in der *New York Times*, der zu berichten wußte, daß ›die Sowjetunion und Kuba im vergangenen Jahr eine Übereinkunft getroffen hatten, eine Unmenge von Waffen an die marxistisch geführten Guerillas in El Salvador zu liefern‹.« In diesem Bericht, der nicht nur auf der Titelseite plaziert, sondern gleichzeitig auch im Leitartikel der gleichen Ausgabe kommentiert wurde, berief sich die *New York Times* auf »Geheimdokumente der Aufständischen, die salvadorianischen Sicherheitskräften in die Hände gefallen waren«.[47] Die Kampagne des wahren Informanten, Außenminister Haig, führte schließlich zum gewünschten Ergebnis: Das durch den Artikel der *New York Times* publik gemachte Thema wurde in allen Medien des Landes aufgegriffen und Haigs politische Position gestützt.

Zu einem der bekanntesten *leaks* in der Geschichte der USA wurde die Weitergabe der Pentagon Papers an die *New York Times*. Bekanntlich übermittelte Daniel Ellsberg, Beamter im Verteidigungsministerium, die als *top secret* eingestuften Dokumente über die Verwicklungen der USA im Indochinakonflikt in der Hoffnung, durch ihre Offenlegung das Ende des Krieges oder sogar den Sturz Präsident Nixons herbeizuführen. Obwohl erst die Watergate-Affäre den erhofften Regierungswechsel brachte, war die Veröffentlichung der Vietnam-Papiere in der *New York Times* erfolgreich und zog eine spektakuläre Kettenreaktion nach sich. Die führenden Medien des Landes folgten der *New York Times* in ihrer Berichterstattung, verurteilten die amerikanische Kriegsführung und stellten sich gegen Nixon.

Auch heute wird die *New York Times* aufgrund ihrer Führungsposition beziehungsweise ihres großen Einflusses auf die Berichterstattung anderer Medien an erster Stelle gewählt, um vertrauliches Material an die Öffentlichkeit zu tragen. James Anderson, Korrespondent von United Press International im Außenministerium, fügt noch hinzu, daß die *New York Times* und die *Washington Post* ebenfalls eine große Rolle spielen, wenn es darum geht, Informationen über die elektronischen Medien zu verbreiten: »Aus diesem Grunde entwickelte sich schon in den achtziger Jahren eine Art Routine, noch in der Nacht vertrauliche Nachrichten an Lou Cannon, den Korrespondenten der *Washington Post* im Weißen Haus, und an Hedrick Smith, den Büroleiter der *New York Times* in Washington, weiterzuleiten.« Mit der morgendlichen Berichterstattung in den Zeitungen war automatisch auch »das Programm für TV-Themen des Tages festgelegt«.[48] Henry Kissinger, dem es im Laufe seiner Karriere in Washington nie ganz gelungen war, die undichten Stellen im Regierungsapparat zu stopfen, soll sogar einmal in den siebziger Jahren, erbost über die regelmäßige Informationsübermittlung durch *leaks* an die *New York Times*, eine Sitzung des nationalen Sicherheitsrates mit der Frage »Und wer hier vertritt nun die *New York Times*?« eröffnet haben.[49]

Die Kooperation der *New York Times* mit hohen Regierungsbeamten provozierte immer wieder Kritik aus den unterschiedlichsten Kreisen. Auch Hertsgaard beschreibt mit deutlichen Worten das Zusammenspiel der *New York Times* mit ihren wichtigsten Informanten in Washington. Der *New York Times*, so der Autor, sei ihre Position als bedeutendster Übermittler von Regierungsbotschaften so wichtig, daß sie alles daransetze, um diese Stellung beizubehalten und noch auszubauen. Die Zeitung arbeite skrupellos am Aufbau besonders enger Beziehungen zu Regierungsbeamten und Politikern, indem sie u. a. auch Nachrichten veröffentliche, die entgegen einer journalistischen Grundregel nur auf einer einzigen Quelle *(single source)* beruhen, oder indem sie wichtige Informanten durch ihre Berichterstattung regelrecht hofiere. Hertsgaard zitierte 1988 den Journalisten Walter Robinson vom damals noch unabhängigen *Boston Globe* mit den Worten: »Die *Times* kennt keine Scham, vor hohen Beamten im Weißen Haus zu katzbuckeln, die als zukünftige Informanten in Frage kommen könnten.«[50] Besonders im Wettbewerb mit anderen Medien sei es der *New York Times* wichtiger, so Robinson weiter, ihre Vormachtstellung zu sichern, als ihrem Ruf als unabhängige und objektive Stimme gerecht zu werden: »Immer die erste zu sein ist der *Times* so wichtig, daß sie ihren hohen Standard oft einfach aus dem Fenster wirft.«[51]

Ein stabiler und für beide Seiten erfolgversprechender Kontakt zwischen Regierungsbeamten, Politikern und der *New York Times* setzt voraus, daß Interessen und Anonymität der Informanten gewahrt bleiben. Dies führt in der Regel zu Berichten und Kommentaren, in denen die Herkunft des Wissens von Reportern und Redakteuren ungenannt bleibt. Eine solche Verschleierung der Quellen nützt beiden Partnern; zum einen wird eine Überprüfung der Richtigkeit der in der Zeitung dargestellten Informationen verhindert, und zum anderen werden die Informanten geschützt und können so nicht zur Verantwortung gezogen werden. Schon Edward Jay Epstein stellte 1975 in seinem medienwissenschaftlichen Standardwerk *Between Fact and Fiction* fest: »Ohne identifizierbare Quellen kann keinerlei Information durch Sachverständige oder Spezialisten erneut überprüft oder bestätigt werden. Selbst die schwerwiegendsten Fehler in der Berichterstattung mögen dadurch unerkannt bleiben.«[52]

Diese anonyme Art und Weise der Informationsübermittlung ist allen Beteiligten so sehr willkommen, daß sich heute ein wesentlicher Teil der Berichte der *New York Times* über innen- und außenpolitische Themen aus solchen Kanälen speist. Dem Leser bleibt dabei kaum eine Chance, Wahrheitsgehalt und Objektivität der Nachrichten zu beurteilen, er kann nur auf die Integrität und den guten Ruf der Zeitung vertrauen. In einem Memorandum zu einer von der Forschungsgruppe FAIR zu diesem Thema mit Verleger Sulzberger geführten Gesprächsrunde wirft das Institut der *New York Times* vor: »Der übermäßige Rückgriff auf unbenannte Quellen hält den Leser davon ab, Individuen für ihre Aussagen verantwortlich machen zu können.«[53] Auch *Der Spiegel* schreibt 1990 zum gleichen Thema: »Im Verlauf des Jahrzehnts füllten sich die Spalten der *Washington Post* und der *New York Times* mit ungenannten ›Regierungsoffiziellen‹, die etwas zu Nicaragua oder Libyen, Iran oder Angola zu sagen hatten. Beim Lügen ließen sie sich, weil anonym, nicht ertappen, und ihre Informationen nachzuprüfen, war meist unmöglich.«[54]

In einer Studie aus den siebziger Jahren untersuchte der Politik- und Medienwissenschaftler Leon V. Sigal die Quellen von 2850 Artikeln in der *New York Times* und in der *Washington Post*. Das Ergebnis zeigte, daß die Journalisten in achtundsiebzig Prozent aller Berichte die Aussagen von Regierungsangestellten und Politikern kommentarlos übernommen hatten.[55] Da die Zusammenarbeit von Regierung und Medien in den achtziger und neunziger Jahren intensiviert wurde, ist anzunehmen, daß dieser Prozentsatz heute noch höher liegt. Michael Parenti schreibt dazu: »Vieles von dem, was als sogenannte ›Neuigkeit‹ dargestellt wird, ist nicht mehr als die kritiklose Weitergabe offizieller Regierungspolitik an eine ahnungslose Leserschaft.«[56] Als »Stenographen der Macht« beschreibt auch Jeff Cohen, Direktor von FAIR, die heutige Rolle der Medien in Washington.[57] Im Fall der *New York Times* und der wenigen anderen fest etablierten Medien muß allerdings noch ein Schritt weitergegangen werden: Sie reichen nicht nur die ihnen übermittelten Informationen weiter, sondern sind darüber hinaus durch die in ihrer Entscheidungsgewalt liegende Auswahl und Darstellung der jeweiligen Themen aktiv an politischen Prozessen beteiligt.

4

Eine wichtige Schlüsselposition im Zusammenspiel von Regierung und Medien haben die sogenannten *press officers*, d. h. die Medienverantwortlichen innerhalb der Administration, inne. In diesem Zusammenhang interessant sind die Publikationen des Politik- und Kommunikationswissenschaftlers Stephen Hess, die einen guten Einblick in die Arbeit dieser Beamten ermöglichen und schildern, wie die Nachrichten der *New York Times* ihren täglichen Weg auf die Schreibtische aller in Washington beschäftigten Politiker antreten. Eine der Hauptaufgaben dieser *press officers* ist es, sich selbst, ihre Abteilungen und natürlich ihre Vorgesetzten über das Tagesgeschehen zu informieren. Dazu werden allmorgendlich aus den führenden Tageszeitungen Artikel und Kommentare, nach Themenschwerpunkten geordnet, in verschiedenen Informationsbroschüren neu zusammengesetzt. Jede einzelne Regierungsabteilung besitzt ihre individuelle Zusammenstellung von sogenannten *clippings*, Zeitungsausschnitten aus der Tagespresse, die unter Namen wie beispielsweise *News Digest, News Roundup, News Today* oder *Current News*, das Informationsblatt des Verteidigungsministeriums, ihren täglichen Weg durch die Büros in Washington nehmen. Die frühesten Ausgaben dieser Blätter erscheinen schon um sechs Uhr morgens im Weißen Haus und gelangen von dort direkt an Kabinettsmitglieder und die engsten Berater des Präsidenten. Weitere Ausgaben erreichen im Laufe des Vormittags selbst Beschäftigte in den untersten Bereichen der Regierungshierarchie.

Einen beträchtlichen Teil dieser Nachrichtenzusammenstellungen nehmen Berichte und Kommentare der *New York Times* ein: »Sämtliche in einflußreichen Positionen beschäftigten Personen sind darüber informiert, was die *New York Times* über sie und ihre aktuellen Interessen zu berichten weiß. Und sollten die Politiker etwas in ihren Informationsblättern übersehen, so hören sie dies kurz darauf durch Mundpropaganda«, schreibt Hess.[58] So ergab zum Beispiel auch eine Analyse der Herkunft von 254 Artikeln in der täglich erscheinenden Nachrichtenzusammenstellung der Arms Control and Disarmament Agency , daß dreiundvierzig Prozent aller Berichte aus der *New York Times* stammten. Die *Washington Post* stellte immerhin sechsundzwanzig Prozent der Artikel, während dreizehn weitere Zeitungen nur Nebenrollen spielten. Da die elektronischen Medien in den Informationsblättern nicht berücksichtigt werden, schlußfolgert Hess: »Gerade so wie die Einrichtung und Wertschätzung der Nachrichtensammlungen aus den Printmedien den Einfluß der *New York Times* und der *Washington Post* in Washington verstärkt, schmälert dies auch die Bedeutung von ABC, CBS und NBC.«[59]

In der Tat stellen die *Washington Post* und im besonderen die *New York Times* in der amerikanischen Hauptstadt »so etwas ähnliches wie die internen Nachrichtenblätter der politischen Elite« dar, wie es Leon Sigal nennt.[60] Auch Bernard Cohen, Barry Rubin, Robert Entman und David Paletz, die den Einfluß der Presse auf politische Entscheidungsprozesse in den Vereinigten Staaten untersuchten, stellen die besondere Bedeutung gerade dieser beiden Zeitungen für die Arbeit des Außenministeriums und des Kongresses heraus. Hier die beispielhaften Aussagen zweier Beamter im State Department: »Die Zeitung, die auf Grund ihrer ausführlichen Berichterstattung vor allen anderen Zeitungen bevorzugt wird, ist die *New York Times*.« »Unser Arbeitstag beginnt damit, die Zeitung zu lesen – *die* Zeitung –, d. h. die *New York Times*. Man kann im Außenministerium einfach nicht arbeiten, ohne regelmäßig die *New York Times* zu lesen.«[61]

Die *New York Times* dient den Entscheidungsträgern im State Department allerdings nicht nur als Informationsquelle über Vorgänge im In- und Ausland; die Zeitung erfüllt auch selbst eine wichtige außenpolitische Funktion. Diplomaten und Politiker anderer Staaten lesen ebenfalls die *New York Times*, um Entwicklungen in der amerikanischen Außenpolitik, Reaktionen der Bevölkerung oder konkrete Signale der US-Regierung zu erkennen. Wie auch innerhalb der verschiedenen amerikanischen Ministerien erfüllt die *New York Times* die Funktion eines einflußreichen Vermittlers zwischen Politikern im Ausland, Diplomaten in Washington und der amerikanischen Regierung. Barry Rubin spricht in diesem Zusammenhang von einer »symbiotischen Beziehung zwischen Auslandskorrespondenten und Diplomaten beim Austausch von Nachrichten«.[62] Einerseits übermittelt die US-Regierung Informationen durch die Zeitung an das Ausland, andererseits kontaktieren ausländische Diplomaten die *New York Times*, um ihrerseits an das Weiße Haus gerichtete Botschaften weiterzuleiten: »Ein halbprivates Kommunikationssystem, das der breiten Öffentlichkeit fast unbekannt und kaum zugänglich ist.«[63] Stephen Hess, dem ein Einblick in die Zusammenarbeit zwischen Beamten des Außenministeriums und den Medien gelang, schreibt: »Manchmal hatte ich das Gefühl, die Staatsangestellten verhandelten mit den Reportern der *New York Times* gerade so wie mit den Diplomaten einer anderen Nation. Als zum Beispiel James Reston am 10. Mai 1982 Alexander Haig interviewte, schien dies eher ein Zusammentreffen von Potentaten als ein Gespräch zwischen einem Journalisten und einem Außenminister zu sein.«[64] Eine ähnliche Konstellation konnte Hess übrigens bei keinem Vertreter anderer Zeitungen, auch nicht der *Washington Post*, beobachten.

Auch die Abgeordneten des amerikanischen Kongresses verlassen sich bei ihren Entscheidungen zu innen- und außenpolitischen Fragen weitgehend auf die Berichterstattung der beiden großen Zeitungen: »Die meisten der Senatoren und ihre Mitarbeiter vertrauen in ihrem Wissen über die Vereinigten Staaten und über die Welt allgemein auf die wenigen führenden Medien, im besonderen auf die *Washington Post* und die *New York Times*.«[65] Dies führt dazu, daß diese Zeitungen die Sichtweise der Abgeordneten zu den unterschiedlichsten Themen bestimmen und dadurch auch deren Abstimmungsverhalten im Kongreß entscheidend beeinflussen können. Da ja aber gerade in die *New York Times* einseitige politische Nachrichten Einzug halten, kann selbst der amerikanische Kongreß durch eine manipulierte Berichterstattung fehlgeleitet werden.

Die Dominanz dieser Zeitung bei der Nachrichtenauswahl und Nachrichtenverbreitung verhindert die Diskussion politischer Themen aus unterschiedlicher Sicht allerdings nicht nur im Kongreß und im Außenministerium, sondern darüber hinaus – wie wir noch genauer sehen werden – schon im Vorfeld, da infolge der Führungsrolle der *New York Times* gegensätzliche Sichtweisen erst gar nicht in die Medienöffentlichkeit gelangen. So berichten Journalisten anderer Zeitungen und Zeitschriften immer wieder darüber, daß ihre mühsamen Recherchen und Artikel zu innen- und außenpolitischen Fragen von den eigenen Redaktionen nur deshalb abgelehnt wurden, weil die *New York Times* die gleichen Themen anders beurteilte oder erst gar nicht behandelt hatte. Dazu die Erfahrung eines in Bonn stationierten Korrespondenten des Nachrichtensenders CBS: Nachdem seine Reportage zu einem ihm wichtig erscheinenden deutschen Thema von der eigenen Redaktion mehrmals zurückgewiesen wurde, entschloß sich der Mann, seine Informationen an den Bonner Korrespondenten der *New York Times* weiterzureichen. Die journalistische Verarbeitung dieser Nachrichten in der *New York Times* führte schließlich dazu, daß auch der Korrespondent von CBS berichten durfte: »Schon am nächsten Tag, nachdem die CBS-Redakteure den betreffenden Artikel in der *New York Times* gelesen hatten, beauftragten sie ihren Mann in Bonn, am gleichen Thema zu arbeiten.«[66]

5

Wie schon beschrieben, sind die persönlichen Kontakte zwischen Mitarbeitern der *New York Times* und Regierungsangestellten und Politikern vielfältig: Man kennt sich seit der Schulzeit, die Familien sind befreundet, man trifft sich in den gleichen Clubs und tauscht Meinungen und Informationen bei offiziellen und inoffiziellen *luncheons* und *dinners* aus. Da dieser enge Kontakt für beide Seiten von Vorteil ist, stehen natürlich auch Mitarbeiter anderer etablierter Medien »auf du und du« mit führenden Politikern in Washington. Medienkritiker William Greider schrieb dazu 1992: »Thomas L. Friedman, der State-Department-Korrespondent der *New York Times*, spielt Tennis mit dem Außenminister. Brit Hume, der ABC-Berichterstatter über das Weiße Haus, spielt Tennis mit dem Präsidenten. Rita Beamish von der Associated Press joggt mit ihm. Der Präsident und seine Ehefrau erscheinen gelegentlich zu ›*media dinner parties*‹ im Haus von Albert R. Hunt, dem Büroleiter des *Wall Street Journal* und dessen Ehefrau Judy

Woodruff von der *MacNeil-Lehrer News Hour*« (der einflußreichsten TV-Nachrichtensendung in den USA) – eine Liste, die sich beliebig fortführen ließe.[67]

Neben freundschaftlichen Kontakten dieser Art stehen der *New York Times* aber noch andere Möglichkeiten zur Verfügung, um auf persönlicher Basis ihre Mitsprache an der offiziellen Politik der USA zu behaupten: Redakteure und Aufsichtsratsmitglieder der New York Times Company haben im höchst einflußreichen Council on Foreign Relations Sitz und Stimme, und Nachwuchskräfte der Zeitung werden im Washington Center for Politics and Journalism, einem 1989 von republikanischen und demokratischen Parteivorsitzenden in Zusammenarbeit mit den führenden Medien des Landes ins Leben gerufenen Schulungszentrum, ausgebildet. Außerdem – und dies ist in diesem Maße einzigartig – tauscht die *New York Times* von Zeit zu Zeit einfach Mitarbeiter mit den Ministerien aus. Durch *revolving doors*, im sogenannten Drehtürverfahren, wechseln hohe Beamte, Reporter, Redakteure und Aufsichtsratsmitglieder ihre Positionen zwischen Regierung und Zeitung, »eine Praxis, in der kein anderes Medienunternehmen der *New York Times* gleichkommt«.[68] Die Unentbehrlichkeit der *New York Times* besonders in Fragen der internationalen Politik hat »eine ganz besondere ›Kaste‹ von austauschbaren ›*Times*-Regierungs-Angestellten‹ geschaffen«, schreibt Russ Braley.[69] Auch James Aronson, William Greider, Martin Lee und Norman Solomon führen ähnliche Beispiele an:

So wechselte Bernard Trainor, der für die Berichterstattung über die amerikanische Armee zuständige Korrespondent der *New York Times*, nach einer vierzigjährigen Karriere bei der Marine 1986 zur Zeitung über. Seine exzellenten Kontakte zum Pentagon machten den Exadmiral für die *New York Times* besonders wertvoll und versorgten die Zeitung mit Informationen und Propaganda aus den Führungsetagen des Verteidigungsministeriums. Ein Beispiel seiner Berichte zu militärischen Brennpunkten sei hier vorgestellt: In einem Artikel, der die Einnahme der sandinistischen Garnison San José de Bocay durch die von den USA unterstützten *Contras* in Nicaragua beschrieb, teilte Trainor mit, »die nicaraguanischen Rebellen verkündeten ihren größten Sieg über die *Sandinistas*«. Der Journalist sprach außerdem von der großen

Sympathie und Unterstützung, die der für die »demokratischen« Ziele kämpfenden Contra-Bewegung bei ihrer Aktion durch die Bevölkerung zuteil geworden seien. Als daraufhin Journalisten anderer Medien den Ort des Geschehens besuchten, stellte sich freilich heraus, daß während des – laut Trainor – »größten Sieges während des sechs Jahre andauernden Krieges« drei Kinder und eine Schwangere getötet, achtzehn Zivilisten verletzt, ein ganzer Stadtteil zerstört und die Militäreinrichtungen kaum beschädigt worden waren. Zudem waren die Bewohner von San José de Bocay alles andere als »der Contra-Bewegung gegenüber freundlich eingestellt«. Später gab Trainor als Quelle seiner ganz offensichtlich falschen Informationen ein Telefonat mit einem ungenannten Militärangestellten in Nicaragua an.

Ein weiteres Beispiel für einen Austausch von Mitarbeitern zwischen der New York Times und dem Militärapparat der Vereinigten Staaten ist William Beecher, der von der Zeitung zum Pentagon wechselte und stellvertretender Verteidigungsminister wurde. Im Anschluß daran arbeitete Beecher für den Boston Globe und war dort, wie nicht anders zu erwarten war, für die Berichterstattung über das Verteidigungsministerium verantwortlich.

Auch Cyrus Vance war schon stellvertretender Verteidigungsminister und Generalstabschef der Armee, bevor er eines der kontaktreichsten Aufsichtsratsmitglieder der New York Times Company wurde. Als Präsident Carters Außenminister wechselte er zurück in den Staatsdienst, um nach dem Ende der Regierungsperiode wieder zur New York Times zurückzukehren. Daß sich in den Spalten der Zeitung während der Ausübung seiner Regierungsfunktionen nie ein kritisches Wort zu Vance fand, sei am Rande erwähnt.

Jack Rosenthal, heute leitender Redakteur der Meinungsseite, war vor seiner Anstellung bei der New York Times ein hochrangiger Beamter im Außenministerium unter der Regierung Johnson. Mit einer ähnlichen Biographie kann auch Rosenthals engster Mitarbeiter Leslie Gelb, heute stellvertretender Redakteur der Meinungsseite und Redakteur der opposite editorial page der New York Times, aufwarten. Gerade die Karriere Gelbs ist ein Paradebeispiel für die »Kaste« dieser interchangeable men, der Austauschfiguren zwischen Regierung und New York Times. Leslie Gelbs Aufstieg im Regierungsapparat begann im Jahre 1976 als

Director of Policy Planning and Arms Control im Verteidigungsministerium, eine Position, in der Gelb u.a. auch für die Zusammenstellung der Pentagon Papers verantwortlich war. Nach einer
anschließenden dreijährigen Tätigkeit in der konservativen For-
schungsstätte Brookings Institute ging Gelb in die Medienbranche
und war von 1973 bis 1977 Korrespondent für Fragen der nationalen Sicherheit bei der *New York Times.* Später wechselte Gelb erneut zur Regierung und arbeitete diesmal im Außenministerium,
wo er als *Director of the Bureau of Politico-Military Affairs* für
Cyrus Vance tätig war. In dieser Position war Gelb u.a. 1978 im
Auftrag der CIA daran beteiligt, die westeuropäische Presse zu einer
positiven Berichterstattung über die Neutronenbombe zu bewegen
– »entweder freiwillig oder gegen Bezahlung«.[70] Das von Gelb persönlich als »Aktion in Erwiderung der sowjetischen Anti-Neutro-
nenbomben-Kampagne« benannte Projekt war erfolgreich[71] und
ist ein gutes Beispiel für die Verfolgung politischer Interessen durch
den Gebrauch journalistischer Mittel. Auf Ersuchen des damaligen
Chefredakteurs A.M. Rosenthal kehrte Gelb 1981 in seine alte
Position als *National Security Correspondent* bei der *New York
Times* zurück. Dort beschäftigte er sich in erster Linie mit Themen,
die ihm aus seiner Zeit im Verteidigungs- und Außenministerium
bestens bekannt waren. 1986 wechselte er dann zur Redaktion der
Meinungsseite der *New York Times.* Gelb arbeitet heute außerdem
als Dozent und Autor und ist darüber hinaus Mitglied im Council
on Foreign Relations.

Aufschlußreich ist auch die Karriere Richard Burts, der 1977 Leslie Gelbs Position bei der *New York Times* übernommen hatte, als
dieser zum Außenministerium gewechselt war. Als Gelb 1981 an
seine alte Stelle bei der Zeitung zurückkehrte, war es wiederum
Burt, der Gelbs Arbeitsplatz, diesmal im State Department, besetzte: »Dieselbe Drehtür, die Gelb zurück zur *Times* gebracht
hatte, schickte nun auch dessen Ersatz, den Korrespondenten für
Fragen der nationalen Sicherheit, Richard Burt, als neuen Nuklear-
Experten der Regierung Reagan in den Staatsdienst.«[72] Im Außenministerium stieg Burt schließlich zum stellvertretenden Minister
auf und wurde später US-Botschafter im wichtigsten westlichen
Bündnispartnerstaat: der Bundesrepublik Deutschland.

Der Austausch von Mitarbeitern zwischen der *New York Times* und den Ministerien wirft zwangsläufig Fragen nach der Distanz und der Objektivität der Zeitung gegenüber der Washingtoner Politik auf, denn eigentlich sollten ihr Mitarbeit an vertraulichen Staatsgeschäften und journalistischer Auftrag als unvereinbar erscheinen. Da der Austausch jedoch von beiden Seiten gefördert wird und Regierung wie Zeitung Vorteile aus dem Wissen und den guten Kontakten dieser *interchangeable men* ziehen, offenbaren sich hier die gemeinsamen Werte und Ziele beider Partner: Regierung und *New York Times* sind gleichermaßen an der Aufrechterhaltung des Status quo und der politischen Führungsrolle der USA interessiert, ein Konflikt der Austauschfiguren scheint also unwahrscheinlich. In bezug auf die Auslandsberichterstattung der *New York Times* schreiben Martin Lee und Norman Solomon: »Der rege Austausch von Mitarbeitern zwischen Presse und Regierung sollte weder als Teil einer zur Manipulation der Nachrichten geplanten Verschwörung gesehen werden noch als Beweis dafür dienen, daß Reporter ihre ›Marschbefehle‹ direkt aus der Hand hoher Politiker bekommen. Denn dies ist normalerweise auch nicht nötig, wenn beide Seiten – bezüglich der Rolle Amerikas in der Welt – sowieso ein und derselben Meinung sind.«[73]

6

Der Öffentlichkeit weitgehend unbekannt sind auch die langjährigen Beziehungen der *New York Times* zur Central Intelligence Agency, kurz CIA, dem amerikanischen Geheimdienst. In diesem Zusammenhang veröffentlichte am 27. Oktober 1977 die politisch engagierte Jugendzeitschrift *Rolling Stone* einen Artikel von Carl Bernstein, einem der ehemaligen *Washington Post*-Reporter, die für die Aufdeckung des Watergate Skandals verantwortlich waren. Der Artikel sorgte besonders bei der *New York Times* für helle Aufregung. Bernsteins Reportage mit dem Titel »Die CIA und die Medien« beschäftigte sich vor allem mit den Beziehungen zwischen der etablierten Presse und dem amerikanischen Geheimdienst und förderte eine Flut bisher unveröffentlichter Informationen – gerade über die *New York Times* – zutage. So wurde zum Beispiel bekannt, daß die CIA weltweit bis zu fünfzig verschiedene Tageszeitungen, Zeitschriften, aber auch Radiostationen und Nachrichtendienste unterhielt, die unter landesüblichen Decknamen zu Propagandazwecken genutzt wurden. Spektakulär war auch die Enthüllung, daß renommierte Verlage in den USA von der CIA erarbeitete Aufsätze und Bücher publizierten, obwohl bekannt war, daß es sich dabei um reines Propagandamaterial des Geheimdienstes handelte. Im Rahmen dieses Buches von Bedeutung sind vor allem Bernsteins Informationen über die Direktkontakte zwischen den wichtigsten amerikanischen Zeitungen und dem Geheimdienst. So stellte sich heraus, daß CIA-Mitarbeiter als »Journalisten« in Medienkonzerne eingeschleust wurden, um dort ungehindert Propagandamaterial veröffentlichen zu können. Außerdem hatten mehr als einhundert amerikanische Journalisten aus den unterschiedlichsten Medienbereichen Arbeits- und Honorarverträge mit dem Geheimdienst, und unzählige weitere Medienbeschäftigte stellten ihr Wissen und ihre Kontakte der CIA sogar freiwillig zur Verfügung. Besonders die Auslandskorrespondenten, denen durch ihren jahrelangen Aufenthalt im Gastland Quellen in Regierung, Militär und Wissenschaft zugänglich waren, eigneten sich auf geradezu ideale Art und Weise zur Zusammenarbeit. Bernstein beschreibt eine mögliche Kontaktaufnahme: Während eines ersten Gespräches, vielleicht bei einer Cocktailparty oder einem gemeinsamen Mittagessen, lernen sich CIA-Agent und der ausgewählte Journalist, zum Beispiel der Korrespondent einer amerikanischen Zeitung in Wien, kennen. Letzterer erwähnt dann ein zufälliges Zusammentreffen mit dem Sekretär etwa des tschechischen Botschafters. Der CIA-Mitarbeiter, zu diesem Zeitpunkt an Informationen aus der tschechischen Botschaft interessiert, erwidert darauf: »Könnten Sie den Sekretär vielleicht besser kennenlernen? Und, falls dies möglich wäre, könnten Sie ihn näher beschreiben? Könnten Sie ihn dann vielleicht mit uns in Kontakt bringen – wäre es Ihnen recht, dazu Ihre Wohnung zu benutzen?«[74] Als Gegenleistung sorgt der Agent für gewisse Vergünstigungen: kostenlose Flugtickets, Konzertkarten, Einladungen und ähnliches. Erweist sich der erste Kontakt zwischen Korrespondent und CIA schließlich als fruchtbar, kann die so begonnene lockere Zusammenarbeit eine konkretere Gestalt annehmen: »Noch einige weitere Einladungen zum Essen und weitere kleine Gefälligkeiten – erst dann wird die Idee eines offiziellen Engagements geäußert.«[75]

Der zuverlässigste Partner des Geheimdienstes war – zumindest für die fünfziger und sechziger Jahre konkret nachweisbar – die *New York Times*. Dies bestätigte Bernstein 1977, aber auch Lee und Solomon schrieben 1990: »Das größte Kapital der CIA im Bereich der Printmedien waren ihre Kontakte zur *New York Times*, die während des Kalten Krieges für Pressereferenzen und Tarnung für mehr als ein Dutzend der wichtigsten CIA-Manöver sorgte.«[76] Schon in den fünfziger Jahren besaß die Zeitung bedeutend mehr Korrespondenten und Kontakte im Ausland als alle anderen amerikanischen Medien und war damit als Informant ausgesprochen wertvoll. Der gute Ruf der *New York Times* schützte darüber hinaus vor Verdächtigungen. Außerdem waren die persönlichen Kontakte zwischen den Führungsetagen beider Institutionen eng und freundschaftlich. Arthur Hays Sulzberger, Verleger der *New York Times* von 1935 bis 1961 und Vater von »Punch« Sulzberger, war ein guter Bekannter von Allen Dulles, der zu Beginn des Kalten Krieges 1953 zum Direktor der CIA ernannt wurde. Eines der wichtigsten Ziele von Dulles war es, die Kooperation seiner Organisation mit den Medien zu intensivieren, u. a. durch den Aufbau eines »›Rekrutierungs- und Deckungspotentials‹ innerhalb der angesehensten amerikanischen Institutionen im journalistischen Bereich«.[77] Der gemeinsame Kampf gegen die »weltweite Ausbreitung des Kommunismus« einte den Chef der CIA mit den Vorständen der Medienkonzerne und besonders mit seinem Freund Sulzberger. Laut Bernstein schloß der Verleger der *New York Times* ein Abkommen mit Dulles, das die vertrauliche Zusammenarbeit beider Institutionen sicherte und den Weg für einen Informations- und Personalaustausch ebnete. Sulzberger informierte daraufhin »eine Gruppe ausgewählter Reporter und Redakteure über die von ihm aufgestellten Grundsätze zur Kooperation mit der CIA«.[78] Bernstein fügt hinzu, daß – wie von Dulles geplant – im Zeitraum von 1953 bis 1966 mindestens zehn CIA-Agenten unter dem Deckmantel der Zeitung im Ausland operierten.

Auch mit Dulles' Nachfolger John A. McCone unterhielt die *New York Times* enge Kontakte. So ist belegt, daß sich Verleger Arthur Hays Sulzberger und McCone bei der Berichterstattung zu politisch wichtigen Themen berieten: Reportagen und Kommentare der *New York Times* wurden dem Chef des Geheimdienstes zur

Begutachtung vorgelegt, und »McCone entfernte bestimmte Text-stellen, bevor die Artikel in Druck gingen«.[79] Auch als ein Journa-listenteam der *New York Times* 1965 aus eigenem Antrieb heraus die Veröffentlichung einer Serie über Geschichte, Aufgaben und Ziele der CIA plante, wurde McCone eingeschaltet. Nachdem die Arbeit an der Serie in Washington bekanntgeworden war, meldete sich Staatssekretär Dean Rusk bei Verleger Sulzberger und bat, äu-ßerste Vorsicht bei der Berichterstattung über den Geheimdienst walten zu lassen. Der damalige Chefredakteur der Zeitung, Turner Catledge, enthüllte später, Rusk habe zwar nicht direkt vorgeschla-gen, die gesamte Serie zu stoppen, habe aber darauf hingewiesen, daß eine Publikation bestimmter Informationen die weltweiten Operationen des Geheimdienstes in Gefahr bringen könnte. Cat-ledges eigene Sicht der Situation: »Ich hatte das Gefühl, daß Rusk eher besorgt darüber war, er selbst könne noch einiges über den Geheimdienst dazulernen, wenn wir alles drucken würden, was wir über die CIA wissen.«[80] Staatssekretär, Verleger und Chefre-dakteur einigten sich schließlich darauf, daß die CIA-Serie der *New York Times* vor der Drucklegung in Zusammenarbeit mit John McCone noch einmal Satz für Satz überarbeitet werden sollte. Nach getaner Arbeit übermittelte Catledge ein Memoran-dum an Sulzberger, das den Erfolg der Kooperation mit den Wor-ten pries: »Jeder von Mr. McCone angesprochene Punkt wurde sorgfältig überdacht, und in nahezu allen Fällen wurden die von ihm vorgeschlagenen Änderungen durchgeführt.«[81]

Neben der Kooperation mit Reportern und Korrespondenten war es Ziel der CIA, auch Mitarbeiter der Meinungsseiten der Zei-tungen anzuwerben. Bernstein spricht dabei von einem guten Dut-zend bekannter und vielgelesener Kolumnisten und Kommenta-toren, die den Zielen des Geheimdienstes nahestanden: »Diese werden von der CIA als *known assets* bezeichnet und sind äußerst verläßlich in ihrer Unterstützung der unterschiedlichsten gehei-men Operationen.«[82] Einer der engagiertesten Mitarbeiter des ame-rikanischen Geheimdienstes war Cyrus L. Sulzberger, der Neffe des Verlegers, Kommentator der *New York Times* zu außenpoliti-schen Themen und verantwortlich für alle Auslandskorresponden-ten der Zeitung. »Cy« Sulzberger hatte schon mit Frank Wisner, dem *Head of Operations* der CIA, und Richard Helms, dem späteren Direktor des Geheimdienstes, die Schulbank gedrückt, und diese persönlichen Freundschaften führten besonders in den fünfziger und sechziger Jahren zu einer gut funktionierenden Zusammenarbeit zwischen der CIA und der Redaktion der Meinungsseite der *New York Times*. Sulzberger stellte seine Kontakte im Ausland zur Verfügung und übernahm gleichzeitig Informationen, die aus der Propagandamaschinerie des Geheimdienstes stammten. Gelegentlich veröffentlichte er dieses Material ohne jegliche Änderungen unter eigenem Namen in den Kolumnen der Zeitung. Ein hoher CIA-Angestellter bestätigte Bernstein 1977: »Cyrus Sulzberger war sehr engagiert und arbeitete ausgesprochen gern mit uns zusammen.«[83] Am Fall Sulzberger, dessen Aktivitäten von seinem einflußreichen Onkel gedeckt wurden, zeigt sich, daß die wichtigsten amerikanischen Medien in den fünfziger, sechziger und frühen siebziger Jahren auf einer durchaus freiwilligen Basis die Ziele des Geheimdienstes unterstützten: »Ganz im Gegensatz zu der Annahme, die CIA habe die US-Journalistengemeinde heimtückisch unterwandert, gibt es reichlich Beweise dafür«, so Bernstein, »daß es Amerikas führende Verleger und Medienmanager durchaus billigten, daß sie selbst und mit ihnen ihre Unternehmen zu Handlangern des Geheimdienstes wurden.«[84]

Nach der Veröffentlichung von Bernsteins Artikel und der Offenlegung von konkreten Fakten über die Zusammenarbeit von CIA und Medien sah sich die besonders stark belastete *New York Times* zu einer Stellungnahme gezwungen. Der *Rolling-Stone*-Bericht hatte zu viel Aufsehen erregt, und zu viele Fakten waren an die Öffentlichkeit gedrungen, als daß die Angelegenheit ignoriert werden konnte. Chefredakteur A. M. Rosenthal entschloß sich deshalb zu einer werbewirksamen Selbstanalyse der Zeitung. »Ich konnte nicht einfach darüber hinweggehen«, so Rosenthal. »Es gab schon zu viele Berichte. Die *Times* mußte nun mit einer eigenen Untersuchung beginnen.«[85] Schon im Dezember 1977, also weniger als zwei Monate nach der Veröffentlichung von Bernsteins Reportage, erschien eine dreiteilige Serie von *New-York-Times*-Reporter John M. Crewdson, die die Kontakte der Zeitung zur CIA aus der Sicht des Unternehmens analysierte. Zwar bestätigte Crewdson Bernsteins Vorwürfe, versuchte jedoch gleichzeitig, die enge Zusammenarbeit zwischen *New York Times* und CIA mit der politischen

Situation der fünfziger und sechziger Jahre zu rechtfertigen. In den Worten des Medienwissenschaftlers James Aronson: »Indem die *Times* nun ihrerseits bekanntgab, sie sei der Manipulation durch die CIA ausgesetzt gewesen (das Wort ›Partnerschaft‹ hätte dabei den Sachverhalt allerdings treffender beschrieben), versuchte sie, die enge Kooperation der Journalisten zum Geheimdienst herunterzuspielen.«[86] Journalisten und CIA-Mitarbeiter, so Crewdson, hätten in der Anfangszeit des Kalten Krieges mit seinen Konflikten in Korea, Kuba und Vietnam ihre Zusammenarbeit mit der CIA als gemeinsame Aufgabe im Interesse der Nation angesehen, und ihr Verhalten müsse dementsprechend entschuldigt werden. »Es müßte doch mehr als verständlich sein«, so Crewdson weiter, »daß die Journalisten genau das taten, was sie aus damaliger Sicht als die natürlichste Sache der Welt ansahen: gemeinsam gegen den Kommunismus zu kämpfen.«[87] Tatsächlich war Rosenthal mit Crewdsons Arbeit voll und ganz zufrieden. So schien die CIA-Vergangenheit der *New York Times* nun in aller Öffentlichkeit aufgearbeitet worden zu sein, und die Zeitung hatte darüber hinaus ihre guten Absichten dokumentiert. Rosenthals abschließenden Kommentar zu Crewdsons Artikel und der ganzen von Bernstein aufgerührten Angelegenheit hält Harrison Salisbury fest: »Ich denke, wir haben alles seit dem Zweiten Weltkrieg Wichtige behandelt, und außerdem – und das ist das Allerwichtigste – haben wir unser tiefes journalistisches Verantwortungsbewußtsein unter Beweis gestellt.«[88] Fragen nach dem aktuellen Stand der Beziehungen zwischen *New York Times* und der CIA wurden in Crewdsons Analyse jedoch nicht aufgeworfen. Über die heutige Art und Weise der Kooperation und mögliche Absprachen bei der Berichterstattung zu politisch brisanten Themen lassen sich so nur Vermutungen anstellen.

Nachdem erste Informationen über ihre Kooperation mit den Medien in der Öffentlichkeit bekanntgeworden waren, bemühte sich die CIA schon ab 1973 um die Verschiebung der bestehenden Kontaktebenen. William Colby, Direktor des Geheimdienstes von 1973 bis 1976 – von Bernstein als »einer der schlauesten Taktiker in der Geschichte der CIA« beschrieben[89] –, versuchte, durch öffentlichkeitswirksame Reden und Presseverlautbarungen den Eindruck zu erwecken, als seien die Kontakte des Geheimdienstes zu den Medien für dessen Arbeit nur von geringer Bedeutung gewesen. Genau deshalb sei die Zusammenarbeit mit Reportern, Redakteuren und Verlegern schon vor ihrem Bekanntwerden in der Öffentlichkeit aufgegeben worden. Bernstein hingegen schreibt über Colbys Manöver: »In Wahrheit hatte Colby einen Deckmantel über seine wichtigsten Mitarbeiter innerhalb der Journalistengemeinde gelegt. Er befahl seinen Stellvertretern, die festen Kontakte zu den wichtigsten Journalisten aufrechtzuerhalten, gleichzeitig aber die offiziellen Beziehungen zu weniger wichtigen Mitarbeitern zu beenden.«[90] Für das Jahr 1976 läßt sich festhalten, daß schätzungsweise noch zwischen fünfundsiebzig und neunzig Journalisten für die CIA arbeiteten oder ihr zuarbeiteten und daß mindestens fünfzehn Unternehmen aus der US-Medienbranche die Aktivitäten des amerikanischen Geheimdienstes deckten.

William Colbys Nachfolger, der spätere Präsident George Bush, sorgte schließlich dafür, daß sich die Zusammenarbeit zwischen CIA und Medien kaum noch nachweisen ließ. Die nach 1976 noch bestehenden Verträge mit Journalisten wurden gekündigt und durch lockerere Kooperationen ersetzt. Schließlich hatte Bush dem Beschluß, die offiziellen Verbindungen mit »Vertrauten« im Medienbereich abzubrechen, noch vieldeutig hinzugefügt, daß die CIA auch weiterhin »eine freiwillige und unbezahlte Mitarbeit der Journalisten begrüßen würde«.[91] Bernstein schreibt: »Somit war das Fortbestehen der meisten Kontakte gesichert.«[92]

In der Tat waren die Früchte der von Bernstein dokumentierten jahrzehntelangen Zusammenarbeit zwischen der CIA und den Medien äußerst zahlreich. Informationsaustausch und Manipulation der Berichterstattung fanden in unzähligen Fällen zu den unterschiedlichsten Themen statt. So berichteten amerikanische Zeitungen zum Beispiel über sowjetische Atomtests, die nie stattgefunden hatten, oder veröffentlichten Bekenntnisse und Tagebücher von Dissidenten aus dem Sowjetreich, die in Wahrheit aus den CIA-Werkstätten stammten. Gelegentlich wanderten auch Nachrichten, die die CIA mit Kalkül im Ausland in Umlauf gebracht hatte, auf die Titelseiten der einheimischen Zeitungen zurück. Schilderungen von Morden und Vergewaltigungen durch kubanische Soldaten in Angola beispielsweise wurden, wie Michael Parenti erwähnt, von den großen amerikanischen Nachrichtendiensten Associated Press und United Press International aufgegriffen und als sogenanntes *blowback* zurück in die USA befördert. Der gute Kontakt der CIA zu den Führungsspitzen der Medienunternehmen wird aber gerade in den Fällen besonders deutlich, in welchen in der Vergangenheit unliebsame Reporter an der Durchführung ihrer Arbeit gehindert wurden. Die Ereignisse um die *New-York-Times*-Korrespondenten Herbert Matthews, Sidney Gruson und Raymond Bonner mögen hierfür als Beispiele dienen. Matthews, der in den fünfziger Jahren über Fidel Castros Sozialisierungspläne berichtete, wurde nach dessen Machtübernahme 1959 aus Kuba abberufen, da seine engagierten Reportagen nicht mit dem in den USA entworfenen negativen Bild von Castros Kuba übereinstimmten.[93] Gruson ereilte ein ähnliches Schicksal. Michael Parenti schreibt: »Der Geheimdienst brachte die *New York Times* dazu, Sidney Gruson von der Recherche über den von der CIA initiierten Sturz der demokratischen Regierung in Guatemala abzuziehen, da er kurz davor gestanden hatte, das Komplott der US-Regierung aufzudecken.«[94] Der Fall Bonner soll hier ausführlicher beschrieben werden:

Raymond Bonner, der als freischaffender Journalist in Mittel- und Südamerika für verschiedene Zeitungen schrieb, wurde 1981 als Korrespondent der *New York Times* in El Salvador angestellt. Dies erwies sich aus der Sicht der *New York Times* im nachhinein als Fehlentscheidung, da Bonner das Vorgehen der salvadorianischen Regierung anders wertete, als vom Weißen Haus verlangt. Präsident Reagan, der seit geraumer Zeit dem diktatorischen Regime El Salvadors mit Militär- und Finanzhilfe unter die Arme griff, war daran gelegen, El Salvador als aufstrebende Demokratie und »Insel des Friedens« im »vom Kommunismus geplagten« Mittelamerika vor der amerikanischen Öffentlichkeit und dem Kongreß zu porträtieren. Dies war allein deshalb notwendig, weil die Zustimmung des Kongresses für weitere finanzielle Unterstützung der Militärjunta vom Inhalt eines halbjährlichen Berichtes über die Menschenrechtssituation im Land abhing. Am 27. Januar 1982 erschien, für den amerikanischen Präsidenten völlig unerwartet, ein Artikel von Raymond Bonner in der *New York Times*, der über ein Massaker des salvadorianischen Militärs an der Zivilbevölkerung in der Provinz Morazán berichtete. Bonner, der die Provinz besucht hatte und vom Tod von etwa eintausend Personen sprach, führte damit Beweise für das menschenverachtende Vorgehen des Militärregimes an. Parallel dazu veröffentlichte die Journalistin Alma Guillermoprieto einen Bericht mit gleicher Information in der *Washington Post*. Die Artikel erschienen einen Tag vor Präsident Reagans bevorstehender halbjährlicher Stellungnahme zur Situation der Menschenrechte in El Salvador.

Trotz Bonners und Guillermoprietos Informationen erklärte Reagan den Kongreßabgeordneten am 28. Januar 1982, daß die Regierung in El Salvador im vergangenen Halbjahr immense Fortschritte in bezug auf die Einhaltung der Menschenrechte im Land gemacht habe,[95] und behauptete damit das genau Gegenteil von dem, was in den beiden einflußreichsten Zeitungen der USA zu lesen war. Die Konsequenz: Der Kongreß verzögerte die Freigabe der von Reagan geforderten Finanzhilfe von einhundert Millionen Dollar an die salvadorianische Junta. Die beiden Zeitungen hatten somit sozusagen unfreiwillig das politische Klima gegenüber dem Engagement des Präsidenten in Mittelamerika verändert, und ihre Berichterstattung erreichte, »daß sich nun auch die übrige Presse frei genug fühlte, ihrerseits Informationen zu veröffentlichen, die nicht in Einklang mit der offiziellen Version der amerikanischen Regierung standen«.[96]

Als Antwort darauf setzten konservative Kräfte innerhalb und außerhalb der Regierung sowohl die Verantwortlichen bei der *New York Times* und *Washington Post* als auch die beiden Korrespondenten unter Druck. Ziel der Kampagne war es, zum einen den Ruf Bonners und Guillermoprietos zu beschädigen und zum anderen die Öffentlichkeit davon zu überzeugen, daß das Morazán-Massaker schlicht eine Erfindung zweier einfältiger Journalisten war, die auf die falschen Aussagen oppositioneller Bauern hereingefallen waren. Das konservative *Wall Street Journal* etwa befand beide Reporter für »außerordentlich leichtgläubig«. Auch die amerikanische Botschaft in San Salvador widersprach den Berichten Bonners und Guillermoprietos und gab bekannt, »keinen Hinweis« auf ein Massaker gefunden zu haben.[97] Parallel dazu entzog der US-Botschafter Raymond Bonner jegliche Unterstützung im Falle seines weiteren Verbleibens in El Salvador. Ein wesentlicher Teil der Attacke gegen Bonner wurde übrigens von der rechtsgerichteten Lobbyisten-Gruppe Accuracy in Media, kurz AIM, gesteuert (eine detaillierte Beschreibung der Arbeit von AIM folgt am Ende dieses Kapitels), die als Reaktion auf die Artikel Bonners und Guillermoprietos Politiker und Medien im ganzen Land mit einer Flut von Beschwerdebriefen und Pressemitteilungen überschwemmte.

Bonners Arbeit wurde von nun an genau kontrolliert, und sein vorgesetzter Redakteur in New York soll, nach Bonners eigenen Angaben, ihm gegenüber bemerkt haben: »Von nun an müssen wir ganz besonders vorsichtig sein, wenn ein Artikel mit Ihrem Namen gezeichnet ist.«[98] Die Berichterstattung aus El Salvador veränderte sich dementsprechend. Nur zwei Monate nach dem Massaker in Morazán wurden die ersten »freien und demokratischen« Wahlen in El Salvador in der amerikanischen Presse zu einem der größten Erfolge von Reagans Außenpolitik hochstilisiert. Als Bonner es schließlich wagte, Berichte über Fälle eindeutigen Wahlbetruges an die Zentrale der *New York Times* zu schicken, wurde er umgehend aus Mittelamerika abberufen und angewiesen, seine Arbeit für die *New York Times* unter Aufsicht im Wirtschaftsressort der Zeitung in New York weiterzuführen. Bonner kündigte kurz darauf, gab allerdings zuvor noch öffentlich bekannt, sein Fall sei »eine deutliche Abschreckung für unzählige andere Reporter« gewesen, die sich ihm gegenüber etwa mit den Worten geäußert hätten: »Mann, ich möchte wirklich nicht, daß mir so etwas passiert – in Zukunft werde ich bei meinen Reportagen vorsichtiger sein.«[99] Nachdem die *New York Times* aufgehört hatte, über die Vorgänge in El Salvador zu berichten, spielte das Land auch in den übrigen Medien keine Rolle mehr – »El Salvador war«, so Mark Hertsgaard, »aus den Nachrichten der amerikanischen Presse wie weggewischt.«[100] Erst zehn Jahre später bestätigte eine im Auftrag der Vereinten Nationen durchgeführte Untersuchung die Berichte Bonners und Guillermoprietos. Am Schauplatz des Morazán-Massakers entdeckte die UN-Kommission mehrere Massengräber und förderte Hunderte von Skeletten, darunter die Überreste zahlreicher Kleinkinder, zutage.[101]

Die plötzliche Abberufung des Korrespondenten der *New York Times* aus El Salvador 1983 hatte allerdings die Fragen nach den tatsächlichen Gründen für diese Entscheidung unbeantwortet gelassen. A. M. Rosenthal, der damalige Chefredakteur der Zeitung, bestritt in einem späteren Interview jegliche politische Motivation für diese Entscheidung. Es sei nur geplant gewesen, so Rosenthal, Bonner in der Zentrale der *New York Times* in New York weiter auszubilden, um ihn so für die Zeitung noch wertvoller zu machen: »Bonner brauchte einfach ein besseres Training, um zu einem so hochkarätigen Auslandskorrespondenten zu werden, wie ihn sich die *New York Times* wünscht.«[102] Als bekannt wurde, daß sich Rosenthal kurz vor Bonners Versetzung mit dem amerikanischen Botschafter Hinton in San Salvador getroffen hatte und dieser bei dieser Gelegenheit die Arbeit des Korrespondenten der *New York Times* scharf kritisierte, soll Rosenthal vehement bestritten haben, daß Bonners Name bei dem Gespräch überhaupt gefallen sei.

Aus heutiger Sicht könnte die Affäre um Raymond Bonner folgendermaßen analysiert werden: Als nach der Wahl Ronald Reagans zum Präsidenten 1981 El Salvador plötzlich in den Mittelpunkt des politischen und damit auch des öffentlichen Interesses rückte, stellte die *New York Times* aus Mangel an erfahrenen Korrespondenten in Südamerika kurz entschlossen den jungen Journalisten Bonner ein. So unter Zeitdruck geraten, versagte in diesem Fall das unter Rosenthal perfektionierte Auswahlverfahren von Mitarbeitern. In El Salvador, so Hertsgaard, »fand sich die *New York Times* plötzlich in der Situation, einen unbekannten Neuling auf politisch hochsensiblem Terrain zu beschäftigen«.[103] Bonners Bericht über das Morazán-Massaker konnte dann auch noch wohl aus Unachtsamkeit des zuständigen Redakteurs die Filter des Nachrichtenressorts passieren und brachte die Zeitung in eine peinliche Konfliktsituation. Hertsgaard resümiert: »Die Affäre um Raymond Bonner stellt eine wichtige Episode in der Geschichte der *New York Times* dar und führt automatisch zur der Frage, wie politisch unabhängig die Zeitung wirklich ist und wem ihre Loyalität tatsächlich gilt.«[104] Ob die endgültige Entscheidung gegen Bonner nun im Außenministerium, bei der CIA oder allein in der Führungsetage der *New York Times* getroffen wurde, bleibt unklar. Festzustehen scheint, daß A. M. Rosenthal wie auch US-Botschafter Hinton an Bonners Versetzung sehr interessiert waren. Belegt ist darüber hinaus die Tatsache, daß die CIA im gleichen Zeitraum an der Kontrolle der politischen Vorgänge in El Salvador mitwirkte. Noch 1984 lud die CIA europäische und südamerikanische Journalisten ein, um – natürlich aus der Sicht des Geheimdienstes – über die Lage im Land zu berichten. Außerdem gilt als bewiesen, daß die CIA Propagandamaterial über El Salvador an Accuracy in Media übermittelte, die Lobbyisten-Gruppe, die ganz wesentlich an der Kampagne gegen Bonner beteiligt war.[105] Wenn auch, wie vorher beschrieben, Journalisten der *New York Times* seit den siebziger Jahren nicht mehr per Vertrag an die CIA gebunden waren, so zeigt das Beispiel El Salvador doch, daß gegenseitige Beeinflussung und Kooperation beider Institutionen auf anderen Ebenen weiterwirkten. In diesem Zusammenhang interessant war eine kurze Notiz in der *International Herald Tribune*, die im Februar 1996 berichtete, die CIA habe auch während der vergangenen zwei Jahrzehnte amerikanische Journalisten, im besonderen Auslandskorrespondenten, und Unternehmen im Medienbereich dazu benutzt, geheime Operationen durchzuführen und zu decken – Angaben, die selbst vom Sprecher des Geheimdienstes, Mark Mansfield, bestätigt wurden. Die Zeitung fügte dem hinzu: »Aus wohlinformierten Quellen ist außerdem bekannt, daß die CIA auch weiterhin auf der Suche nach Journalisten ist, die zu einer engen Zusammenarbeit bereit sind.«[106]

7

Die große Bedeutung der *New York Times* für die politischen Machtzentren in Washington erklärt sich unter anderem auch durch ihre unumstrittene nationale Führungsrolle im Bereich der Auslandsberichterstattung. Tatsächlich kann heute im Gegensatz zur Situation in den vergangenen Jahrzehnten nur bei wenigen US-Zeitungen von einer eigenständigen Auslandsberichterstattung gesprochen werden. Neben der *New York Times* sind lediglich die *Washington Post*, die *Los Angeles Times* (für den pazifischen Raum), der *Miami Herald* (für den südamerikanischen Raum) und das *Wall Street Journal* (für die wirtschaftspolitische Berichterstattung) von Bedeutung. Der *Christian Science Monitor* aus Boston mit seiner oft gelobten Auslandsberichterstattung stellt infolge der geringen Auflagenzahl keine ernstzunehmende Konkurrenz für die oben genannten Blätter dar. Erwähnt werden müssen außerdem

Verflechtung der Medienkonzerne mit der Wirtschaft war in den siebziger und achtziger Jahren eine verstärkte Kommerzialisierung der Presse zu beobachten. Sogenannte *human interest stories* und die neuen *life-style sections*, dem Geschmack einer möglichst großen Lesergruppe angepaßt, begannen die Zeitungsspalten zu füllen. Wie wir im vorangegangenen Kapitel sahen, folgte auch die *New York Times* dieser Entwicklung. Gekürzt wurde dagegen in den Auslandsressorts. Zum einen galt der Unterhalt von Korrespondenten als sehr kostspielig – der Einkauf von Nachrichten bei Agenturen erwies sich als wesentlich günstiger –, und zum anderen wurde davon ausgegangen, daß die amerikanische Öffentlichkeit im allgemeinen weniger an Informationen aus dem Ausland interessiert sei. Dementsprechend, so die einfache Erklärung der Verantwortlichen, sei das Angebot der Nachfrage angepaßt worden.

Als Resultat dieser Entwicklungen präsentiert sich die Auslandsberichterstattung in den USA als mangelhaft. In Qualität und Quantität entsprechen die internationalen Nachrichten amerikanischer Zeitungen, selbst die der *New York Times*, nicht dem Niveau vergleichbarer europäischer Blätter. Stellvertretend für unzählige Autoren, die sich in der Vergangenheit über diesen Mißstand äußerten, mögen an dieser Stelle Barry Rubin und Walter Laqueur zu Wort kommen. »Ich glaube, es wird mir niemand darin widersprechen, daß die führenden europäischen Zeitungen eine Auslandsberichterstattung liefern, die systematischer ist und sich auf einem weit höheren und kompetenteren Niveau bewegt als die der amerikanischen Presse. Gerade die Kommentare und Leitartikel der US-Zeitungen bringen oft sehr stark Meinungen zum Ausdruck und tendieren zu einem höchst belehrenden Ton. Dies ist natürlich das Vorrecht einer freien Presse, doch solange eben diese Meinungen nicht durch Fakten und ein fundiertes Wissen über die politischen Vorgänge im Ausland abgesichert sind, bleiben sie zwangsläufig oberflächlich und versagen in ihrer Anklage«, mahnt beispielsweise Rubin.[113] Auch Laqueur beschreibt mit ähnlich direkten Worten die Qualität der Berichterstattung amerikanischer Zeitungen zu ausländischen Themen: Das schlimmste sei nicht, »daß sie mit Sicherheit weniger gut ist als in den meisten anderen Ländern mit einer freien Presse, sondern daß scheinbar niemand über den eigentlichen Zustand der Auslandsberichterstattung informiert ist. (...) Das Niveau der Auslandsberichterstattung wird sich kaum verbessern, wenn Selbstbeweihräucherung nicht der Fähigkeit zur Selbstkritik weicht.«[114] Der daraus resultierende Informationsmangel, so Laqueur weiter, führe außerdem dazu, daß nicht nur die Öffentlichkeit kaum noch in der Lage sei, die Entwicklung internationaler Ereignisse zu verfolgen, selbst Führungskräfte aus Politik und Wirtschaft seien am Ende durch den schlechten Informationsfluß in ihrem Weitblick und in ihrer Entscheidungsfähigkeit eingeschränkt: »Die Vernachlässigung der Auslandsnachrichten und die schlechte Qualität der Kommentare hat durchaus auch politische Konsequenzen – das amerikanische Volk ist im großen und ganzen weniger über ausländische Themen informiert als die Öffentlichkeit in anderen Ländern, ein Mangel, der auch auf den Wissensstand der politischen Elite zutrifft.«[115]

Einige ausgewählte und in der wissenschaftlichen Literatur der USA bereits kommentierte Beispiele aus der Berichterstattung der *New York Times* über die Bundesrepublik Deutschland sollen hier die am häufigsten geäußerten Vorwürfe gegenüber der Präsentation der Auslandsnachrichten amerikanischer Medien demonstrieren. Obwohl Deutschland in den Nachrichten der *New York Times* eine Sonderrolle einnimmt und die Zeitung ein besonders kritisches Auge auf die Vorgänge in diesem Land wirft – »die Vergangenheit wirft in Deutschland längere Schatten als anderswo«[116] –, kann die Berichterstattung der vergangenen Jahrzehnte doch als typisch für die zum Teil mangelhafte journalistische Verarbeitung internationaler Themen angesehen werden.

Einer der wesentlichen Kritikpunkte an der Auslandsberichterstattung ist beispielsweise die fehlende Kontinuität in der Beobachtung von politischen, wirtschaftlichen oder sozialen Prozessen sowie der Mangel an Hintergrundinformationen. Die Nachrichten amerikanischer Medien zu außenpolitischen Themen behandeln dementsprechend meist nur wenige, klar definierbare Eckpunkte langfristiger Veränderungen. Diese wenigen durch die Presse herausgegriffenen Ereignisse, wie zum Beispiel Wahlen, Streiks oder Demonstrationen, könnten vom interessierten Leser allerdings nur durch die Beschreibung und Erläuterung ihres Kontextes wirklich verstanden werden, Informationen, die für gewöhnlich fehlen.

Phil Foisie, 1974 stellvertretender Chefredakteur der *Washing-*

ton Post, sagte dazu: »Wir sind über den Fortgang politischer Entwicklungen im Ausland sehr viel öfter überrascht, als dies nötig wäre. Prozesse, die sich über einen längeren Zeitraum erstrecken, werden in den Zeitungen nur unzureichend dargestellt.«[117] Als dafür beispielhaft beschrieb das New Yorker Institute for Media Analysis im Sommer 1990, also einige Monate vor der Vereinigung der Bundesrepublik Deutschland und der Deutschen Demokratischen Republik, die Berichterstattung der *New York Times* zur Zusammenführung der Währungssysteme beider Staaten beziehungsweise zur Einführung der freien Marktwirtschaft im Osten Deutschlands.[118] Während Serge Schmemann, 1987 bis 1991 Korrespondent der *New York Times* in Bonn, von der allgemeinen Begeisterung in beiden Ländern und vom großartigen Triumph »westlicher Werte« berichtete, blieben die mit diesem Manöver verbundenen großen politischen, wirtschaftlichen und sozialen Unsicherheiten sowie die berechtigten Zukunftsängste großer Teile der Bevölkerung unerwähnt. Schmemanns Artikel »Die Währungsunion Deutschlands: Ein Traum geht in Erfüllung« auf der Titelseite der *New York Times* ignorierte demnach nicht nur den zu erwartenden totalen Zusammenbruch der ostdeutschen Wirtschaft und die damit verbundene Massenarbeitslosigkeit, sondern auch den konkreten Werte- und Selbstwertverlust eines großen Teils der Bewohner der Deutschen Demokratischen Republik. Die Folge, so schließt der Bericht des Institute for Media Analysis, war nicht nur eine Irreführung der amerikanischen Öffentlichkeit, sondern »die Leser der *Times* reagierten höchstwahrscheinlich sehr überrascht über die sich im August und September anschließenden Reportagen aus Berlin über massive Proteste und Demonstrationen der deutschen Bevölkerung gegen ihre Regierung«.[119]

Leistungsdruck und Konkurrenz der Auslandskorrespondenten um Auswahl und Plazierung der an die Zentrale gelieferten Reportagen führen zur weiteren Simplifizierung internationaler Nachrichten. Die Berichte der Korrespondenten werden meist nur dann von der Heimatredaktion für eine vorteilhafte Positionierung in der Zeitung ausgewählt, wenn sie, oft durch das Hervorheben sensationeller Elemente, dazu geeignet sind, einen möglichst großen Leserkreis anzusprechen, und wenn sie in das übliche Schema internationaler Nachrichten passen, wie etwa – und dies war besonders typisch für die Berichterstattung unter den Präsidentschaften Reagans und Bushs – »den Kampf demokratischer Kräfte gegen den Kommunismus oder die moralische Bankrotterklärung der Diktatoren in Militärregimen«.[120] Auch John Tagliabue, Korrespondent der *New York Times* in Bonn und Berlin von 1980 bis 1992, bestätigte in einem Interview mit der Politikwissenschaftlerin Andrea Lentz den Konkurrenzkampf der Auslandsberichterstatter. Dem »Wettstreit um Zeilen und Spalten und die Plazierung der miteinander konkurrierenden Berichte« aus aller Welt fielen des öfteren, so Tagliabue, auch die eigenen Reportagen aus Deutschland zum Opfer. Stereotype Beschreibungen der Situation vor Ort erleichterten die Aufnahme der Artikel aus Bonn und Berlin in die Nachrichtenspalten der *New York Times*.[121]

Ein weiterer Vorwurf gegen die Auslandsberichterstattung der amerikanischen Medien ist die starke nationale beziehungsweise auf Nordamerika konzentrierte Ausrichtung bei der Nachrichtenauswahl und der Mangel an Selbstkritik. Bevorzugt Beachtung geschenkt wird Ereignissen, die die amerikanische Politik, Wirtschaft, Ideologie oder Lebensweise reflektieren, beeinflussen oder dazu im scharfen Kontrast stehen. Zum gängigen Repertoire der Auslandskorrespondenten gehören daher neben Berichten über die Erfolge amerikanischer Außenpolitik oder den erfolgreichen Export amerikanischer Kultur auch Darstellungen von Ausschweifungen ausländischer Diktatoren, Unterdrückung im Kommunismus, Reportagen über Rassismus und Menschenrechtsverletzungen, Hunger und Krieg sowie Katastrophenmeldungen aus aller Welt.[122] Während also Politik und Lebensweise in den Vereinigten Staaten als vorbildlich und in einem meist guten Licht erscheinen, kreieren die Medien das Bild einer unsicheren, politisch instabilen, teilweise bizarren oder unzivilisierten *outside world*. Die Auslandsberichterstatter der US-Medien »richten ihren Blick gewöhnlich sehr viel eher auf Konfliktsituationen als auf friedvolle Geschehnisse und erreichen bei ihren Lesern oder Zuschauern dadurch die Vorstellung einer chaotischen Welt außerhalb der Grenzen der Vereinigten Staaten«, schreibt auch die amerikanische Medienwissenschaftlerin Doris Graber.[123] Gerade die auf politischer, wirtschaftlicher und gesellschaftlicher Ebene äußerst komplexe und problembeladene Situation in Deutschland nach der Vereinigung beider Staaten bot somit genügend Ansatzpunkte, um das Bild einer aus dem Gleichgewicht geratenen Gesellschaft zu zeichnen. Die brutalen Übergriffe auf Ausländer und Hetzkampagnen von Neonazis und rechten Politikern bestimmten monatelang das Deutschlandbild in der amerikanischen Presse, im besonderen in der *New York Times*. Doch selbst linksgerichtete Parteien und alternative Bürgerrechtsbewegungen, die schon seit Jahren oder Jahrzehnten entschlossen gegen Militarismus, Rassismus und Ausländerfeindlichkeit eintreten, werden als destabilisierende Faktoren porträtiert, wenn ihre politischen Aktivitäten stereotyper Berichterstattung widersprechen oder mit amerikanischen Interessen kollidieren. Dies bezeugen besonders deutlich die Artikel und Kommentare von John Vinocur, dem Chefredakteur der *International Herald Tribune* und Korrespondenten der *New York Times* in Bonn von 1978 bis 1982. Vinocur, der durch A. M. Rosenthal von der Associate Press abgeworben und für die *New York Times* gewonnen wurde, nutzte beispielsweise die massiven Proteste gegen die geplante Modernisierung amerikanischer Atomwaffen in der Bundesrepublik Deutschland zu Beginn der achtziger Jahre, um das Bild einer politisch »unreifen« deutschen Bevölkerung zu zeichnen. In einem seiner Hauptartikel zum Thema *The German Malaise* deutete der Korrespondent die Aktivitäten der deutschen Friedensbewegung als Symbol einer krankenden Gesellschaft, die allzu leicht in eine »von Griesgrämigkeit und *Angst* geprägte Stimmung« verfalle und deren »Ungehorsam« eindeutig auf das Versagen der staatlichen Autorität zurückzuführen sei. Michael Parenti schreibt zu dieser Serie von Berichten in der *New York Times*, die u. a. das Ziel verfolgte, die Unterstützung im US-Kongreß für die Stationierung neuer Waffensysteme in Deutschland zu fördern: »Die Deutschen waren also nicht etwa beunruhigt über einen zukünftigen Atomkrieg oder darüber, daß ihr Land zu einem Hauptstützpunkt amerikanischer Nuklearraketen erklärt wurde, deren Einsatz ohne Rücksichtnahme auf den Willen oder die Sicherheit des deutschen Volkes von Amerikanern befohlen und die von Amerikanern abgefeuert werden würden. Nein, sie wurden so dargestellt, als würde eine Art charakterlicher Defekt, der aus einer persönlichen, sozialen oder kulturellen Konfliktsituation herrühre, zur allgemeinen Unruhe führen – eine Unruhe die darüber hinaus durch die Untätigkeit einer unzureichenden Staatsgewalt noch unterstützt würde.«[124]

Ein weiteres Beispiel dafür, wie im Sinne amerikanischer Interessen Schwerpunkte in der Auslandsberichterstattung verschoben werden, stammt wiederum aus der Feder von Serge Schmemann. Der Korrespondent der *New York Times* faßte die Ergebnisse der Berliner Landtagswahl von 1989 mit den Worten zusammen: »Beide, die extreme Rechte und die extreme Linke, gewannen an Stimmen. Die linke Alternative Liste, so der Name der Grünen Westberlins, kam – bei einem Zugewinn von zwei Prozent – auf einen Stimmenanteil von 11,7 Prozent. Das größte Aufsehen erregten allerdings die acht Prozent Wählerstimmen, die die Republikaner, eine extrem rechte Gruppierung, für sich verbuchen konnten.«[125] Indem nun Schmemann die Grünen als politisch »extrem« bezeichnete und sie so gleichzeitig mit den rechtsradikalen Republikanern in einen Topf warf, wurden beide Parteien auf eine gemeinsame Ebene gestellt. Den Lesern der *New York Times* mußte somit die grüne Partei als politisch äußerst fragwürdig erscheinen. Martin Lee und Norman Solomon schreiben zu diesem Beispiel: »Die Art und Weise, wie eine politische Gruppierung in der Presse beschrieben wird, sagt meist mehr über den verantwortlichen Journalisten aus als über die Gruppe selbst.«[126]

Die Mängel und Verzerrungen in der Auslandsberichterstattung sind dabei aber nur teilweise auf fehlendes Wissen oder unzureichende Sensibilität der Reporter gegenüber dem Gastland zurückzuführen. Wie anhand von verschiedenen wissenschaftlichen Untersuchungen deutlich wird, müssen sich die Auslandskorrespondenten amerikanischer Zeitungen, besonders die der *New York Times*, streng an Vorgaben und Richtlinien ihrer Redaktionen halten. So bestätigte auch *New-York-Times*-Korrespondent John Tagliabue 1988 in dem oben zitierten Interview mit Andrea Lentz die Einflußnahme der Heimatredaktion auf die Arbeit der im Ausland tätigen Journalisten. Auf die Frage nach der Entscheidungsfreiheit bei der Themen- und Wortwahl antwortete Tagliabue, so Lentz, etwas zögerlich, aber vielsagend mit den Worten: »Es gibt da einige Vorschläge von der Auslandsredaktion in New York, aber auch von anderen speziellen Abteilungen.« Nach zusätzlichen Interviews mit Korrespondenten der *Washington Post* schlußfolgert die Politikwissenschaftlerin: »Tagliabues vorsichtige Formulierung spricht dafür, daß er weniger freie Hand bei der Themenwahl hat als seine Kollegen bei der *Washington Post*.«[127] Auch die Studie des Publizisten Eckhard Marten über das Tätigkeitsprofil amerikanischer Korrespondenten in der Bundesrepublik Deutschland bestätigt, daß 1987 die Themen der deutschlandspezifischen Berichte zu 58,3 Prozent direkt von den Auslandsredakteuren in den USA bestimmt wurden. Bei 22,2 Prozent der Deutschlandreportagen fand zumindest eine Absprache zwischen Redakteur und Korrespondent statt, und bei nur 15,2 Prozent aller im Untersuchungszeitraum veröffentlichten Berichte wurde der Inhalt vom Auslandskorrespondenten in Bonn selbst vorgeschlagen.[128] Ein Verstoß gegen die Vorgaben der Redaktion führt normalerweise zu Disziplinierung und behindert die Karriere der Journalisten. Otis Chandler, der damalige Chefredakteur der *Los Angeles Times*, sprach 1981 aus, was die meisten Redakteure auch heute praktizieren: »Ich lege die Richtlinien fest, und ich werde mich mit Sicherheit nicht mit Journalisten umgeben, die mir widersprechen.«[129]

Dies erlaubt die Schlußfolgerung, daß in der Mehrzahl Korrespondenten entsandt werden, die schon vor der Abreise ins Gastland zeigten, daß sie die von ihrer Redaktion festgelegten Richtlinien in der journalistischen Behandlung der jeweiligen Nation oder des politischen Systems auch persönlich vertreten. Im Falle Deutschlands ist bekannt, daß vor allem unter der Führung Rosenthals[130] Korrespondenten, wie beispielsweise John Vinocur, nominiert wurden, die die Aufgabe hatten, einen ganz besonders kritischen und zum Teil einseitigen Blick auf Politik und Gesellschaft ihres Gastlandes zu werfen. Weiteren Aufschluß über die unter Rosenthal veränderte Personalpolitik erlaubt eine Übersicht über die Dauer der Auslandseinsätze der *New-York-Times*-Korrespondenten. Auch am Beispiel der Journalisten in Bonn und Berlin bestätigt sich der Trend, daß Korrespondenten, im Unterschied zur Praxis in den vergangenen Jahrzehnten, heute durchschnittlich nur noch zwei bis drei Jahre in ein und demselben Land stationiert sind.[131] Wurde in den fünfziger und sechziger Jahren noch davon ausgegangen, daß der mehrjährige Verbleib eines Korrespondenten am gleichen Standort dessen Sensibilität gegenüber dem Gastland steigere und damit auch die Berichterstattung verbessere, so wird diesem Prozeß heute mit einer verkürzten Aufenthaltsdauer entgegengewirkt –»es scheint, als sei eine Versetzung alle zwei Jahre die Regel«, schreibt Laqueur.[132] Der Grund dafür ist, daß Verleger und Redakteure eine Gefahr in der Annäherung der Journalisten an fremde Kulturen sehen; Unabhängigkeit und Objektivität könnten beim sogenannten *going native*, bei der zwangsläufigen Anpassung an die Verhaltens- und Denkweisen des Gastlandes, verlorengehen. Tatsächlich zeigt wiederum Martens Studie, daß sich das Deutschlandbild der amerikanischen Korrespondenten in der Bundesrepublik von dem der zuständigen Redakteure in den USA entsprechend der Aufenthaltsdauer im Gastland entfernt. So halten die *Foreign Editors*, d. h. die in den Vereinigten Staaten beschäftigten Auslandsredakteure die Deutschen zum Beispiel für extrem patriotisch, militaristisch und unberechenbar, während die tatsächlich in Deutschland tätigen Korrespondenten dieser Meinung von Jahr zu Jahr mehr widersprechen.

Den Auslandskorrespondenten bleibt demnach bei der Berichterstattung wenig Spielraum für eigene Ideen und Kreativität. Die Redakteure in der Zentrale schlagen die zu behandelnden Themen vor und kontrollieren und bewerten im Anschluß daran die abgelieferten Ergebnisse. Die Redakteure wiederum richten sich nach den Vorgaben des Verlegers und / oder des Chefredakteurs. Martens äußert sich zu den Einflußmechanismen in den Auslandsressorts führender amerikanischer Zeitungen am Beispiel der Berichterstattung über Deutschland mit den Worten: »Zwar stellte der *Foreign Editor* tatsächlich für den Korrespondenten in der Bundesrepublik die mit Abstand wichtigste Kontaktperson in der jeweiligen Heimatredaktion dar. Aber gerade bei den einflußreichen Medienorganisationen schien der *Foreign Editor* dabei oft nur als das Vollzugsorgan einer selten schriftlich fixierten, aber persönlich tradierten Redaktionspolitik zu handeln, die in der Regel von den herausgebenden Eigentümern und den Meinungsspalten verantwortlicher Kolumnisten bestimmt wird.«[133]

Im Falle der *New York Times* läßt sich vermuten, daß die Mitglieder der Familie Sulzberger als Herausgeber in Absprache mit Aufsichtsratsmitgliedern, Redakteuren und Kolumnisten die Richtlinien für die Auslandsberichterstattung bestimmen. Die Herausgeber wiederum orientieren sich an der Politik des Weißen Hauses und dem von den führenden Größen in Politik und Wirtschaft gewünschten Bild der Außenwelt: »Die amerikanischen Korrespondenten im Ausland müssen sich, ebenso wie ihre Kollegen zu Hause, im Kontext der amerikanischen Politik und der amerikanischen politischen Kultur bewegen«,[134] schreibt auch Doris Graber. »Routinemäßig akzeptieren die Medien die offiziellen Festlegungen darüber, wer gerade Freund oder Feind Amerikas ist, und geben die Gründe für die jeweilige Kategorisierung an ihr Publikum weiter. Im selben Moment, in dem sich internationale Beziehungen verschieben, spiegelt sich dieser Wandel auch in der Berichterstattung der Medien wider.«[135] Da außerdem in den USA nur noch wenige Quellen den Fluß internationaler Nachrichten sichern und die *New York Times* dabei fast eine Monopolstellung einnimmt, ist sie in der Lage, die öffentliche Meinung gegenüber Vorgängen im Ausland stark zu beeinflussen. Im Falle des hier beschriebenen Beispiels, der Berichterstattung über den wichtigen Bündnis- und Handelspartner Deutschland, wird die *New York Times* allerdings zu mehr Vorsicht und größerer Objektivität neigen als beispielsweise bei Nachrichten und Meinungen über für »unbedeutend« erachtete »Entwicklungsländer«. Einen Eindruck vom möglichen Ausmaß manipulierter Auslandsberichterstattung gab Noam Chomsky, nachdem er alle von Januar bis März 1986 in der *New York Times* und der *Washington Post* erschienenen Leitartikel und Kommentare über Nicaragua ausgewertet hatte. Unter fünfundachtzig Artikeln fand Chomsky keinen einzigen, der Nicaragua in einem wirklich objektiven Licht gezeichnet oder sich gegen die damaligen amerikanischen Interventionen in diesem Staat ausgesprochen hätte.[136] Der Auftrag der etablierten Presse im Bereich der Auslandsberichterstattung wird hier besonders deutlich: die Unterstützung politischer und wirtschaftlicher Interessen der US-Regierung, die nicht zuletzt der mit den Machtzentren im Lande eng verflochtenen New York Times Company zugute kommt.

In den siebziger und achtziger Jahren entwickelte sich eine neue
»Branche« in den USA, die es sich zum Ziel machte, konservative
Politik und Wirtschaftsinteressen großer amerikanischer Unternehmen durch die Beeinflussung der öffentlichen Meinung zu
unterstützen. Die gezielte Produktion von Informationen und
»Expertenaussagen«, Lobbyismus sowie die Manipulation und
Kontrolle der Medien wurden zur Hauptaktivität unzähliger sogenannter *think tanks, public relations agencies, opinion polling
firms, direct mail companies* und der *monitoring* oder *pressure
groups.* William Greider spricht in diesem Zusammenhang von der
heute bestehenden Möglichkeit, scheinbare Fakten und Wahr-
heiten gezielt einzukaufen, maßgeschneidert für die jeweiligen
Bedürfnisse der Kunden aus Politik und Wirtschaft: »Eine bedeutende Industrie hat sich in Washington entwickelt«, so Greider,
»deren Werbeslogan in etwa *democracy for hire* – ›Demokratie
auf Bestellung‹ – lauten könnte.«[137] Die amerikanischen Medien,
auch die *New York Times*, spielen hierbei eine wichtige Rolle:
Erst durch das Aufgreifen der manipulierten Informationen durch
die Presse erhalten diese die scheinbare Seriosität und Objektivität,
die zu ihrer allgemeinen Beachtung führen.

Die Idee, daß Meinung und Wissen angesehener Persönlichkeiten aus Politik und Wissenschaft durch ihre Bindung an For-
schungseinrichtungen gezielt für konservative Zwecke eingesetzt
werden könnten, führte seit Mitte der siebziger Jahre verstärkt zu
einer Ausweitung der zum Teil schon während des Zweiten Weltkriegs gegründeten »Denkfabriken«, der amerikanischen *think
tanks.* Die Institute waren zu diesem Zeitpunkt durch großzügige
Spenden und millionenschwere Unterstützung aus der Wirtschaft
erstmals in die Lage versetzt worden, Hunderte Intellektuelle »einzukaufen« und zu finanzieren. Ein wichtiger Baustein zur effek-
tiven Beeinflussung der öffentlichen Meinung war damit geschaffen. Bislang unabhängige Experten wurden durch verlockende
Angebote davon abgehalten, »der offiziellen Sicht der Dinge« zu
widersprechen. Gleichzeitig konnte ihr Wissen und ihr Ruf für die
Interessen der Sponsoren aus Politik und Wirtschaft genutzt
werden. Noam Chomsky schreibt über die Kontrolle der oft unbe-

quemen Meinungsäußerungen von Fachleuten und Experten durch konservative Kräfte: »Dieses Problem wird verkleinert, indem man die Experten einfach in die Arme schließt, d. h., sie als Berater beruft, ihre Forschungsprojekte fördert und *think tanks* gründet, die attraktive Arbeitsverträge anbieten und dabei helfen, Forschungsergebnisse gezielt weiterzuleiten. Auf diese Art und Weise können einseitige Meinungen strukturiert und die ›sich im Angebot befindlichen‹ Experten in eine von der Regierung oder vom ›Markt‹ gewünschte Richtung gedrängt werden.« [138]

Die wichtigste Plattform für die Verbreitung der in den *think tanks* produzierten Aussagen sind die Medien, besonders die *New York Times*, weil gerade sie ideale Voraussetzungen für eine schnelle und erfolgreiche Weitergabe von Informationen bietet. An dieser Kooperation bemerkenswert ist auch der durchaus positive Nebeneffekt für die in den *think tanks* organisierten Wissenschaftler. Anstatt infolge ihrer Mitarbeit in den von eindeutigen Marktinteressen geleiteten Instituten dem Vorwurf der Korruption ausgesetzt zu sein, steigert sich das Ansehen der Experten noch durch ihre kontinuierliche Erwähnung in den Medien. [139]

Zu den erfolgreichsten Denkfabriken gehören u. a. die vom ultrakonservativen Biermagnaten Joseph Coors unterstützte Heritage Foundation, die von der CIA großzügig geförderte Rand Corporation oder das ehemals liberal orientierte Brookings Institute. Einen weiteren einflußreichen *think tank* stellt The American Enterprise Institute (AEI) mit seinem Ableger, dem eng mit Außenministerium und Pentagon verflochtenen Center for Strategic and International Studies (CSIS), dar. AEI, schon 1943 gegründet, wird heute von Irving Kristol, einem der engagiertesten Vertreter der neokonservativen Ideen von Newt Gingrich, geleitet und unterstützt erfolgreich die Arbeit des erst 1993 ins Leben gerufenen kleinen Project for the Republican Future, der Projektgruppe für eine republikanische Zukunft, die unter der Führung von Kristols Sohn William steht. »Der *think tank* des Vaters und das ›Projekt‹ des Sohnes – der eine wie der andere hofft, einem im Todeskampf liegenden Patienten den Gnadenstoß zu versetzen: dem amerikanischen Sozialstaat«, schreibt *Le Monde Diplomatique*. [140] Persönlichkeiten wie der Richter Robert Bork oder die ehemalige UN-Botschafterin Jeane Kirkpatrick arbeiten für AEI und produzieren dort, so Lee und Solomon, »einen beständigen Fluß von Zeitungsartikeln und Kolumnen über politische, soziale und wirtschaftliche Themen, die über Agenturen an Hunderte von Tageszeitungen weitergereicht werden«.[141] AEI-Mitarbeiter erscheinen außerdem mit großer Regelmäßigkeit als Diskussionspartner in Talk-Shows und Nachrichtensendungen der wichtigsten Fernsehstationen. Eine von Noam Chomsky veröffentlichte Analyse über die Auswahl der im Jahr 1985 in der angesehenen *McNeil-Lehrer News Hour* vorgestellten Experten zu den Themen »Terrorismus« und »Verteidigung« ergab, daß vierundfünfzig Prozent aller Teilnehmer im Staatsdienst arbeiteten und daß 15,7 Prozent der Diskussionspartner aus konservativen Denkfabriken, in erster Linie dem Center for Strategic and International Studies, rekrutiert worden waren. Nur eine kleine Minderheit der in der *McNeil-Lehrer News Hour* vorgestellten Experten konnte als politisch unabhängig eingestuft werden. Finanziert wird The American Enterprise Institute aus Spenden in Millionenhöhe von privaten Großunternehmen wie dem Kommunikationsgiganten AT&T, der Chase Manhattan Bank, Chevron, Citicorp, Exxon, General Electric, General Motors und Procter & Gamble. Selbst Medienkonzerne wie The Philip L. Graham Fund und Times-Mirror, die Muttergesellschaften der *Washington Post* und der *Los Angeles Times*, aber auch die New York Times Company unterstützen die Arbeit von AEI mit finanziellen Zuwendungen. Es muß an dieser Stelle außerdem darauf hingewiesen werden, daß in den Führungsetagen einiger der größten Sponsoren der *think tanks* auch Mitglieder des Aufsichtsrates der New York Times Company vertreten sind oder waren. So sitzt zum Beispiel Louis Gerstner, Generaldirektor von IBM, sowohl im Vorstand der New York Times Company als auch im Direktorat von AT&T– einer der Gründe, die die Kooperation der Zeitung mit AEI erklären mögen.

Als ein typisches Beispiel für die Arbeit und den Erfolg der Denkfabriken kann die geglückte Handhabung der amerikanischen Medien im Falle der Besetzung Kuwaits durch irakische Truppen und des sich daran anschließenden Golfkriegs im Jahre 1991 angesehen werden. Ohne Ausnahme unterstützten damals auch die führenden Zeitungen des Landes, allen voran die *New York Times* und die *Washington Post*, die Kriegsvorbereitungen der USA. Auf Bestellung gelieferte Expertenmeinungen und fingierte Augenzeugenberichte aus den Laboratorien der *think tanks* und der Washingtoner PR-Agenturen überschwemmten – verbreitet durch die Medien – die USA und verhinderten auch nur den kleinsten Ansatz einer objektiven und demokratischen Diskussion der Lage. Es war diese perfekte Kooperation zwischen Regierung und Medien, die die Unterstützung der amerikanischen Öffentlichkeit für den Kriegszug im Nahen Osten sicherte. Lee und Solomon schreiben beispielsweise: »Während die höchstausgezeichneten US-Militärs ihre Informationen in wohlüberlegten Dosierungen verteilten, füllten die Nachrichtenorganisationen ihre ausgedehnten Sendezeiten mit einer Parade von ›Experten‹ – in der Mehrzahl waren dies gegenwärtige oder ehemalige Beamte des CIA und des Verteidigungsministeriums sowie Mitglieder des Nationalen Sicherheitsrates. Zusätzlich erschien die zu erwartende ›Kampftruppe‹ von *think-tank*-Spezialisten, kämpferischen Kongreßabgeordneten und den ›Ältesten‹ des militärisch-industriellen Komplexes, die in den Diskussionsrunden so taten, als würden sie sich ab und zu tatsächlich widersprechen.«[142] Lee und Solomon liefern eine Erklärung für dieses Medientheater im Jahre 1991: Gemeinsame Interessen von Regierung, Wirtschaft und den führenden Medienkonzernen. Demnach war die durch die Multifunktionen ihrer Direktoren selbst eng mit der Metall- und Rüstungsindustrie verflochtene New York Times Company an der Kriegsführung in Kuwait ebenso interessiert wie andere große Wirtschaftsunternehmen und unterstützte sie die Kriegspartei durch die Verbreitung der von Regierung, Militär und den konservativen Denk-Fabriken gelieferten Informationen. So äußerte sich 1991 auch Präsident Reagans Medienberater Michael Deaver, dessen Neuentwurf des Medienkonzeptes des Weißen Hauses diese Kooperation erst möglich gemacht hatte, voller Stolz über die fast reibungslose Zusammenarbeit zwischen Regierung und Medien während des Golfkriegs mit den Worten: »Selbst wenn man nun eine Public-Relations-Agentur damit betreuen würde, sich um die Medienkontakte während dieses internationalen Ereignisses zu kümmern, könnte diese nichts mehr an der schon bestehenden Kooperation verbessern.«[143]

Doch nicht in allen Angelegenheiten und über alle Themen sind sich Regierung, Wirtschaft und Medien so einig wie in diesem Beispiel. Die sogenannten *monitoring* oder *pressure groups*, private

Interessengemeinschaften, die je nach Sponsoren und politischer Ausrichtung die Berichterstattung von Zeitungen, Fernseh- und Radiostationen beobachten und zu beeinflussen versuchen, erfüllen eine weitere wichtige und differenzierte Funktion im Propagandaapparat Washingtons. Ähnlich den *think tanks* erarbeiten die Gruppen Expertenaussagen, Statistiken und Presseverlautbarungen, die zur Unterstützung der Ziele ihrer Geldgeber an die Medien weitergeleitet werden. Gleichzeitig stehen den *pressure groups* aber auch Druckmittel zur Verfügung, um Reporter und Redakteure in die von ihnen gewünschte Richtung zu drängen. Briefe, Telegramme, Telefonanrufe oder gerichtliche Klagen, Petitionen und Anhörungen vor dem Kongreß sind nur einige der Mittel, die die Berichterstattung verändern können. Zusammengefaßt werden solche Beschwerdekampagnen als *flak* bezeichnet, ein Begriff, der der deutschen Kurzform für die Flugzeugabwehrkanone entlehnt sein mag. Zu den erfolgreichsten und einflußreichsten Erzeugern von *flak* zählen die American Legal Foundation, die Capital Legal Foundation, das Media Institute, das Center for Media and Public Affairs, Common Cause und Accuracy in Media (AIM). Auf die drei letztgenannten Organisationen soll hier näher eingegangen werden.

Accuracy in Media wurde 1969 auf Initative verschiedener amerikanischer Konzerne zur Wahrung ihrer Interessen in den Medien gegründet. Die Mitgliederzahl wuchs kontinuierlich, und schon in den frühen achtziger Jahren unterstützten zahlreiche privatwirtschaftliche Unternehmen aus den unterschiedlichsten Bereichen, wie zum Beispiel Coors, Scaife, Mobile Oil und sieben weitere Ölproduzenten, die Gruppe mit jährlichen Spenden von mehr als 1,5 Millionen Dollar. AIMs Gründer Reed Irvine galt besonders während der Amtszeit Präsident Reagans als »unermüdlicher Teilnehmer an Fernsehdebatten, Aktionärstreffen, öffentlichen Versammlungen und als Verfasser von Leserbriefen«.[144] Irvine versuchte durch die Aktivitäten seiner Gruppe, die Medien zu einer positiven Berichterstattung über die konservativen Ziele der amerikanischen Wirtschaft und den damit verbundenen harten Kurs von Reagans Innen- und Außenpolitik zu bewegen. In den siebziger und achtziger Jahren waren AIMs Flakgeschütze auf Zeitungen, Fernseh- und Radiostationen gerichtet, die nach Irvines Ansicht zum Beispiel noch nicht die Bedeutung des Baues weiterer Nuklearanlagen oder der Produktion des chemischen Kampfstoffes *Agent Orange* für das nationale Wohl begriffen hatten. AIM sorgte außerdem dafür, daß die Manöver der Reagan-Regierung im Kampf gegen den weltweiten Kommunismus in den Medien im richtigen, also vorteilhaften Licht porträtiert wurden. Wie wir im vorangegangenen Abschnitt sahen, war Irvines Gruppe auch mitverantwortlich für Raymond Bonners Abberufung aus El Salvador, hatte der allzu kritische Korrespondent der *New York Times* doch durch seine Arbeit die Durchsetzung außenpolitischer Ziele in Gefahr gebracht.

Das Center for Media and Public Affairs wurde Mitte der achtziger Jahre von Linda und Robert Lichter ins Leben gerufen und nahm sich zum Ziel, mit Hilfe wissenschaftlicher Forschungsmethoden die »linke Ausrichtung und die wirtschaftsfeindlichen Tendenzen« [145] der amerikanischen Medien unter Beweis zu stellen. Patrick Buchanan, Faith Whittlesely und Ronald Reagan unterstützten dieses Vorhaben persönlich. Den Lichters gelang es in Zusammenarbeit mit dem Kommunikationswissenschaftler Stanley Rothman schließlich tatsächlich, der von Nixons Vizepräsidenten Spiro Agnew aufgestellten Behauptung, die führenden amerikanischen Medien seien »linkslastig«, einen wissenschaftlichen Anspruch zu verleihen. Die bedeutendste Arbeit der drei Wissenschaftler war eine von zahlreichen »rechtsorientierten Stiftungen« [146] unterstützte Studie, die Charakterzüge und politische Standpunkte von Reportern und Redakteuren der wichtigsten US-Medien mit den Persönlichkeitsstrukturen amerikanischer Geschäftsleute verglich. Nach zahlreichen Interviews stellten 1981 Rothman und die Lichters die Zusammenfassung ihrer Arbeit der Öffentlichkeit vor. Wenig überraschend war dabei die Behauptung, Journalisten seien, ganz im Gegensatz zu den befragten Geschäftsleuten, im politischen Spektrum weit links einzuordnen. Sehr viel spektakulärer war die Erklärung der Wissenschaftler für dieses Phänomen: Auf einer äußerst fragwürdigen psychologischen Basis aufbauend behauptete die Studie, die »linke«, kontroverse und aggressive Berichterstattung der Medien beruhe auf den zum Teil sehr deutlich ausgeprägten Persönlichkeitsdefiziten und der mentalen Unausgeglichenheit der Beschäftigten in der Medienbranche. Die psychologischen Profile beider Gruppen sahen daher im Vergleich so aus: »Die befragten Geschäftsmänner waren geradlinig, erfolgs-orientiert und eher selbstbeherrscht. Die Journalisten dagegen zeichneten sich durch narzißtisches Auftreten und fehlende Selbst-sicherheit aus und besaßen damit die besten Voraussetzungen, um sich durch eine abschätzige Behandlung anderer selbst zu erhö-hen.«[147] Trotz derartiger Äußerungen, denen Seriosität und Wissenschaftlichkeit abgesprochen werden muß, gehören Hinweise und Zitate aus der sogenannten *Rothman-Lichters Study* bis heute zum gängigen Repertoire von Politikern und Medienkritikern, die von der angeblichen »Linkslastigkeit« der amerikanischen Medien sprechen.

Eine weitere *pressure group*, die zur Beeinflussung der Medien gegründet wurde und hier Erwähnung finden soll, ist Common Cause, die »Gemeinsame Sache«. Der Anfang von Common Cause liegt im Jahre 1970. Damals warb John W. Gardener, Minister für Gesundheit, Erziehung und Soziales unter Präsident Johnson, Vorsitzender der Carnegie Foundation und Aufsichtsratsmitglied in den Vorständen von Shell Oil, Time Incorporated und New York Telephone, um Interessenten für die Neugründung einer sogenann-ten »Bürgergruppe«, die durch gezielte Förderung von Experten und Lobbyismus Druck auf Medien und Politiker ausüben sollte. Großflächige Anzeigen in den wichtigsten Zeitungen des Landes erklärten Gardeners Ziele: »Common Cause würde eine ›Lobby des Volkes‹ sein, die dem übermäßigen Einfluß einzelner Inter-essengemeinschaften den Kampf ansagt. Common Cause würde mit der Politik kooperieren und nicht davor zurückschrecken, die Erfahrung von Washingtons Insidern zu gebrauchen, um ›Druck‹ zum Wohle der Öffentlichkeit auszuüben. Common Cause würde eine ›aktive‹ und keine ›bildende‹ Organisation sein; nicht die poli-tische Erziehung ihrer Mitglieder, sondern Lobbyismus wäre ihr Hauptziel.«[148] Die Reaktion auf Gardeners öffentlichen Aufruf war überwältigend. Innerhalb von nur sechs Monaten zählte Common Cause über 100000 Mitglieder, und schon 1976 hatte sich diese Zahl auf 250000 erhöht. Die Gruppe konnte auf Beiträge und Spenden in Höhe von mehr als fünf Millionen Dollar zurückgreifen.

Aufschlußreich ist eine von den beiden Politikwissenschaftlern Robert Entman und David Paletz im Jahre 1981 durchgeführte Ana-lyse der Berichterstattung der *New York Times* zu Common Cause.

Im Rahmen dieser Studie wurden 149 Berichte und Kommentare, in denen Common Cause als Hauptakteur erwähnt wurde, in verschiedene Kategorien eingeteilt, die Aufschluß über die Haltung von Reportern und Redakteuren der Gruppe gegenüber geben sollten. Das Ergebnis zeigte schließlich, daß Common Cause in 96,6 Prozent aller Fälle in einem positiven Licht beschrieben wurde. Nur 3,4 Prozent der untersuchten Berichte diskutierten unterschiedliche Standpunkte, und nicht ein einziger Artikel der *New York Times* äußerte sich negativ über Arbeit und Ideologie der Lobbyisten. Charakterisiert wurde Common Cause mit so positiven Umschreibungen wie, »die Organisation für das öffentliche Interesse«, »die Gruppe der guten Regierung« oder »die ausgesprochen lohnende Lobby des Volkes«. Die Analyse der Herkunft der in den Berichten der *New York Times* erwähnten Informationen ergab, daß dreiundsechzig Artikel ausschließlich auf Informationen von Common Cause beruhten. In sechsundzwanzig Artikeln wurde eine zweite Quelle erwähnt, und nur sechzehn der analysierten Berichte führten eine dritte Informationsquelle an: »Die Untersuchung der tatsächlichen Quellen bestätigte den anfänglichen Eindruck, daß Common Cause selbst den überwiegenden Teil der Informationen über die Arbeit der *pressure group* an die *New York Times* weitergeleitet hatte.«[149]

Als Endergebnis dieser Studie ist festzuhalten, daß die *New York Times* die von Common Cause gelieferten Informationen nicht nur fast vorbehaltlos veröffentlichte, sondern darüber hinaus auch durch Wortwahl und Kommentare die Ziele der Lobbyisten unterstützte: »Die *New York Times* ist sehr viel mehr ein Übermittler, ja vielleicht sogar ein Public-Relations-Agent für Common Cause als der unabhängige und objektive Beobachter, den sie vorgibt zu sein und den die Gebote eines verantwortungsbewußten Journalismus auch erwarten ließen«, schreiben Entman und Paletz.[150] Als Argument für die überraschend positive Behandlung gehen die beiden Wissenschaftler von gleichen Wertvorstellungen und Interessen bei der *New York Times* und der Lobbyisten-Gruppe aus – »gemeinsame Werte sind die logische Schlußfolgerung, die sich aus der Berichterstattung der *New York Times* über Common Cause ergibt«.[151] Dies bedeutet, daß die von der »guten Bürgergruppe« verfolgten politischen und wirtschaftlichen Ziele im wesentlichen mit denen der *New York Times* identisch sind.

Dieses Ergebnis erklärt auch die Tatsache, daß die zum Teil äußerst einflußreichen Machenschaften der *pressure groups*, gleichgültig, ob es sich dabei um Common Cause, Accuracy in Media oder um andere Organisationen handelt, in den etablierten Medien kaum kritisiert werden. »Obgleich deren Flakbatterien die Medien unter Dauerbeschuß halten, werden sie in der Berichterstattung gut behandelt«, merkt auch Noam Chomsky an.[152]

Obwohl beispielsweise AIMs Reed Irvine die US-Medien mit großer Beständigkeit etwa als »Brutstätten einer linken Verschwörung« tituliert, die sich zum Ziel gesetzt hätten, »die wichtigsten amerikanischen Institutionen zu unterwandern«,[153] wurden ihm und seinen Mitarbeitern in regelmäßigen Abständen Spalten auf den Meinungsseiten der führenden Zeitungen zur Verfügung gestellt und Sendezeit in Rundfunk- und Fernsehsendungen eingeräumt. Die eigentlich zu erwartende Kritik an den Äußerungen der Irvines, Rothmans und Lichters sucht auch der Leser der *New York Times* vergeblich. Sicherlich verdeutlicht dies einerseits, wie Chomsky richtig bemerkt, »Macht und Einfluß ihrer Sponsoren, einschließlich der fest verwurzelten Kräfte der Rechten innerhalb der Medien selbst«,[154] andererseits verweist die Kritiklosigkeit der etablierten Medien gegenüber den *pressure groups* auch auf eine weitere wichtige Funktion dieser Organisationen: Nur durch die öffentlichkeitswirksame Kritik von rechts können einflußreiche Medienkonzerne wie die New York Times Company, die eng mit Politik und Wirtschaft verflochten sind, ihren Ruf von Unabhängigkeit, Neutralität und Objektivität aufrechterhalten.[155] Ganz in diesem Sinne endet auch ein in der Berliner *tageszeitung* abgedrucktes Interview von 1993 mit Arthur Sulzberger junior, bei dem der neue Herausgeber der *New York Times* dem Vorwurf der »Käuflichkeit« und Konservativität entschieden widersprach: »Das Prädikat konservativ will er für das Blatt keinesfalls gelten lassen. ›Vielleicht nach deutschen Maßstäben, aber nicht nach hiesigen. Wir bekommen jedenfalls deutlich mehr Leserbriefe, in denen Klage geführt wird, daß unsere Zeitung zu liberal sei, als daß sie als zu konservativ kritisiert würde.‹«[156]

9

Während die *New York Times* also Anfeindungen seitens konservativer Gruppierungen duldet, wird dagegen jeder Angriff aus dem linken politischen Lager mit Härte abgewehrt und dies aus gutem Grund: Die Kritik unabhängiger Bürgerrechtsgruppen, liberaler Wissenschaftler und Forschungsinstitute, wie beispielsweise FAIR oder das Institute for Media Analysis in New York, dient nicht wie die Stellungnahmen konservativer *pressure groups* einem konkreten Zweck für die Selbstdarstellung der Zeitung, sondern stellt die Integrität des Unternehmens und damit die Glaubwürdigkeit ihrer Nachrichten und Kommentare in Frage. Nur indem diese Art der Kritik verhindert wird, kann die Selbstdarstellung als seriöses, unabhängiges und verantwortungsbewußtes Medium gelingen – ein Image, mit dem sich die *New York Times* spätestens seit der Veröffentlichung der Pentagon Papers schmückt. Die objektive Sicht auf das von der Zeitung präsentierte Nachrichtenprodukt wird so jedoch verhindert. Der Soziologe und Medienkritiker Leo Bogart, der die Erwartungshaltung und das Leseverhalten von Zeitungskonsumenten untersuchte, schreibt dazu: »Der Leser reagiert auf den Gesamteindruck dessen, was die Zeitung repräsentiert, anstatt auf einzelne Fragmente des Ganzen. Die Wahrnehmung einer Zeitung in der Öffentlichkeit ist demnach untrennbar mit der Selbstdarstellung des Unternehmens verbunden.«[157] U. a. aus diesem Grunde versucht die *New York Times*, die sich gerne als »Aristokratin der amerikanischen Presse«, »Tagebuch der Menschheit«, »Protagonistin der Weltpresse« oder einfach – in A. M. Rosenthals Terminologie – als »beste Zeitung der Welt« bezeichnet, ihr in Jahrzehnten aufgebautes positives Image aufrechtzuerhalten. Eines der wichtigsten Ziele des Chefredakteurs Rosenthal, die *New York Times* zum »Sachwalter der Wahrheit« zu erheben und dabei jede Art eines In-Frage-Stellens dieser Position zu verhindern – »Rosenthal will, daß die Zeitung mit unangetasteter Autorität spricht«[158] –, scheint damit fast erfüllt. Auch bei der Weitergabe von Informationen an Außenstehende zeigt sich die *New York Times* wenig kooperativ. Während großzügig Hochglanzbroschüren über die Arbeit und die Bedeutung des Unternehmens bereitgestellt werden, stehen Wissenschaftler mit kritischem Anspruch nicht selten vor verschlossenen Türen. Ebenso gestalten sich Gespräche mit Reportern und Redakteuren als ein schwieriges Unterfangen. Als zum Beispiel der Publizist Eckhard Marten 1988 versuchte, Interviews mit den Redakteuren der Auslandsressorts amerikanischer Zeitungen durchzuführen, mußte er durchschnittlich acht bis zehn Telefonanrufe tätigen, »bevor der jeweilige *Foreign Editor* erreicht und ein Gesprächstermin vereinbart werden konnte – im Falle der *New York Times* erwiesen sich sogar achtzehn Anrufe als notwendig. Selbst bei vereinbartem Gesprächstermin wurde dieser durchschnittlich einmal, im Falle der *New York Times* sogar fünfmal abgesagt.«[159]

Tatsächlich hat das Bemühen der *New York Times*, Kritik zu unterbinden, Tradition. Dies beweist das Verhalten der Zeitung bei der Gründung eines unabhängigen Gremiums zur Beobachtung der amerikanischen Medien in den siebziger Jahren. Nach dem Vorbild ähnlicher Organisationen in verschiedenen westeuropäischen Staaten und in Kanada begann im Sommer 1973 die Idee eines Nationalen Nachrichtenrates auch in den USA Gestalt anzunehmen. Die Mitglieder der unterschiedlichsten privaten Organisationen, u. a. philanthropische Gesellschaften, Bürgerrechtsbewegungen und Journalistenverbände, setzten sich zum Ziel, durch die Schaffung eines solchen Rates ein unabhängiges Forum zur Diskussion möglicherweise unfairer oder unvollständiger Berichterstattung der Medien zu schaffen. Der daraufhin gegründete National News Council, kurz NNC, sollte jedem Bürger im Lande die Möglichkeit bieten, seine Beschwerden öffentlich vorzutragen und damit Konflikte zu lösen. Nur so könne das Gleichgewicht zwischen Pressefreiheit und Verantwortung der Medien gegenüber den Bürgern der USA gewahrt bleiben, argumentierten die Vorsitzenden. Die Satzung des NNC definierte die eigene Aufgabe dementsprechend: Der Rat »soll dem öffentlichen Interesse dienen, den freien Meinungsaustausch schützen und eine gewissenhafte und gerechte Berichterstattung fördern«.[160]

Die Reaktionen der Medien auf die Gründung des NNC waren erwartungsgemäß wenig enthusiastisch. Zwar unterstützten die meisten Zeitungen, Zeitschriften, Fernseh- und Radiostationen die Aktivitäten nicht, akzeptierten jedoch die Existenz des Rates. Die einzige Institution, die den NNC von Anfang an vehement ablehnte und konsequent seine Arbeit behinderte, war die *New York Times*: »Die Effektivität des Nachrichtenrates war minimal, bedingt durch die Feindseligkeit eines ganz beträchtlichen Sektors innerhalb der Medien, im besonderen des Chefredakteurs und des Verlegers der *New York Times* beziehungsweise A. M. Rosenthals und Arthur Ochs Sulzbergers«, schreibt James Aronson.[161] Um Nachforschungen über eingegangene Klagen durchführen zu können, waren die Mitglieder des NNC jedoch auf die freiwillige Mitarbeit der Medien angewiesen. Dabei hatte man auch auf die Fähigkeit der *New York Times* zu Selbstkritik und ihren selbstgeäußerten Wunsch nach einer Verbesserung ihrer Berichterstattung vertraut. Daß dies jedoch ein Irrtum war, erwies sich beispielsweise im Fall des Wissenschaftlers Dr. Anton Lang, dessen Klage der National News Council für gerechtfertigt erklärte. Folgendes war geschehen: Lang stand 1974 kurz vor der Fertigstellung einer Untersuchung über die Auswirkungen der im Rahmen amerikanischer Kampfhandlungen in Südvietnam versprühten Herbizide und anderer chemischer Gifte auf den biologischen Kreislauf der Region. Noch bevor Lang allerdings die Ergebnisse der Öffentlichkeit vorstellen konnte, erschien ein Artikel in der *New York Times*, der seine Forschung diskreditierte. Der Geschädigte warf der *New York Times* daraufhin vor, ihr Bericht über seine Arbeit »basiere auf einem *leak*, enthalte eindeutige Fehler, sei stark einseitig und mißachte die wichtigen konstruktiven Aspekte der Studie«.[162] Obwohl der NNC die *New York Times* mit Nachdruck aufforderte, dieses scheinbare Mißverständnis aufzuklären, lehnte die Zeitung es nicht nur ab, den Fall öffentlich zu kommentieren, sondern weigerte sich darüber hinaus sogar, Langs Beschwerde in Form eines Leserbriefes abzudrucken. Auch in ähnlichen Fällen wurden Anfragen des NNC ignoriert: »Von Anfang an enthielt sich die *New York Times* der Zusammenarbeit, indem sie angeforderte Informationen, die zur Klärung öffentlicher Beschwerden gegenüber der Zeitung benötigt wurden, einfach zurückhielt.«[163] Es war schließlich auf diese fehlende Kooperationsbereitschaft der Medien zurückzuführen, daß der Nachrichtenrat seine Arbeit einstellen mußte. »Der NNC starb 1984, ohne eine große Trauergemeinde (im Bereich der Medien) zu hinterlassen.«[164]

Den führenden amerikanischen Medien, allen voran die *New*

York Times, war es also gelungen, eine öffentliche Kontrolle ihrer Berichterstattung zu verhindern. Joseph Goulden faßt zusammen: »Zusammen mit anderen wichtigen Medien hatte sich die *Times* erbittert jeglichem Versuch widersetzt, ein außenstehendes Kontrollorgan zu schaffen. Die Basis dieses Protestes lieferte das für jede Argumentation brauchbare *First Amendment*, der erste Zusatzartikel der amerikanischen Verfassung über die Meinungsfreiheit der Presse, sowie die in Ehren gehaltene Ansicht, daß es niemanden etwas anginge, was in Amerikas Redaktionsbüros besprochen wird.«[165] Ein weiteres Beispiel dafür, mit welcher Konsequenz die *New York Times* auch in der jüngeren Vergangenheit versuchte, die Stellungnahmen zu ihrer Arbeit und damit Angriffspunkte zu vermeiden, ist der sich anschließende Briefwechsel zwischen der Zeitung und FAIR, der darüber hinaus interessante Hinweise auf die oben beschriebenen Mechanismen der *New York Times* im Umgang mit unbequemer Kritik aus liberaler Position liefert. Der Verweis auf Beschwerdekampagnen der rechtsorientierten *pressure groups* als »Beweis« für die politische Ausgewogenheit der Zeitung wird ebenso angeführt wie die Behauptung, die Berichterstattung der *New York Times* sei »unübertroffen« beziehungsweise unfehlbar und Kritik daher weder für die Zeitung noch für die Öffentlichkeit von Belang.

Im Winter 1988 beobachtete FAIR die Berichterstattung der *New York Times* über die mittelamerikanischen Staaten Costa Rica, El Salvador, Honduras, Guatemala und Nicaragua. Zum Zeitpunkt der Untersuchung willigten alle fünf Länder in die strenge Einhaltung eines regionalen Friedensplans ein. Nachrichten und Kommentare der *New York Times* zeugten von unterschiedlichen Maßstäben gegenüber Nicaragua und den übrigen Staaten. Präsident Reagans Strategie, die kommunistische Regierung in Managua u. a. durch Unterstützung der oppositionellen *Contra*-Bewegung zu schwächen, bestimmte also auch die Berichterstattung. FAIR dazu: »Die PR-Taktik des Weißen Hauses, um Unterstützung für die *Contras* zu sichern, basierte darauf, einzig Nicaragua als antidemokratische Kraft darzustellen und daraufhin zu isolieren. El Salvador, Honduras und Guatemala wurden hingegen als ›flügge gewordene Demokratien‹ quasi heilig gesprochen.«[166] Obwohl Nicaraguas Regierung im Untersuchungszeitraum nachweislich für einen Erfolg des Friedensplans arbeitete, wurde das Land auch weiterhin als Unruheherd porträtiert. Die von Amnesty International und ihrem amerikanischen Partner Americas Watch beklagten Todesfälle, Folter und andere Menschenrechtsverletzungen in El Salvador und Guatemala blieben dagegen unerwähnt. Als Reaktion auf die ganz offensichtlich einseitige Berichterstattung der *New York Times* entwarf FAIR einen Fragebogen, der die zuständigen Korrespondenten und Redakteure zu einer Stellungnahme aufforderte. Den Analysen der relevanten Zeitungsartikel waren entsprechende Gegendarstellungen und sich anschließende Fragen beigefügt. Hier zwei Beispiele:

Ein halbes Jahr nach der Unterzeichnung des regionalen Friedensplans war es Aufgabe eines unabhängigen Untersuchungsausschusses, die Vertragstreue der einzelnen Staaten zu bewerten. Die sogenannte International Verification & Follow-up Commission, in der Delegierte der Vereinten Nationen, die Präsidenten der fünf betroffenen Staaten sowie Vertreter dreizehn weiterer südamerikanischer Länder vertreten waren, kam zu dem Ergebnis, daß auch Nicaragua »konkrete Schritte in Richtung einer Demokratisierung aufweisen kann und als einzige Regierung in der Region in angemessener Weise auch Führerpersönlichkeiten aus der Opposition am Aufbauprozeß beteiligt«. Zusätzlich verurteilte der Ausschuß Präsident Reagans Mittelamerikapolitik und bemerkte: »Der sofortige Stopp der US-Finanzhilfe an die *Contra*-Bewegung ist eine der wichtigsten, Voraussetzungen, um den Erfolg des Friedensprozesses zu sichern.« Diese Stellungnahme der Kommission wurde im richtigen Wortlaut zum Beispiel in der *Los Angeles Times* und in der *Chicago Tribune* veröffentlicht. Die Leser der *New York Times* mußten sich dagegen mit der Information, das Treffen des Ausschusses sei »mit wenig Einverständnis« beendet worden, begnügen. Die Fragen von FAIR: »Warum wurde diese falsche Darstellung in der Zeitung nicht berichtigt, und warum wurde die Verlautbarung der Kommission, die die Meinungen eines großen Teils der Regierungen Südamerikas darstellt, nicht an einer ihr gebührenden Stelle in der *New York Times* erwähnt?«

Das zweite Beispiel: Die angesehene Tageszeitung *Christian Sciene Monitor* und der *Columbia Journalism Review* berichteten, daß die CIA seit einiger Zeit versuche, Journalisten in Honduras und Costa Rica durch Arbeitsabkommen und Bestechung für Propagandazwecke zu gewinnen. Geplant war eine Intensivierung der negativen Berichterstattung über die Regierung Nicaraguas in den Medien beider Länder und in der internationalen Presse. Die entsprechenden öffentlichen Aussagen der Vorsitzenden der Journalistengewerkschaft Costa Ricas waren nachweislich auch der *New York Times* bekannt, blieben dort allerdings unerwähnt. Die Frage von FAIR: »Warum wurde diese Nachricht in der Berichterstattung der *New York Times* so gut wie ignoriert?«

Der von FAIR entworfene Fragebogen zur Berichterstattung über die Vorgänge in Mittelamerika wurde zusammen mit einem Begleitschreiben von Jeff Cohen, dem Direktor des Forschungsinstitutes, dem Chefredakteur der *New York Times*, Max Frankel, zugesandt. Ein Briefwechsel mit Joseph Lelyveld, dem damaligen leitenden Auslandsredakteur und Nachfolger Frankels, schloß sich an.[167] Hier Auszüge:

Fairness and Accuracy in Reporting, 25. Januar 1988.
Sehr geehrter Herr Frankel,
beigefügt ist ein Fragebogen, den wir auch einigen Ihrer Redakteure und Reporter, die für die Berichterstattung über Mittelamerika zuständig sind, übergeben haben. Wir wären sehr dankbar, wenn Sie sich ernsthaft mit den im Fragebogen angeschnittenen Themen beschäftigen würden. Bitte antworten Sie so schnell, wie dies der Wichtigkeit der Angelegenheit angemessen ist.
Mit freundlichen Grüßen, Jeff Cohen, Direktor.

The New York Times, 27. Januar 1988.
Sehr geehrter Herr Cohen,
ich habe Ihre fünfseitige Anklageschrift in Form eines Fragebogens erhalten. Mir scheint, ihm liegt die Vermutung zugrunde, daß es uns an Integrität fehle. Ich habe wirklich nicht die Zeit, ausführliche Antworten zu jeder der gestellten Fragen abzugeben, noch kann ich Ihnen das gewünschte Versprechen geben, daß ich aufhören werde, meine Frau zu schlagen. Ihre Zusammenfassung unserer Berichterstattung ist verzerrt und einseitig. (...) Wir haben hart an unseren Reportagen über Mittelamerika gearbeitet. Unsere dortigen Korrespondenten sind, so denken wir, die besten in der Region.

Sie alle sind ausgesprochen objektiv und geben keiner der über diesen Konflikt entbrannten politischen Meinungen, einschließlich der der Reagan-Administration, den Vorzug. Der Feldzug, den Sie gegen uns führen, hat sein Gegenstück im rechten Lager, das uns mit Beschwerdebriefen überschüttet.(...) Vielleicht würde es Ihnen Spaß machen, diese Briefe für mich zu beantworten.

Mit freundlichen Grüßen, Joseph Lelyveld, leitender Auslandsredakteur.

Fairness and Accuracy in Reporting, 8. Februar 1988.

Sehr geehrter Herr Lelyveld,

Sie haben irrtümlicherweise geschlossen, daß unser Fragebogen zur Berichterstattung der *New York Times* über Mittelamerika andeutet, daß es Ihnen und Ihren Kollegen an Integrität mangele. Genau das Gegenteil ist der Fall; gerade weil wir in Ihnen einen Journalisten sehen, der um Fairness und Anständigkeit bemüht ist, wagen wir es, Ihre (und unsere) Zeit in Anspruch zu nehmen, um diesen Dialog zu führen. (...) Wir hatten nicht die Absicht, eine Anklageschrift zu verfassen. Statt dessen glaube ich, daß eine unvoreingenommene und emotionsfreie Betrachtung des Fragebogens zeigt, daß wir es mit unserer Suche nach Antworten auf die darin gestellten Fragen durchaus ernst meinen. Selbst von führenden Spezialisten der Mittelamerika-Politik der USA wissen wir, daß sie unsere Fragen teilen – dies gilt ebenso für einige hoch geachtete Journalisten. (...) Wir hoffen auch weiterhin auf eine seriöse Beantwortung der Fragen durch die *New York Times*.

Mit freundlichen Grüßen, Jeff Cohen, Direktor.

The New York Times, 12. Februar 1988.

Sehr geehrter Herr Cohen,

ich weiß Ihre Mühe zu schätzen, nochmals auf meine Einwände Ihrem Schreiben gegenüber einzugehen. Aber wie dem auch sei, ich beabsichtige nicht, Ihre Fragen zu beantworten. Die zwei Probleme, die mir Ihr Fragebogen bereitete, bleiben bestehen: zum einen die Zeit, die die »ernsthafte« Beantwortung – geordnete Fakten und Gegenargumente, wie Sie vorschlagen – in Anspruch nähme, und zum anderen die Ihren Fragen zugrundeliegende Annahme, daß Sie eine Art Gerichtsbarkeit darstellen, vor der wir verpflichtet sind, uns zu verteidigen. Wir treffen alle Entscheidungen bezüglich unserer Nachrichten in gutem Glauben (...) und wir sind nicht bereit, unsere Prämissen einzuordnen, zu erklären, zu diskutieren und zu verteidigen.

Mit freundlichen Grüßen, Joseph Lelyveld, leitender Auslandsredakteur.

Fairness and Accuracy in Reporting, 2. März 1988.

Sehr geehrter Herr Frankel,

hiermit übersende ich Ihnen eine Kopie von FAIRs »Fragebogen an *New-York-Times*-Redakteure bezüglich: Berichterstattung über Mittelamerika« vom 23. Januar 1988, der Ihnen erstmals vor über einem Monat zugesandt wurde. Wir bei FAIR sind enttäuscht darüber, daß Sie es bisher vermieden haben, darauf zu antworten. Herr Lelyveld schrieb uns, daß es zeitraubend wäre, den Fragebogen zu beantworten. Etwas Zeit wäre dazu sicherlich nötig. Doch die ernsthaften Fragen nach Voreingenommenheit, die in diesem Dokument angesprochen werden, verlangen geradezu, sich dieser Mühe zu unterziehen. Vielleicht wäre ein Zusammentreffen von FAIR-Mitarbeitern und Redakteuren der *New York Times* eine Möglichkeit, die von uns gestellten Fragen anzusprechen. Kontaktieren Sie mich bitte, um ein solches Treffen zu vereinbaren.

Mit freundlichen Grüßen, Jeff Cohen, Direktor.

The New York Times, 7. März 1988.

Sehr geehrter Herr Cohen,

Herr Frankel hat Kenntnis von Ihrem Briefwechsel mit Joe Lelyveld, und er stimmt mit der Position, die letzterer eingenommen hat, überein. Wie sehen keinerlei Veranlassung für ein Zusammentreffen.

Mit freundlichen Grüßen, Peter Millones, Persönlicher Assistent des Chefredakteurs.

Schlußbemerkung

*Much of what Americans believe (...) comes from the ›Times‹, even
though many have never seen a copy of it.*

RUSS BRALEY[1]

Im Jahre 1990 betrug die durchschnittliche Auflagenhöhe der
Werktagsausgabe der *New York Times* etwa eine Million Exemplare mit einer geschätzten Zahl von 2 690 000 Lesern. Die Auflage
der Sonntagsausgabe lag damals bei über anderthalb Millionen,
wobei von 4 450 000 Lesern ausgegangen wurde. Schon 1993 hatten
sich diese Zahlen deutlich erhöht, und das Wirtschaftsmagazin *The
Economist* prognostizierte: »Die Auflagenhöhe steigt beständig, in
der Stadt New York ebenso wie im Rest des Landes.«[2] Zu Beginn
des Jahres 1996 wurden täglich über 1 150 000 Exemplare der Werktagsausgabe gedruckt, und die Sonntagsausgabe erreichte einen
Höchststand von über 1 700 000 verkauften Exemplaren. Damit
kann heute von über drei Millionen Lesern beziehungsweise fünf
Millionen ausgegangen werden.

Der Leserkreis der *New York Times* setzt sich mehr als bei jeder
anderen Zeitung, wie Marktanalysen zeigen, aus Personen mit
höherer Schulbildung und hohem Einkommen zusammen. Vor-
standsmitglieder aus der Wirtschaft, leitende Angestellte aus dem
Finanzwesen und Professoren und Studenten der Elite-Universitä-
ten gehören ebenso zu den Lesern der *New York Times* wie Kon-
greßmitglieder, Regierungsangestellte und Beamte in höchsten
Positionen. Die Soziologin Carol Weiss, die die Lesegewohnheiten
der Führungsgruppen in den USA untersuchte, kam zu dem Ergebnis, daß die *New York Times* von allen Printmedien die meist-
bevorzugte ist und ihren Kolumnisten das größte Vertrauen geschenkt wird. Weiss faßt mit einem Verweis auf die unterschied-

lichen Wirkungsbereiche der von ihr befragten »leadership groups« zusammen: »Der einzige Lesestoff, den fast alle gemeinsam teilen, ist die *New York Times*.«[3] Russ Braley, der die Ergebnisse von Carol Weiss bestätigt, weist zusätzlich darauf hin, daß die umfassenden Buchbesprechungen der *New York Times* größten Einfluß auf die Entscheidungen großer Verlagshäuser und damit auf den Erfolg oder Mißerfolg von Publikationen aller Art haben: »Die *Times* befindet sich im Zentrum des Buchdruckgewerbes.«[4] Darüber hinaus sind Autoren und Wissenschaftler in den USA bei der Quellensuche zu zeitgeschichtlichen Themen auf den Times Index, das größte Nachschlagewerk seiner Art, angewiesen, was fast zwangsläufig dazu führt, daß die Benutzer auch die Sichtweisen der *New York Times* übernehmen. Im engsten Einflußbereich der *New York Times*, also in und um New York City, befinden sich außerdem etwa zweihundert Hochschulen und Universitäten, die wichtigsten Nachrichtendienste und die Vereinten Nationen, die sich allesamt bei der Informationssuche auf Nachrichten und Kommentare der Zeitung stützen. Zusammengefaßt kann festgehalten werden, daß ein Großteil der Eliten und der Entscheidungsträger in den USA zum Leserkreis der *New York Times* gehört – oder, wie es Sidney Gruson, der ehemalige stellvertretende Vorsitzende der New York Times Company, formulierte, »the very very very top top top«.[5]

Eine weitere wichtige Information für ein besseres Verständnis des immensen Einflusses der *New York Times* ist die Tatsache, daß sich Reporter und Redakteure anderer Medien stark an der Berichterstattung dieser Zeitung orientieren. Vor allem im Bereich internationaler Nachrichten verlassen sich nicht wenige bedeutende Zeitungen, Zeitschriften und Radio- und Fernsehstationen auf die Berichte und Kommentare der *New York Times*. Neuigkeiten, die auf den Seiten der *New York Times* erscheinen, gelten als seriös und »politisch korrekt« und werden bedenkenlos kopiert und weiterverbreitet: »Immer dann, wenn den Redakteuren und Produzenten bei ihrer Nachrichtenauswahl Zweifel kommen, prüfen diese, ob die betreffende Geschichte überhaupt in der *New York Times* erschienen ist, und wenn ja, wie sie dort behandelt und dargestellt wurde.«[6] Dieser Mechanismus trifft in besonderem Maße auf die Arbeitsweise des Pressekorps in Washington zu. Die Journalisten in der Hauptstadt stehen in einem besonders harten Wettbewerb untereinander und müssen, um ihrer Karriere willen, allgemeingültigen Richtlinien streng Folge leisten.[7] James Aronson schreibt: »Der Kern des Washingtoner Pressekorps bildet ein einziges homogenes Gebilde, das sich, obwohl es sich aus vielen unterschiedlichen Personen zusammensetzt, doch in einem harmonischen Rhythmus bewegt: Fast jeder Beteiligte denkt und schreibt in einer ähnlichen Art und Weise und kommt zu nahezu identischen Schlußfolgerungen.«[8] Den Maßstab hierbei setzen im wesentlichen die *New York Times* und in geringerem Maße auch die *Washington Post*.[9] Der Tenor der Nachrichten und Kommentare der *New York Times* wird am Tag nach der Veröffentlichung meist von den Medien in Washington übernommen und bald darauf im ganzen Land. Barry Rubin und James Aronson sprechen deshalb von einem »journalism of the herd«, also einem Gruppenverhalten, bei dem die Mehrzahl der Journalisten in fast blindem Vertrauen der Berichterstattung dieser beiden führenden Zeitungen folgt: »Ist erst einmal die Nachricht des Tages festgelegt, so können die Medien zu einer ausgebrochenen Herde wildgewordener Tiere werden, die sich kaum noch in eine andere Richtung lenken läßt«, schreibt Rubin.[10] Auch Aronson schreibt in diesem Sinne: »Wenn das Leittier eine Neuigkeit preisgibt oder eine bestimmte Schlußfolgerung zieht, so folgt der Rest der Herde ihm umgehend. Die Reportagen der einzelnen Herdenmitglieder variieren schließlich nur noch in sehr geringem Maße, und ihre Interpretationen unterscheiden sich so gut wie überhaupt nicht mehr.«[11]

Ähnliches gilt für die elektronischen Medien. Zu großen Teilen beruht zum Beispiel auch die Arbeit der führenden Fernsehstationen CBS und NBC auf Zeitungsausschnitten aus der *New York Times* und der *Washington Post*.[12] Der Medienwissenschaftler Michael Rice beschreibt die morgendliche Lektüre der *New York Times* als Pflichtübung für Politiker in allen Bereichen einschließlich des Präsidenten, da die Berichte und Kommentare der Zeitung gewöhnlich in den Abendnachrichten der wichtigsten Fernsehsender übernommen und von Millionen von Zuschauern im ganzen Land gesehen werden: »Die *New York Times* ist eine Art Vorwarnung für das, was dann am Abend auf den Bildschirmen erscheinen wird.«[13] Auch die verschiedensten Radiostationen vertrauen auf die »Expertenmeinungen« von Reportern und Kolumnisten der renommierten Zeitungen. Jeff Cohen von FAIR kommentiert: »Die Menschen überall in den USA sind sich dessen zwar nicht bewußt, doch wenn sie die Fernsehnachrichten anschalten oder NPR, den Sender des National Public Radio, hören, ›lesen‹ sie eigentlich die *New York Times* oder die *Washington Post*.«[14]

Die Führungsrolle der *New York Times* wird auch in solchen Fällen deutlich, in denen sich die Redaktion aus politischen und wirtschaftlichen Gründen gegen die Veröffentlichung ihr bekannt gewordener Informationen entschied. Beispiele dafür wurden in den vorangegangenen Kapiteln vorgestellt. Nachrichten, die nicht in der *New York Times* oder der *Washington Post* erschienen, werden dementsprechend auch von anderen Medien ignoriert. Robert Parry, Journalist bei Associated Press und *Newsweek* und einer der Zeugen, die 1986 gegen Oliver North aussagten, um die Verbindungen der Reagan-Regierung zur salvadorianischen Militärjunta aufzuklären, äußerte sich beispielsweise über den Einfluß der beiden großen Zeitungen vor Gericht folgendermaßen: »Wenn diese beschließen, daß ein bestimmtes Thema nicht zur öffentlichen Nachricht erhoben werden soll, dann ist es äußerst schwierig, selbst die eigenen Redakteure davon zu überzeugen, daß es sich *doch* um eine Nachricht handelt.«[15] Die *New York Times* ist also nicht nur in der Lage, das »wording«, die Formulierung, Akzentuierung und Interpretation von Ereignissen in der Berichterstattung der Medien, zu bestimmen, sondern sie entscheidet auch, welche Informationen überhaupt in die Nachrichten eingehen und in den USA Verbreitung finden.

Neben diesen indirekten Wegen stehen dem Unternehmen noch andere sehr konkrete Mittel zur Verbreitung von Berichten und Kommentaren und damit zur Informations- und Meinungsbeeinflussung zur Verfügung. Wie oben beschrieben, setzt sich die New York Times Company aus unzähligen kleineren Zeitungen, diversen Magazinen und verschiedenen Fernseh- und Radiostationen zusammen, die die Nachrichten der New Yorker Zentrale übernehmen und weiterleiten. Große Bedeutung kommt außerdem der New York Times Information Services Group zu, die sich seit einigen Jahren intensiv darum bemüht, den Konzern durch den Einsatz neuer Medien auf den Informationsmarkt der Zukunft vorzubereiten. Schon jetzt kann jeder in der *New York Times* erschienene Artikel über America online Millionen US-Haushalten angeboten oder per Satellit über Times-FAX beispielsweise an etwa 150000 interessierte Leser auf Kreuzfahrtschiffen auf allen Weltmeeren weitergereicht werden. Auch die Kooperation der *New York Times* mit diversen Firmenmagazinen von Großunternehmen wie USAir oder IBM läßt den Leserkreis weiter in die Höhe schnellen. Durch die zusätzliche Verbreitung über die unternehmenseigene CD-ROM, das britisch-niederländische Online-System Lexis-Nexis oder das World Wide Web kann die Leserschaft eines beliebigen *New-York-Times*-Berichtes leicht eine Zahl von sechs Millionen und mehr erreichen.[16] Zusätzliche Abonnenten erreicht der schon während des Ersten Weltkriegs gegründete New York Times News Service, der heute weltweit mehr als sechshundert Medienkunden mit Informationen beliefert und sich damit zur drittgrößten Nachrichtenagentur der USA entwickelt hat.[17] Durch die Spezialisierung des Nachrichtendienstes auf den Verkauf von Material für Meinungsseiten und von Kommentaren der diesem Service angeschlossenen angesehenen Kolumnisten der *New York Times* ergänzt er geschickt das Angebot der beiden traditionellen amerikanischen Agenturen Associated Press und United Press International, die selbst meist nur mit Daten und Fakten handeln. Über Satellitensysteme und im Internet dringen die sich im Angebot des Nachrichtendienstes befindlichen Botschaften der *New York Times* so in Minutenschnelle zu den Medien in aller Welt.

Diese hier beschriebene Sonderstellung der *New York Times* veranlaßte Russ Braley schon vor einigen Jahren zu der Schlußfolgerung, daß die Nachrichtenübermittlung durch die »Gray Old Lady« zumindest in den USA mittlerweile so umfassend geworden sei, »daß sich die Titelseiten der Zeitungen quer durch das Land, angefangen beim *Boston Globe* bis hin zum *Seattle Post-Intelligencer*, wie ein Ei dem anderen gleichen.«[18] Angemerkt werden muß dazu, daß gerade Neuenglands Zeitung Nummer eins, der *Boston Globe*, mit einer täglichen Auflagenhöhe von über einer halben Million, im Jahre 1993 von der New York Times Company aufgekauft wurde. Ein Beispiel, das auf einen weiteren Faktor verweist, der für den zunehmenden Einfluß der *New York Times* verantwortlich ist: das fortschreitende Zeitungssterben in den USA.

Während der erbitterte Konkurrenzkampf um Leser und Werbekunden unabhängige und traditionsreiche Lokalzeitungen vom Markt verdrängt, festigt er gleichzeitig das Nachrichtenmonopol der *New York Times*. Selbst für die siebzehn Millionen Menschen im Einzugsbereich von New York City, der amerikanischen Stadt, die sich lange der größten Dichte an Tageszeitungen rühmte, gibt es seit dem Konkurs des *New York Newsday* im Juli 1995 keine ernsthafte Alternative zur Zeitung der Sulzbergers mehr.[19]

Diese Tatsachen und Entwicklungen sind gute Gründe, um – wie in diesem Buch geschehen – über die Auswirkungen des immensen Einflusses der *New York Times* nachzudenken. Die Resultate dieser Analyse zeigen, daß es für die Sicherung demokratischer Grundstrukturen geraten scheint, auch in Zukunft einen sehr genauen und kritischen Blick auf die Berichterstattung des Blattes zu werfen und die Selbstdarstellung des Unternehmens zu hinterfragen. Dies gilt für den wissenschaftlichen wie für den praktischen, also alltäglichen Umgang mit dieser Zeitung.[20] Fassen wir noch einmal zusammen:

Auf der Höhe des Konfliktes zwischen Präsident Nixon und den führenden US-Medien übergab der Regierungsangestellte Daniel Ellsberg die als *Top Secret* klassifizierten Pentagon Papers an die *New York Times*. Der Chefredakteur A. M. Rosenthal sah in diesen Dokumenten ein willkommenes Mittel, um u. a. eine Wende in den Beziehungen zwischen Regierung und *New York Times* zugunsten der Zeitung herbeizuführen. Tatsächlich befand sich das Blatt zu diesem Zeitpunkt in einer geschwächten Position, da Nixon alles darangesetzt hatte, die Privilegien und den Einfluß der Zeitung zu beschneiden. Obwohl überzeugter Antikommunist und Befürworter der amerikanischen Interventionen in Vietnam, entschied sich Rosenthal – unterstützt durch Verleger Arthur Ochs Sulzberger – für eine Veröffentlichung der Dokumente. Im Sommer 1971 druckte die *New York Times* schließlich entscheidende Auszüge der Pentagon Papers, was dazu führte, daß Nixon die allgemeine Unterstützung für seine Außenpolitik verlor. Das Vertrauen der Öffentlichkeit in den Präsidenten war erschüttert und sein Rücktritt nach der Watergate-Affäre unvermeidlich geworden. Die *New York Times* dagegen rühmte sich, das im *First Amendment* der amerikanischen Verfassung garantierte Grundrecht der uneingeschränkten Pressefreiheit und freien Meinungsäußerung verteidigt zu haben. In Wirklichkeit war es der Zeitung durch diese Veröffentlichung jedoch gelungen, ihre eigene mächtige Position in Washington unter Beweis zu stellen. Der zugunsten des Blattes gefällte Gerichtsentscheid kann im nachhinein als Ausgangspunkt eines Entwicklungsprozesses angesehen werden, durch welchen es der *New York Times* in einem Zeitraum von mehr als zehn Jahren gelang, enge Kontakte zu Politik und Wirtschaft aufzubauen. Doch zurück in das Jahr 1971:

Der Erfolg der Veröffentlichung und die Stärkung der Position der *New York Times* erhöhten gleichzeitig auch Rosenthals Einfluß im Unternehmen. Als Immigrantensohn aus ärmsten Verhältnissen kommend, hatte er lange auf diesen Zeitpunkt für seinen weiteren Aufstieg warten müssen. Mit dem Triumph der *New York Times* über Nixon sah der Chefredakteur die Zeit für umfassende Veränderungen gekommen, und sein konservatives, patriotisches und antikommunistisches Weltbild sollte von nun an die Zukunft der Zeitung bestimmen. Diese Machtausdehnung Rosenthals war allerdings nur durch die Übernahme der Spitzenposition im Verlag durch Arthur Ochs Sulzberger, genannt »Punch«, möglich geworden. Verwöhnt durch die Privilegien seiner einflußreichen Familie, hatte Sulzberger kaum eine Chance gehabt, die nötige Reife für die ihm zugedachte Aufgabe im Unternehmen des Vaters zu erlangen. Der plötzliche Tod des Schwagers brachte ihn unerwartet früh an die Spitze des Verlages, so daß Rosenthal leichtes Spiel hatte, den jungen Verleger für seine Ziele zu begeistern. In Abstimmung mit »Punch« leitete Rosenthal umfassende Personalveränderungen, den Umbau der hierarchischen Struktur der Zeitung und eine inhaltliche Verschiebung der Berichterstattung ein. Beginnend mit dem *metropolitan desk*, dem Washingtoner Büro und der *editorial page*, beschnitt Rosenthal nach und nach und mehr und mehr die Unabhängigkeit und Entscheidungsfreiheit der einzelnen Bereiche des Nachrichtenressorts und ihrer jeweiligen Redakteure. »Unbequeme« Journalisten wurden versetzt oder entlassen und ausgewählte Mitarbeiter in die wichtigsten Schlüsselpositionen befördert. Mit Unterstützung des Verlegers gelang es dem Chefredakteur so, die Entscheidungsgewalt über redaktionelle Fragen aus allen Bereichen in seiner Hand zu zentralisieren. Vom wachsenden Einfluß Rosenthals profitierte auch Sulzberger, denn nur mit Hilfe des Chefredakteurs konnte er anfangs sozusagen seine Fähigkeiten als Verleger unter Beweis stellen und die eigene Führungsposition in der Unternehmensgruppe festigen.

Da sich die *New York Times* zu Beginn der siebziger Jahre, bedingt durch die allgemeine Rezession und die Einführung drucktechnischer Innovationen, in einer finanziellen Krise befand, konnte Rosenthal vor dem Aufsichtsrat argumentieren, daß für das Überleben der New York Times Company eine Umstrukturierung der Zeitung unverzichtbar sei: Seriöse und finanzkräftige Leser und Werbekunden könnten nur durch eine entsprechend konservative Linie des Blattes gewonnen werden. Schädliche, »geschäftsfeindliche Tendenzen« hatte Rosenthal in fast allen Abteilungen ausgemacht. Parallel zur »Korrektur« der politischen Richtung sorgte Rosenthal nun dafür, daß die *New York Times* auch als Werkzeug für die Durchsetzung wirtschaftlicher Interessen interessanter wurde. Dies erreichte er mit der Einführung von *life-style sections*, d. h. Beilageblättern, die den Hauptteil der Zeitung ergänzten und ganz auf das Konsumverhalten der Wohlhabenden der Stadt zugeschnitten waren. Tatsächlich gelang es ihm, einen neuen finanzstarken und kauffreudigen Leserkreis aufzubauen und so die exklusivsten Werbekunden für die *New York Times* zu gewinnen. Ende der siebziger Jahre erwirtschaftete die New York Times Company schließlich größere Gewinne als je zuvor in ihrer Geschichte. Neue Kapitalanlagen führten auch zur Ausweitung der Unternehmensgruppe. Durch Investitionen in allen Bereichen der Medienbranche sowie im Druckgewerbe und in der Forstindustrie konnte sich die New York Times Company zum einflußreichsten Medienkonzern der USA entwickeln. Weitverzweigte Verbindungen zu Firmen, Banken und Kanzleien entstanden, und die Querverbindungen der einzelnen Direktoren der New York Times Company führten zu zahlreichen Verflechtungen mit Führungsgremien anderer Unternehmen aus den unterschiedlichsten Bereichen. Gemeinsame Interessen öffneten neue Wege der Kooperation zwischen der *New York Times* und ihren Partnern. So wurde die Zeitung als Werbeträger nicht allein für Produktwerbung, sondern zunehmend für die Verbreitung ganzer Firmenkonzepte führend und unentbehrlich.

Zur gleichen Zeit sorgte der Amtsantritt Reagans dafür, daß die *New York Times* auch auf politischer Ebene an Bedeutung gewann. Die Medienberater des Präsidenten, Michael Deaver und David Gergen, entwarfen ein Konzept, das auch die Beziehungen zwischen Regierung und Presse nachhaltig veränderte. Im Gegensatz zur Medienpolitik Nixons zielte ihre Strategie auf die Kooperation mit einigen ausgewählten Medien – allen voran die *New York Times*. Auch Chefredakteur Rosenthal sorgte seinerseits für verbesserte Beziehungen zum Weißen Haus. Neben dem Aufbau persönlicher Kontakte mit hohen Regierungsangestellten wechselten Journalisten und Staatsbeamte oft mehrmals im »Drehtürverfahren« ihre Positionen zwischen Zeitung und Ministerien. Ansehen und Leserkreis trugen ebenfalls dazu bei, daß sich die *New York Times* zum wichtigsten Partner der führenden Kräfte in Washington entwickeln konnte; schließlich garantierte die Zeitung die schnelle und effiziente Verbreitung jeder Art von Nachrichten und umgab diese gleichzeitig mit einer Aura von Seriosität und Objektivität – also dem Selbstverständnis der *New York Times*. Während der Ära Reagan wuchs so eine gegenseitige Abhängigkeit zwischen Journalisten und Politikern, die durch die Informationskontrolle seitens der Regierung und die Steuerung der Nachrichtenverbreitung durch die Zeitung in einer Art Balance gehalten wurde – eine Beziehung, die fortwirkt.

Somit ergibt sich heute die folgende Situation: Für die führenden Konzerne und Großunternehmen in den USA ist die Zusammenarbeit mit der *New York Times* unerläßlich. Sie gewährleistet ihnen die Einflußnahme auf den nationalen Informationsfluß und damit die Unterstützung ihrer politischen und wirtschaftlichen Interessen. Angemerkt werden muß, daß es infolge der intensiven personellen und finanziellen Verflechtungen der New York Times Company, die eine klare Trennung von Nachrichtenmedium und Wirtschaftssystem nicht mehr zulassen, auch im Interesse der Zeitung liegt, die Mehrzahl der Firmen beziehungsweise ihre gewinnversprechenden Transaktionen in einem positiven Licht zu porträtieren. Die Art und Weise der Berichterstattung kann somit über Unterstützung oder Ablehnung beziehungsweise über Erfolg oder Mißerfolg wirtschaftlicher Aktivitäten entscheiden und garantiert dadurch auch die Festigung der einflußreichen Position der *New*

York Times innerhalb der Machtzentren des amerikanischen Wirtschaftssystems.

Ein ähnliches Arrangement zeigt sich auch auf politischer Ebene. Bedeutende Nachrichten aus dem Weißen Haus werden gegen das Versprechen einer schnellen und umfassenden Verbreitung oft nur an die *New York Times* weitergeleitet. Trumpf der Zeitung in diesem Zusammenspiel ist die Möglichkeit, über die Art und Weise der Berichterstattung zu entscheiden oder die gelieferten Informationen eventuell zu ignorieren. *The power to select*, also die Macht auswählen zu können, symbolisiert den eigentlichen politischen Einfluß der *New York Times* in Washington. Besonders deutlich wird dieser Mechanismus in der internationalen Berichterstattung. Als Herausgeber entscheidet die Familie Sulzberger in Absprache mit den einflußreichsten Redakteuren und Kolumnisten über die Richtlinien in ihrer Auslandsberichterstattung, wobei im Regelfall die Politik des Präsidenten und das von Regierungskreisen gewünschte Bild internationaler Ereignisse als Maßstab gilt. Das Resultat sind meist vereinfachte und stereotype Nachrichten, die oft den Eindruck einer aus den Fugen geratenen Außenwelt vermitteln, während dem Leser parallel dazu vorzugsweise Erfolge Amerikas vor Augen geführt werden. Erreicht wird dadurch eine Unterstützung der mit der amerikanischen Außenpolitik beabsichtigten Durchsetzung politischer und wirtschaftlicher Ziele der USA und damit auch der Interessen der New York Times Company.

In diesem Zusammenspiel macht es kaum einen Unterschied, welche Partei – ob Demokraten oder Republikaner – nun gerade die Administration stellt. Es kann davon ausgegangen werden, daß die *New York Times* auch in der Zukunft jede Regierung stützen wird, die ihr ›Mitspracherecht‹ in Washington akzeptiert und respektiert. Anders verhielte sich die Situation, würde Clintons Nachfolger, beispielsweise ein republikanischer Präsident, die einflußreiche Position der *New York Times* ignorieren oder sogar kritisieren. In diesem Falle würde die Zeitung mit großer Wahrscheinlichkeit zu einer oppositionellen beziehungsweise demokratischen Position umschwenken und so ihre eigene Macht unter Beweis stellen. Ein erneuter Wechsel der politischen Richtung des Blattes wäre dann wohl erst nach der Lösung der zuvor entstandenen Konfliktpunkte zwischen Medium und Regierung zu erwarten.

Diese Taktik macht dann auch verständlich, weshalb die *New York Times* allein anhand ihrer Berichterstattung politisch kaum einzuordnen ist. Hintergrundwissen ist erforderlich, um zu begreifen, weshalb die *New York Times* trotz ihrer heute konservativen Grundhaltung zeitweise auch bei wichtigen politischen Themen eine liberale beziehungsweise oppositionelle Position einnehmen muß, um ihre eigene einflußreiche Stellung als bedeutendes marktwirtschaftliches Unternehmen und politischer Machtfaktor zu sichern. Aus diesem Grunde ist nicht auszuschließen, daß die Zeitung auch in der Zukunft einmal, wie im Falle Nixons geschehen, etablierte Strukturen angreifen oder sogar in Frage stellen wird – dann allerdings nicht, um der Funktion einer freien Presse in einer funktionierenden Demokratie gerecht zu werden, sondern schlicht und einfach aus Eigeninteresse. Angesichts der zu Beginn dieses Buches vorgestellten neuesten politischen und gesellschaftlichen Vorgänge in den USA ist dies eine bedrohliche Entwicklung.

Auf eine soziologische Ebene übertragen bedeutet das: Die *New York Times* stützt und fördert Macht und Einfluß der führenden Eliten oder – laut Aronson – der Mächtigen »in den Schaltzentralen von Regierung, Militär und Wirtschaft«,[21] zu denen auch die Familie Sulzberger gehört. Dies geschieht, indem die Zeitung durch eigene Reportagen, Kommentare und ihren großen Einfluß auf andere Medien dafür sorgt, daß die Werte und Meinungen der Privilegierten von der Allgemeinheit nahezu unreflektiert akzeptiert beziehungsweise übernommen werden oder, wie es Lee und Solomon in Anlehnung an Chomsky, Greider und Hertsgaard formulieren: »Indem die US-Presse für die Verbreitung der Zielvorstellungen der Eliten sorgt, spielt sie eine ganz entscheidende Rolle bei der öffentlichen Meinungsbildung; sie dient als eine Art Transformator, in welchem die Meinungen der Eliten, wenn auch in vereinfachter Form, zur Meinung der Allgemeinheit umgewandelt werden.«[22] Dieser Prozeß kann jedoch nur so lange reibungslos funktionieren, wie es der *New York Times* gelingt, den Anschein von politischer Unabhängigkeit glaubwürdig zu vermitteln. U. a. deshalb, also um ihre wahre konservative Grundhaltung nicht erkennen zu lassen, vertritt die Zeitung in Nachrichtenbereichen, die außerhalb ihres Arrangements mit Regierung und Wirtschaft liegen, eine oft liberale, in Ausnahmefällen sogar progressive Haltung.

Für die *New York Times* sozusagen ungefährlich, ja sogar politisch und auch wirtschaftlich überlebensnotwendig, ist demnach engagierte Kritik beispielsweise an Themen aus Kunst und Geschichte, an sozialen und politischen Konfliktsituationen auf lokaler Ebene oder an Ereignissen, die sich außerhalb der Grenzen der Vereinigten Staaten abspielen. Nur so, zusätzlich noch unterstützt durch öffentlichkeitswirksame Kritik von rechts, kann die *New York Times* ihren Ruf als objektive Informantin und unparteiische Wächterin demokratischer Werte – wie im Jubiläumsjahr 1996 erneut beteuert – vor der Öffentlichkeit wahren. Eine Janusköpfigkeit, die einerseits die entscheidende Voraussetzung für die Zeitung ist, um als unentbehrlicher Faktor im Machtgefüge der USA anerkannt und respektiert zu werden, andererseits aber auch Ausdruck des Widerspruches zwischen der Realität und dem Mythos der *New York Times*.

Anhang

Anmerkungen

1 Salisbury 1980, 593.

Vorbemerkung

1 Schriftwechsel zwischen Joseph Lelyveld und Jeff Cohen, Direktor von FAIR; Brief vom 12. Februar 1988.
2 »Washingtons neue Herren«, in: *Der Spiegel* 46 / 1994.
3 »The Gingrich Paradox«, in *The New York Times*, 5. Januar 1995. Siehe auch Carlos Widmann, »Herrscher auf dem Hügel«, in: *Der Spiegel* 2 / 1995.
4 Siehe »Alpträume der Verderbtheit«, in: *Der Spiegel* 44 / 1995.
5 Siehe Parry 1995.
6 Ebd.
7 Siehe Matthias Matussek, »Radio Gaga, Radio Haß«, in: *Der Spiegel* 14 / 1995.
8 Siehe Matthias Matussek, »Netzwerk der Rechten«, in: *Der Spiegel* 42 / 1994.
9 *New York Times Magazine*, 9. Oktober 1994.
10 Siehe Naureckas 1995.
11 Eine Auflistung der wichtigsten Geldgeber befindet sich in Schulman 1995.

Die Pentagon Papers

1 Salisbury 1980, 593.
2 Siehe Matthias Matussek, »Der Fürst der Finsternis«, in: *Der Spiegel* 51 / 1995.
3 Bernard Weinraub, »Professor Stone Resumes His Presidential Research«, in: *The New York Times*, 17. Dezember 1995.
4 Siehe Walker 1982, 225.
5 Siehe Zucker 1991, 63.
6 Siehe Parenti 1986, 174.
7 Siehe Susan Welch in: *The Nation*, 11. Oktober 1971.
8 Aronson 1972, 45.
9 Siehe ebd., 43.
10 Siehe Parenti 1986, 71.
11 Vgl. dazu beispielsweise Schuster 1995, Einleitung.
12 Siehe Schudson 1978, 179; Zucker 1991, 62.
13 Vgl. White, Krock und Graber.
14 Siehe Goulden 1988, 140.
15 Halberstam 1979, 445f.
16 Ebd., 446.
17 Siehe Aronson 1990, 299.
18 Hamill, 1. Oktober 1985.
19 Herbers 1976, 50.
20 Salisbury 1980, 286.
21 Siehe Leo Wieland, »Spiro Our Hero kehrt zurück aus der Abstellkammer der Zeitgeschichte«, in: *Frankfurter Allgemeine Zeitung*, 24. Mai 1995.
22 (Bernard) Rubin 1977, 77.

23 Aronson 1990, 289.

24 Siehe Nyhan / Rivers 1973, 5.

25 Keogh 1972, 201.

26 Siehe Lee / Solomon 1990, 142.

27 Keogh 1972, 10.

28 Dinsmore 1969, 14.

29 Ebd., 252.

30 Lee / Solomon 1990, 142.

31 Hertsgaard 1988, 83.

32 Nyhan / Rivers 1973, 20.

33 Keogh 1972, 10.

34 Ebd., 11.

35 Der 1791 in Kraft getretene erste Zusatzartikel der amerikanischen Verfassung ist Teil der sogenannten *Bill of Rights* und besagt: »Der Kongreß darf kein Gesetz erlassen, das die Einführung einer Staatsreligion zum Gegenstand hat, die freie Religionsausübung verbietet, die Rede- oder Pressefreiheit oder das Recht des Volkes einschränkt, sich friedlich zu versammeln und die Regierung durch Petition um Abstellung von Mißständen zu ersuchen.« Im Original: »Congress shall make no law respecting an establishment of religion, or prohibiting the free exercise thereof; or abridging the freedom of speech, or of the press; or the right of people peaceably to assemble, and to petition the Government for a redress of grievances.«

36 Aronson 1990, 291.

37 Ebd., 289.

38 Robert S. McNamara, *In Retrospect – The Tragedy and Lessons of Vietnam*, New York, 1995. In der deutschen Fassung: *Vietnam – Trauma einer Weltmacht*, Hamburg, 1996. Siehe auch »Tränen des Falken«, in: *Der Spiegel*, 16 / 1995; Marc Pitzke, »Nichts ist vergessen«, in: *Die Woche*, 28. April 1995.

39 Siehe Sheehan 1971, XV.

40 Ebd., XX.

41 Siehe ebd., XIX.

42 Ebd., XXIII.

43 Braley 1984, 387.

44 Ebd., 398.

45 »Obwohl Abe Rosenthal versuchte, Sheehans Einstellung zu verhindern, setzten sich Reston und Halberstam mit ihrem Bemühen durch.« Braley 1984, 383.

46 Ebd., 397.

47 Siehe Aronson 1990, 292.

48 Halberstam 1979, 447.

49 Ebd., 448.

50 Ebd., 448.

51 Aronson 1990, 166; Rivers 1982, 12.

52 Aronson 1990, 169.

53 Brasch / Ulloth 1986, 430; Aronson 1990, 176.

54 Siehe Brasch / Ulloth 1986, 430.

55 Aronson 1990, 169.

56 Rubin 1978, 46.

57 Aronson 1990, 294.

58 Aronson 1972, 51

59 Vgl. Aronson 1990, 294 f.: »The implication here was that neither the *Times* nor perhaps any other newspaper which had joined the fray would publish classified material relating to current or future events, no

matter how salutary to the national interest public knowledge of that material might be.«

60 Halberstam 1979, 568.
61 Ebd., 568.
62 Ebd., 568.
63 Zucker 1991, 63.
64 Siehe Halberstam 1979, 568.
65 Ebd., 568.
66 Zucker 1991, 63.
67 Braley 1984, 411.
68 Ebd., 182.
69 Vgl. Goulden 1988, 184.
70 Siehe Braley 1984, 402.
71 Ebd., 402.
72 Siehe Halberstam 1979, 569.
73 Goulden 1988, 182.
74 Salisbury 1980, 34.
75 Siehe Halberstam 1979, 570.
76 Goulden 1988, 182.
77 Siehe Halberstam 1979, 570.
78 Aronson 1972, 54.
79 Vgl. Braley 1984, 406.
80 Siehe Bradlee 1995, 432f.
81 Siehe Braley 1984, 406.
82 Siehe ebd., 407f: »(…) nine days after the *Times* series started, (…), the Senate passed an amendment by Mike Mansfield that would have demanded a troop pull-out in nine months if American POWs were freed. The House killed the amendment, but the Senate action constituted a breakthrough in sentiment.«
83 Ebd., 407f.
84 Siehe Aronson 1972, 53.
85 Braley 1984, 408.
86 Siehe ebd., 409.
87 Ebd., 411.
88 Siehe ebd., 414.

89 Aronson 1972, 42.
90 Ebd., 42.
91 *The New York Times*, zitiert in Sheehan 1971, 681.
92 *Der Spiegel:*, »Eine unermeßlich wertvolle Entscheidung«, Nr. 28 / 1971.
93 Brasch / Ulloth 1986, 438.
94 Vgl. Braley 1984, 415.
95 Siehe Aronson 1972, 49.
96 Zucker 1991, 63. Vgl. auch Walker 1982, 232: »(…) The American press, led by the *Times* and the *Washington Post*, found themselves forced into a new role as institutional, or constitutional critics of government itself. (…) *The Times'* increasingly critical editorials on the Vietnam war, and the way in which the Nixon administration tried to control the press and stop the publication of the Pentagon Papers, were the thesis and antithesis of the process. And Watergate was the synthesis, confirming and justifying the press in its adversary role against government.«
97 Siehe Aronson 1972, 56.
98 Siehe Braley 1984, 423.
99 Ebd., 423.
100 Aronson 1972, 57.
101 Siehe ebd., 58.
102 Ebd., 58.
103 Ben Bradlee, Chefredakteur der *Washington Post* von 1968 bis 1991, bestätigt: »The *Post* did *not* have a copy (der Pentagon Papers), and we found ourselves in the humil-

iating position of having to rewrite the competition. Every other paragraph of the *Post* story had to include some form of the words ›according to the *New York Times*«, blood – visible only to us – on every word« (Bradlee 1995, 311).

104 Siehe Braley 1984, 392.

105 Siehe Aronson 1990, 300.

106 Salisbury 1980, ix. Vgl. Braley 1984, 570: »(…) The *Times* became the Fourth Estate with the publication of the manipulated Pentagon Papers.«

107 Vgl. Salisbury 1980, 34.

108 Siehe ebd., 34.

109 Ebd., X.

110 Ebd., 593.

Ein Familienunternehmen

1 Zitiert in »The Kingdom and the Cabbage«, in: *Time*, 15. August 1977.

2 Verena Lueken, »Kein wirklicher Nachrichtenjäger«, in: *Frankfurter Allgemeine Zeitung*, 5. Februar 1996.

3 Eine Erklärung der verschiedenen Namensänderungen der *New York Times* befindet sich in Shepard 1996, 335.

4 Schiller 1981, 72.

5 Siehe ebd., 71.

6 Siehe Schudson 1978, 5.

7 Fisher / Merrill 1980, 224.

8 Meyer 1951, 73.

9 Talese 1971, 326.

10 Siehe Jennifer Gonnerman, »Promotion Without Power«, in: *Village Voice*, 23. Januar 1996. Zur Diskriminierung von Frauen im Nachrichtenressort der *New York Times* siehe auch Nan Robertsons *The Girls in the Balcony*, New York, 1992.

11 Siehe Shepard 1996, 17.

12 »It will be my earnest aim that the *New-York Times* gives the news, all the news, in concise and attractive form, in language that is parliamentary in good society, and give it as early, if not earlier, than it can be learned through any other reliable medium; to give the news impartially, without fear or favor, regardless of any party, sect or interest involved; to make the columns of the *New-York Times* a forum for the consideration of all questions of public importance, and to that end to invite intelligent discussion from all shades of opinion« (Meyer 1951, 107; Schudson 1978, 110).

13 Schudson 1978, 108.

14 Siehe Meyer 1951, 109.

15 Vgl. Alterman 1992, 28: »Historians generally consider Ochs's *Times* to be the first example of a newspaper dedicated to objective journalism. But what Ochs and company wrought in the *Times* was less the goal of objective journalism than the goal of appearing to strive for it.«

16 »The Kingdom and the Cabbage«, In: *Time*, 15. August 1977.

17 »To be seen reading the *New*

York Times is a stamp of respectability.«

18 Schudson 1978, 117.

19 Domhoff 1980, 49.

20 Birmingham 1967, 8.

21 Ebd., 6f.

22 Siehe Birmingham 1984, 15.

23 Vgl. Birmingham 1967, 130.

24 Birmingham 1984, 15; vgl. ders. 1967, 7.

25 Birmingham 1984, 17.

26 Birmingham 1967, 290.

27 Birmingham 1984, 23.

28 Birmingham 1967, 291.

29 Ebd., 16.

30 Siehe Domhoff 180, 50.

31 »The Club, says Baltzell (1964, 362), is the tail that wags the corporate dog« (Domhoff 1980, 53).

32 Siehe Talese 1971, 168.

33 Zucker 1991, 68.

34 Siehe ebd., 162.

35 Salisbury 1980, 403.

36 Siehe Goulden 1988, 48.

37 Siehe Zucker 1991.

38 Siehe ebd., 163.

39 Ebd., 68; vgl. Talese 1985, 70.

40 Birmingham 1984, 31.

41 Judith Michaelson, »He Found it Fit to Print«, in: *New York Post*, 19. Juni 1971.

42 Salisbury 1980, 584f.

43 Eine von der *New York Times* selbst in Auftrag gegebene Biographie der Familie Ochs / Sulzberger wird von den Autoren Tifft und Jones erstellt und soll Ende 1996 bei Little, Brown & Company in New York erscheinen.

44 Siehe Shepard 1996, 4.

45 In Domhoff 1980.

46 Siehe Domhoff 1980, 18.

47 Siehe ebd. 19.

48 Siehe »Arthur Ochs Sulzberger Passes Post of *Times* Publisher to Son, Arthur Jr.«, in: *The New York Times*, 17. Januar 1992.

49 Zur näheren Erläuterung des Aktienvergabesystems der New York Times Company siehe Ausgaben der *New York Times* vom 20. Juni und 19. September 1986.

50 Henwood 1989.

51 Zitiert in »The Kingdom and the Cabbage«, in: *Time*, 15. August 1977.

52 Birminghham 1967, 5.

53 Siehe »The Kingdom and the Cabbage«, in: *Time*, 15. August 1977.

54 Ebd.

55 Zitiert ebd.

56 Goulden 1988, 118.

57 Siehe ebd., 119.

58 Siehe Verena Lueken, »Kein wirklicher Nachrichtenjäger«, in: *Frankfurter Allgemeine Zeitung*, 5. Februar 1996.

59 Goulden 1988, 120.

60 Ebd., 120.

61 Ebd., 121.

62 Ebd., 122.

63 Ebd., 126.

64 »Arthur Ochs Sulzberger Passes Post of *Times* Publisher to Son, Arthur Jr.«, in: *The New York Times*, 17. Januar 1992.

65 »The Kingdom and the Cabbage«, in: *Time*, 15. August 1977.

66 Fisher / Merrill 1980, 226.
67 Goulden 1988, 123.
68 Siehe ebd., 122 und 129.
69 Talese 1971, 338.
70 Siehe Goulden 1988, 129.
71 Siehe *The New York Times*,
    2. September 1964.
72 Talese 1971, 341.
73 Goulden 1988, 49.
74 Ebd., 49f.
75 Ebd., 49f.
76 Ebd., 128.
77 Salisbury 1980, 91.
78 »The Kingdom and the Cab-
    bage«, in: *Time*, 5. August 1977.
79 Siehe Hamill, 1985.
80 Alterman 1992, 74.
81 Siehe ebd., 137.
82 Judith Michaelson, »He Found
    it Fit to Print«, in: *New York
    Post*, 19. Juni 1971.
83 Zitiert in »The Kingdom and
    the Cabbage«, in: *Time*, 15. Au-
    gust 1977.

Chefredakteur A. M. Rosenthal

 1 Zitiert in Goulden 1988, 206.
 2 Ebd., Buchumschlag.
 3 Hamill, 1. Oktober 1985.
 4 Ebd.
 5 Ebd.
 6 Talese 1971, 325.
 7 Siehe ebd., 357.
 8 Goulden 1988, 83.
 9 Ebd., 84.
10 Zitiert in Talese 1971, 514; Goul-
    den 1988, 157.
11 Goulden 1988, 157.
12 Ebd., 159.
13 Zitiert ebd., 206.
14 Hamill, 1. Oktober 1985.
15 Goulden 1988, 458.
16 Siehe ebd., 458.
17 Stand 1994.
18 Sigal 1973, 16.
19 Goulden 1988, 152.
20 Sigal 1973, 19.
21 »Behind the Profit Squeeze at
    the *New York Times*«, in: *Bu-
    siness Week*, 30. August 1976.
22 Ebd.
23 Goulden 1988, 347.
24 Ebd., 346.
25 Ebd., 88.
26 Ebd., 89.
27 Siehe ebd., 230.
28 Ebd., 230.
29 Siehe ebd., 231.
30 Zitiert ebd., 231.
31 Ebd., 92.
32 »South of Houston Street«
33 Goulden 1988, 248f.
34 Siehe ebd., 232.
35 Zitiert ebd., 95.
36 Siehe ebd., 248.
37 Randolph, 7. Januar 1986.
38 Talese 1971, 358.
39 Siehe ebd., 359.
40 Siehe »The Kingdom and the
    Cabbage«, in: *Time*, 15. August
    1977.
41 Siehe Goulden 1988, 151.
42 Talese 1971, 476.
43 Siehe Rivers 1967, 72.
44 *Der Spiegel* 50 / 1995 (Perso-
    nalien). Siehe auch *The New
    York Times*, 8. Dezember 1995.
45 Talese 1971, 496.
46 Ebd., 495.
47 Ebd., 500.
48 Ebd., 504.
49 Ebd., 506.

50 Siehe Goulden 1988, 300.
51 Siehe »The Kingdom and the Cabbage«, in: *Time*, 15. August 1977.
52 Goulden 1988, 301.
53 Ebd., 301.
54 Siehe ebd., 316.
55 »A major change in Washington was Rosenthal's insistence that the *Times* no longer attempt to be a ›paper of record‹ for everything that happenend in town« (Goulden 1988, 316).
56 Porter 1988.
57 Goulden 1988, 319.
58 Rice 1982, XIII.
59 Siehe ebd., XIII.
60 Alterman 1992, 132; Hynds 1975, 267.
61 Siehe Goulden 1988, 206.
62 Ebd., 210.
63 »Behind the Profit Squeeze at the *New York Times*«, in: *Business Week*, 30. August 1976.
64 Goulden 1988, 215.
65 Siehe ebd.
66 Siehe Hamill, 1. Oktober 1985.
67 Ebd.
68 Ebd. Vgl. Goulden 1988, 209.
69 *The New York Times*, zitiert in Porter, 1988.
70 Eine ausführliche Beschreibung der Vorgänge um Schanberg und Rosenthal findet sich bei Alterman 1992, 143 ff.
71 Zur näheren Beschreibung der erwähnten Kolumnisten siehe Alterman 1992.
72 Cockburn, 25. Oktober 1986.
73 Siehe *Time*, 20. Oktober 1986.
74 Goulden 1988, 456.
75 Ebd., 444.
76 Diamond, 10. August 1987: »In the tradition of Our Crowd and Reform Judaism, the *Times* needed to go about its business in a quieter, less visible manner, and the rule of the iron fist in the newsroom had to end.«
77 Ders., 27. Oktober 1986.
78 Siehe Goulden 1988, 23.
79 Ebd.
80 »A. M. Rosenthal Leaving Executive Editor's Post At *The Times*, and Max Frankel Is His Successor«, in: *The New York Times*, 12. Oktober 1986.
81 Cockburn, 27. Oktober 1986.
82 Diamond, 10. August 1987.
83 Siehe Goulden 1988, 444.
84 Zoglin, 20. Oktober 1986.
85 Porter 1988.
86 Siehe ebd.
87 Ebd.
88 Salisbury 1980.
89 »A. M. Rosenthal Leaving Executive Editor's Post At The *Times*, and Max Frankel Is His Successor«, in: *The New York Times*, 12. Oktober 1986.
90 Siehe Diamond, 27. Oktober 1986.
91 »Shuffle at The Top of *N. Y. Times*«, in: *The Washington Post*, 8. April 1994.

Werbung und Wirtschaft

1 Lee / Solomon 1990, 99.
2 Bagdikian 1983, 136.
3 Goulden 1988, 14.
4 Siehe ebd., 15.
5 Siehe ebd., 224.

6 Randolph, 7. Januar 1986.

7 Goulden 1988, 224.

8 »The Kingdom and the Cabbage«, in: *Time*, 15. August 1977.

9 Goulden 1988, 227.

10 *More than Just the News*.

11 Porter 1988.

12 Siehe Lee / Solomon 1990, 200.

13 Zitiert in Naureckas 1990.

14 »Behind the Profit Squeeze at the *New York Times*«, in: *Business Week*, 30. August 1976.

15 Siehe Bogart 1981, 260.

16 Schudson 1984, Introduction.

17 Zitiert ebd.

18 Walker 1982, 230.

19 Siehe Schudson 1984, 109.

20 Randolph, 7. Januar 1986. Siehe auch Goulden 1988, 228.

21 Siehe Schudson 1978, 107.

22 Siehe Goulden 1988, 228f.

23 »The Kingdom and the Cabbage«, in: *Time*, 15. August 1977.

24 Diamond, 10. August 1987.

25 Lee / Solomon 1990, 63.

26 Siehe »Behind the Profit Squeeze at the *New York Times*«, in: *Business Week*, 30. August 1976.

27 Siehe Lee / Solomon 1990, 63.

28 Ebd. 1990, 65.

29 Siehe Bagdikian 1983, 139.

30 Siehe »Behind the Profit Squeeze at the *New York Times*«, in: *Business Week*, 30. August 1976; Bagdikian 1983,164f.

31 Bagdikian 1983, 165.

32 Randolph, 7. Januar 1986.

33 Siehe Chomsky 1988, 6.

34 Ruß-Mohl 1992, 26.

35 Bagdikian 1983, 139.

36 Chomsky 1988, 7.

37 Sigal 1973, 8.

38 Bagdikian 1983, XV.

39 Eine Aufzählung sämtlicher der New York Times Company angegliederter Unternehmen befindet sich in: Elfenbein 1996, 108ff.

40 Siehe Henwood 1989.

41 Siehe Hertsgaard 1988, 77; Chomsky 1988, 8.

42 Siehe Domhoff, 1980, 233ff.

43 Ebd., 237.

44 Chomsky 1988, 10.

45 Bagdikian 1983, 25f.

46 Lee / Solomon 1990, 99.

47 Zur Zusammensetzung des Aufsichtsrates der New York Times Company siehe auch Henwood 1989 und Dreier / Weinberg 1979.

48 Lee / Solomon 1990, 75.

49 »Arthur Ochs Sulzberger Passes Post of *Times* Publisher to Son, Arthur Jr.«, in: *The New York Times*, 17. Januar 1992.

50 Vgl. Parenti 1986, 29.

51 Bagdikian 1983, 24.

52 Lee / Solomon 1990, 64.

53 Henwood 1989.

54 *Cover Up – What you are Not Supposed to Know about Nuclear Power*, Sag Harbour, NY 1982.

55 Siehe Grossman, 1989. Siehe auch Lee / Solomon 1990, 81f.

56 Grossman 1989.

57 Frances Cerra: *Quill*, März 1984.

58 Grossman 1989.

59 *The New York Times*, 1. März 1989.

60 Grossman 1989.

61 *The New York Times*, 28. März 1989.

62 Grossman 1989.

63 Ebd.

64 Parenti 1986, 67. Siehe auch Bagdikian 1983, 27: »These corporations need newspapers, magazines, and broadcasting not just to sell their goods but to maintain their economic and political influence. The media are no longer neutral agents of the merchants but essential gears in the machinery of corporate giantism.«

65 Lee/Solomon 1990, 66.

66 Memorandum von FAIR an die *New York Times*, 1990, Archiv FAIR.

67 Parenti 1986, 69f.

68 Ebd. 70.

69 Siehe *Extra!*, Juli/August 1993, 21.

70 Siehe *Extra! Update*, Oktober 1993.

Die Macht der Auswahl

1 Zitiert in Aronson 1990, 312.

2 Zitiert in Hertsgaard 1988, 259.

3 Ebd., 101.

4 Aronson 1990, 312.

5 Steinberg 1980, 52.

6 Zitiert in Hertsgaard 1988, 43.

7 Siehe auch Goulden 1988, 180.

8 Salisbury 1980, X.

9 Hertsgaard, 1988, 8.

10 Hertsgaard 198, 20.

11 Ebd., 3.

12 Ebd., 5.

13 Ebd., 12.

14 Zitiert ebd., 10.

15 Ebd., 39.

16 Ebd., 33.

17 Ebd., 34.

18 Brasch/Ulloth 1986, 276.

19 Hertsgaard 1988, 52.

20 Lee/Solomon 1990, 104.

21 Salisbury 1980, 284.

22 Hertsgaard 1988, 346.

23 Parenti 1986, 16.

24 Zitiert in Lee/Solomon 1990, 180.

25 Hertsgaard 1988, 150.

26 Parenti 1986, 149.

27 Siehe ebd., 152.

28 Siehe ebd., 152.

29 Ebd., 156.

30 Ebd., 158.

31 Ebd., 159.

32 Hertsgaard 1988, 6.

33 Parenti 1986, 167.

34 Hertsgaard 1988, 7.

35 Ebd.

36 »Alles unter Kontrolle«, in: *Der Spiegel* 11/1993.

37 Siehe Lee/Solomon 1990, 148.

38 *The New York Times*, 20. Januar 1989.

39 Aronson 1990, 303.

40 Zitiert in Broder 1987, 17.

41 Stephens 1979, 3.

42 Nyhan/Rivers 1973, 6.

43 Siehe Hess 1984, 49.

44 Siehe Entman/Paletz 1981, 58f.

45 Stephens 1979, 4.

46 Lewis 1979, 38.

47 Hertsgaard 1988, 109.

48 Ebd., 122f.

49 Zitiert in Stephens 1979, 8.

50 Hertsgaard 1988, 59.
51 Ebd.
52 Epstein 1975, 8.
53 »Discussion Memorandum for FAIR Meeting with Mr. Sulzberger, March 13, 1990«, Archiv FAIR.
54 »Geblendet vom Weißen Haus«, in: *Der Spiegel* 20 / 1990.
55 Siehe Lee / Solomon 1990, 17; Parenti 1986, 51.
56 Parenti 1986, 51.
57 Siehe »Geblendet vom Weißen Haus«, in: *Der Spiegel* 20 / 1990.
58 Hess 1984, 42.
59 Ebd., 43.
60 Sigal 1973, 47.
61 Zitiert in (Barry) Rubin 1977, 16.
62 Ebd.
63 Ebd., 17.
64 Hess 1984, 104.
65 Paletz / Entman 1981, 232.
66 (Barry) Rubin 1977, 26.
67 Greider 1992, 302.
68 Aronson 1990, 303.
69 Braley 1984, 571.
70 Cockburn 1984, 471.
71 Wie eine Studie des Center for Press, Politics and Public Policy an Harvards J. F. Kennedy School zeigte.
72 Lee / Solomon 1990, 111.
73 Ebd., 113.
74 Bernstein 1977.
75 Ebd.
76 Lee / Solomon 1990, 116.
77 Bernstein 1977.
78 Ebd.
79 Zitiert in Lee / Solomon 1990, 116.
80 Sigal 1973, 60.
81 Ebd.
82 Bernstein 1977.
83 Ebd.
84 Ebd.
85 Zitiert in Salisbury 1980, 561.
86 Aronson 1990, 317.
87 Zitiert ebd.
88 Zitiert in Salisbury 1980, 561.
89 Bernstein 1977.
90 Ebd.
91 Ebd.
92 Ebd.
93 Siehe beispielsweise Parenti 1986, 56 f.
94 Ebd., 233. Siehe auch Stockwell, *In Search of the Enemies*, New York, 1978, 195.
95 Siehe Hertsgaard 1988, 188.
96 Ebd., 189.
97 Zitiert ebd., 190.
98 Zitiert ebd., 191.
99 Zitiert in Parenti 1986, 57. Siehe auch Millman, »How the Press Distorts the News from Central America«, in: *Progressive*, Oktober 1985.
100 Hertsgaard 1988, 202.
101 Siehe Parry, 1995.
102 Hertsgaard 1988, 199.
103 Ebd., 200.
104 Ebd., 197.
105 Siehe Parenti 1986, 234.
106 Walter Pincus (Washington Post Service), »CIA Has Used Newspapers as Cover for Spies«, in: *International Herald Tribune*, 17. / 18. Februar 1996.
107 Siehe beispielsweise Marten 1988, 198; Graber 1989, 330.
108 Sigal 1973, 7.

109 Siehe Laqueur 1983.

110 Siehe Bishop 1967; Fisher / Merrill 1980, 223; Marten 1988, 315.

111 Fisher / Merrill 1980, 223.

112 Siehe Sreberny-Mohammadi 1985.

113 (Barry) Rubin 1977, Vorwort.

114 Laqueur 1983.

115 Ebd.

116 »Trial for the New Germany«, in: *The International Herald Tribune*, 1. Oktober 1991.

117 Zitiert in (Barry) Rubin 1977, 42.

118 Eine detaillierte Analyse der Berichterstattung der *New York Times* und anderer ausländischer Medien über den Vereinigungsprozeß der beiden deutschen Staaten hat Ines Lehmann vorgelegt, *Von außen gesehen. Die deutsche Vereinigung in der ausländischen Presse.* Band I – Die Vereinigten Staaten, Großbritannien und Frankreich, Frankfurt am Main, 1996.

119 »East Germany Report: It's Who You Know«, in: *Lies Of Our Times*, Institute for Media Analysis, New York, Juli 1990.

120 Graber 1989, 343.

121 Siehe Lentz 1988, 84.

122 Siehe beispielsweise Lentz 1977, 47.

123 Graber 1989, 348.

124 Parenti 1986, 103 f.

125 Zitiert in Lee / Solomon 1990, 39.

126 Ebd.

127 Zitiert in Lentz 1988, 83.

128 Siehe Marten 1987, 359.

129 Zitiert in Entman / Paletz 1981, 15.

130 »Another characteristic of a successful foreign correspondent is that he learns quickly to play upon Rosenthal's emotions and prejudices. Rosenthal hates Germany« (Goulden 1988, 326).

131 Eine Auflistung der Korrespondenten der *New York Times* in Bonn und Berlin befindet sich in: Elfenbein 1996, 168.

132 Laqueur 1983, 35.

133 Martens 1987, 484.

134 Graber 1989, 335.

135 Ebd., 349.

136 Siehe »Geblendet vom Weißen Haus«, in: *Der Spiegel* 20 / 1990.

137 Greider 1992, 35.

138 Chomsky 1988, 23.

139 Siehe ebd., 24.

140 Serge Halimi, »Die ›*Think Tanks*‹ der amerikanischen Rechten«, in: *Le Monde Diplomatique / die tageszeitung*, Mai 1995.

141 Lee / Solomon 1990, 83.

142 Ebd., XVI.

143 Zitiert ebd., XV.

144 Aronson 1990, 310.

145 Chomsky 1988, 27.

146 Hiebert / Reuss 1988, 430.

147 Ebd., 432.

148 McFarland 1984, 6.

149 Entman / Paletz 1981, 138.

150 Ebd., 140.

151 Ebd., 144.

152 Chomsky 1988, 28.
153 Siehe Aronson 1990, 310.
154 Chomsky 1988, 28.
155 Siehe Parenti 1986, 8.
156 Michael Sontheimer »All the News that's fit to print«, in: *die tageszeitung*, 13. März 1993.
157 Bogart 1981, 249.
158 Goulden 1988, 291.
159 Marten 1988, 254.
160 (Bernard) Rubin 1977, 5.
161 Aronson 1990. Siehe auch Steinberg 1980, 223.
162 Rubin 1978, 30.
163 (Bernard) Rubin 1977, 6.
164 Goldstein 1985, 238.
165 Goulden 1988, 291.
166 »Questionnaire for *The New York Times* on its Central America Coverage«, in: *Extra!*, Januar / Februar 1988.
167 Dieser Briefwechsel wurde dem Autor freundlicherweise von FAIR zur Verfügung gestellt und zur Veröffentlichung freigegeben.

Schlußbemerkung

1 Braley 1984, Buchumschlag.
2 »North-East Straddle«, in: *The Economist*, 19. Juni 1993.
3 Weiss 1974, 5.
4 Braley 1984, 569.
5 Randolph, 7. Januar 1986.
6 Gans 1979, 180.
7 Dies mag auch teilweise erklären, wieso laut einer Umfrage 1992 nur noch jeder fünfte (21,3 Prozent) amerikanische Journalist eine »adversarial role«, also eine kritisch-gegnerische Einstellung, gegenüber Regierung und Verwaltung für wichtig hielt. Gegenüber der Wirtschaft war es noch nicht einmal jeder sechste (14 Prozent). Siehe Ruß-Mohl 1994, 54.
8 Aronson 1990, 302.
9 Siehe Gans 1979, 180.
10 (Barry) Rubin 1977, 40.
11 Aronson 1990, 302.
12 Siehe Braley 1984, 570.
13 Rice 1982, XXV.
14 Lee / Solomon 1990, 20.
15 Hertsgaard 1988, 314.
16 Siehe Michael Saur, »Überaus gründlich vorbereitet«, in: *Der Tagesspiegel*, 5. April 1995.
17 Laut *New York Times*, Stand 1994.
18 Braley 1984, 570.
19 Siehe Wulf Schmiese, »Die Welt wird kleiner«, in: *Der Tagesspiegel*, 22. August 1995.
20 Die in dieser Publikation angeführten Zitate sind sinngemäß ins Deutsche übertragen und teilweise gekürzt. Zur wissenschaftlichen Verwendung sollte deshalb ausschließlich auf die Zitate im englischen Original zurückgegriffen werden. Diese sind in der dieser Arbeit zugrundeliegenden wissenschaftlichen Analyse angeführt: Elfenbein 1996.
21 Aronson 1990, 313.
22 Lee / Solomon 1990, 334.

Literatur

Adams, William, »Mass Media and Public Opinion about Foreign Affairs«, in: *Political Communication and Persuasion*, 4 / 1987.

Adler, Ruth, *A Day in the Life of the New York Times*, New York, Lippincott Company, 1971.

Alterman, Eric, *Sound and Fury – The Washington Punditocracy and the Collapse of American Politics*, New York, HarperCollins, 1993.

Aronson, James, *The Press and the Cold War*, New York, Monthly Review Press, 1990.

ders., in: *The Senator Gravel Edition / The Pentagon Papers*, Vol V, Boston, Beacon Press, 1972.

Bagdikian, Ben H., *The Media Monopoly*, Boston, Beacon Press, 1983.

Becker, Lee, »Foreign Policy and Press Performance«, in: *Journalism Quarterly* 54, Summer 1977.

Bernstein, Carl, »The CIA and the Media«, in: *Rolling Stone*, New York 20. Oktober 1977.

Berry, Nicholas, *Foreign News and the Press – An Analysis of the New York Times Coverage*, New York, Greenwood Press, 1990.

Birmingham, Steve, *The Rest of Us*, Boston, Brown, 1984.

ders., *Our Crowd*, New York, Longmans, 1967.

Bishop, Michael, »An Analysis how *The New York Times* Gathers and Disseminates International News«, in: *Gazette*, Vol. 13 – 14, 1967.

Bogart, Leo, *Press and Public – Who Reads What, When, Where and Why in American Newspapers*, Hillsdale NJ, Laurence Earlbaum, 1981.

Bradlee, Ben, *A Good Life – Newspapering and other Adventures*, New York, Simon & Schuster, 1995

Braley, Russ, *Bad News – The Foreign Policy of the New York Times*, Chicago, Regnery Gateway, 1984.

Brasch, Walter und Ulloth, Dana, *The Press and the State – Sociohistorical and Contemporary Studies*, Lanham MD, University of America, 1986.

Broder, David S., *Behind the Frontpage – A Candid Look at how the News is Made*, New York, Simon & Schuster, 1987.

Business Week, »Behind the Profit Squeeze of *The New York Times*«, 30. August 1976.

Carragee, Kevin M., *News and Ideology – An Analysis of Coverage of the West German Green Party by the* New York Times, Columbia SC, Association for Education in Journalism and Mass Communication, 1991.

Chang, Tsan-Kuo, »Determinants of International News Coverage in the US-Media«, in: *Communication Research*, 1, 1987, Nr. 4.

Chomsky, Noam, *Manufacturing Consent – The Political Economy of The Mass Media*, New York, Pantheon Books, 1988.

Cockburn, Alexander, *Corruptions of Empire – Life Studies of the Reagan Era*, New York; London, Verso, 1988.

ders., »The Future of *The New York Times*; Beat the Devil«, in: *The Nation*, 25. Oktober 1986.

ders., »The Gelb Affair«, in: *The Nation*, 10. November 1984.

Cohen, Bernard, *The Public's Impact on Foreign Policy*, New York; London, University Press of America, 1983.

ders., *The Press and Foreign Policy*, Princeton NJ, Princeton University Press, 1963.

Cohen, Yoel, *Media Diplomacy – The Foreign Office in the Mass Communication Age*, London, Frank Cass, 1986.

Davis, Elmer, *History of the New York Times 1851–1921*, New York, *The New York Times*, 1921.

Diamond, Edwin, »The *Times* of Frankel«, in: *New York*, 10. August 1987.

ders., »To the Max«, in: *New York*, 27. Oktober 1986.

Dinsmore, Herman, *All the News that Fits – A Critical Analysis of the News and Editorial Content of the New York Times*, New Rochelle, Arlington House, 1969.

Domhoff, William G., *Power Structure Research*, Beverly Hills; London, Sage Publications, 1980.

ders., *The Powers That Be – Processes of Ruling Class Domination in America*, New York, Random House, 1979.

Dreier, Peter und Weinberg, Steve, »Interlocking Directorates«, in: *Columbia Journalism Review*, November / Dezember, New York 1979.

Dunnett, Peter, *The World Newspaper Industry*, New York, Croam Helm, 1988.

Editor & Publisher – International Yearbook, Editor & Publisher Company, New York 1970–1995.

Elfenbein, Stefan W., *Die veränderte Rolle der New York Times*, Frankfurt am Main; Berlin; Bern; New York; Paris; Wien, Europäische Hochschulschriften, Reihe XXXI; Politikwissenschaften, Bd. 292, Peter Lang, 1996.

Entman, Robert, *Democracy without Citizens – Media and the Decay of American Politics*, New York; Oxford, Oxford University Press, 1989.

Entman, Robert und Paletz, David, *Media, Power, Politics*, New York, Free Press, 1981.

Epstein, Edward Jay, *Between Fact and Fiction – The Problem of Journalism*, New York, Vintage Books, 1975.

Fisher, Harold und Merrill, John, *The Worlds Great Dailies – Profiles of Fifty Newspapers*, New York, Hastings House, 1980.

Franck, T. und Weisband, E., *Secrecy and Foreign Policy*, New York; Oxford, 1974.

Gans, Herbert, *Deciding What's News*, New York, Pantheon Books, 1979.

Ginsburg, Carl, *Race and Media – The Enduring Life of the Moynihan Report*, New York, Institute for Media Analysis, 1989.

Goldstein, Tom, *The News at any Cost – How Journalists Comprise their Ethics to Shape the News*, New York, Simon & Schuster, 1985.

Goulden, Joseph, *Fit to Print – Rosenthal and his Times*, New Jersey, Secaucus, 1988.

Graber, Doris, *Mass Media and American Politics*, Washington, CQ Press, 1989.

dies., *Media Power in Politics*, Washington, CQ Press, 1984.

Greider, William, *Who will Tell the People – The Betrayal of American Democracy*, New York, Simon & Schuster, 1992.

Grossman, Karl, »The Shoreham Debacle«, in: *Extra!*, Mai / Juni 1989.

Halberstam, David, *The Powers that Be*, New York, Knopf, 1979.

Hamill, Pete, »Fear and Favor at *The New York Times*«, in: *Village Voice*, 1.Oktober 1985.

Harriman, Ed, *Home Truth about Foreign News*, London NJ, Zed Books, 1987.

Henwood, Doug, »Corporate Profile: *The New York Times*«, in: *Extra!*, März / April 1989.

Herbers, John, *No Thank You, Mr. President*, New York, Norton, 1976.

Hertsgaard, Mark, *On Bended Knee – The Press and the Reagan Presidency*, New York, Farror Straus Giroux, 1988.

Hess, Stephen, *The Ultimate Insiders – US-Senators in the National Media*, Washington 1986.

ders., *The Government / Press Connection*, Washington, Brookings Institute, 1984.

Hiebert Ray E. und Reuss, Carol, *Impact of Mass Media.* New York; London, Longman, 1988.

Hynds, Ernest C., *American Newspapers in the 1980s*, New York, Hastings House, 1980.

ders., *American Newspapers in the 1970s*, New York, Hastings House, 1975.

Keogh, James, *President Nixon and the Press*, New York, Fink & Wagnalls, 1972.

Kluge, Herbert, »Die Bundesrepublik Deutschland als Objekt der Auslandsberichterstattung – die Arbeit ausländischer Korrespondenten in der Bundesrepublik«, Dissertation, Universität Münster, 1980.

Krock, Arthur, *Memoires – Sixty Years on the Firing Line*, New York, Fink & Wagnalls, 1968.

Laqueur, Walter, »Foreign News Coverage – From Bad to Worse«, in: *Washington Journalism Review*, 5, 1983.

Lee, Martin A. und Solomon, Norman, *Unreliable Sources – A Guide to Detecting Bias in News Media*, New York, Carol Publishing Group, 1990.

Lent, John, »Foreign News in American Media«, in: *Journal of Communication*, 27, 1977, Nr. 1.

Lentz, Andrea, »Aspekte des Deutschlandbildes in der amerikanischen Presse während der 2. Hälfte der sozial-liberalen Koalition 1977–1982«, Dissertation, Univ. Bonn, Fachbereich Politikwissenschaften, 1988.

Lewis, William, »The Cloning of the American Press – the Press and Foreign Policy«, in: *The Washington Quarterly*, 21 (1979), Nr. 2.

Linsky, Martin, *Impact – How the Press Affects Federal Policymaking*, New York, Norton, 1986.

Lynch, Mervin, »Editorial Treatment of India in the *New York Times*«, in: *Journalism Quarterly*, 41, 1964.

Mallinckrodt, Anita, »Medienberichterstattung über die Bundesrepublik in den USA«, in: *Politik und Zeitgeschichte*, 1984, Nr. B 29–30.

Marten, Eckhard, »Zwischen Skepsis und Bewunderung – zum Tätigkeitsprofil, Selbstverständnis und Deutschlandbild amerikanischer Auslandskorrespondenten in der Bundesrepublik Deutschland«, in: *Publizistik* 32, 1988, Nr. 1.

Meyer, Berger, *The Story of the New York Times*, New York, Simon & Schuster, 1951.

McFarland, Andrew, *Common Cause – Lobbying in the Public Interest*, Chatham NJ, Chatham House, 1984.

Morris, R., »Kissinger and the Press«, in: *Columbia Journalism Review*, Mai / Juni, New York 1974.

Naureckas, Jim, »No Hope For The Homeless at *The New York Times*«, in: *Extra!*, März / April 1990.

Naureckas, Jim, »Racism Resurgent«, in: *Extra!*, Januar / Februar 1995.

Newsweek, »It's Back to the Future«, 18. April 1994.

The New York Times Company, *All the News that's Fit to Print – Facts about the New York Times*, New York, 1991.

Nyhan, Michael und Rivers, William, *Aspen Notebook on Government and the Media*, New York, Praeger Publ., 1973.

Parenti, Michael, *Inventing Reality – The Politics of Mass Media*, New York, St. Martin's Press, 1986.

Parry, Robert, »The Rise of the Right-Wing Media Machine«, in: *Extra!*, März / April 1995.

254

Peterson, Sophia, »International News Selection by the Elite Press – A Case Study«, in: *Public Opinion Quarterly*, 45, 1981.

dies., »Foreign News-Gatekeepers and Criteria of Newsworthiness«, in: *Journalism Quarterly*, 55, 1979.

Porter, Bruce, »The ›Max‹ factor at the *New York Times*«, in: *Columbia Journalism Review*, November / Dezember 1988.

Porter, William, *Assault on the Media – The Nixon Years*, Ann Arbor, The University of Michigan Press, 1976.

Post, Henry, »Useful, using, used – Roy Cohn and the New York Press«, in: *Columbia Journalism Review*, Mai / Juni 1980.

Randolph, Eleanor, »The Rich and Troubled *Times*«, (drei Teile), in: *The Washington Post*, 7. Januar 1986.

Reston, James, *Deadline – A Memoir*, New York, Random House, 1991.

ders., *The Artillery of the Press – Its Influence on American Foreign Policy*, New York, Harper & Row, 1966.

Rice, Michael, *Reporting US-European Relations – Four Nations, Four Newspapers*, New York, Pergamon Press, 1982.

Rivers, William, *The Other Government – Power & the Washington Media*, New York, Universe, 1982.

ders., *The Adversaries – Politics and the Press*, Boston, Beacon Press, 1970.

ders., *The Opinionmakers*, Boston, Beacon Press, 1967.

Rosenthal, A. M., *The New York Times and the Pentagon Papers*, Tucson AZ, University Press, 1971.

ders., *If Everybody Screams, Nobody Hears*, New York, New York Times Company, 1969.

Rubin, Bernard, *Questioning Media Ethics*, New York, Praeger Publishers, 1978.

ders., *Media, Politics and Democracy*, New York, Oxford University Press, 1977.

Rubin, Barry, »International News and the American Media«, in: *The Washington Papers* 49, Beverly Hills; London, Sage, 1977.

Ruß-Mohl, Stefan, *Der I-Faktor – Qualitätssicherung im amerikanischen Journalismus – Modell für Europa?* Osnabrück; Zürich, Edition Interfrom, 1994.

ders., *Zeitungsumbruch – wie sich Amerikas Presse revolutioniert*, Berlin, Argon-Verlag, 1992.

Salisbury, Harrison, *A Journey of Our Times – A Memoir*, New York, Harper & Row, 1983.

ders., *Without Fear or Favor – The New York Times and its Times*, New York, Times Books, 1980.

Schiller, Dan, *Objectivity and the News – The Public and the Rise of*

Commercial Journalism, Philadelphia, University of Pennsylvania Press, 1981.

Schudson, Michael, *Advertizing, the Uneasy Persuasion – It's Dubious Impact on American Society*, New York, Basic Books, 1984.

ders., *Discovering the News – A Social History of American Newspapers*, New York, Basic Books, 1978.

Schulman, Beth, »Foundations for a Movement – How the Right Wing Subsidizes its Press«, in: *Extra!*, März / April 1995.

Schuster, Thomas, *Staat und Medien – Über die elektronische Konditionierung der Wirklichkeit*, Frankfurt am Main, Fischer Taschenbuch Verlag, 1995.

Schwarzlose, Richard, *Newspapers – A Reference Guide*, New York, Greenwood Press, 1987.

Seigel, Kalman, *Talking back to the New York Times – Letters to the New York Times*, New York, Quadrangle Books, 1972.

The Senator Gravel Edition, The Pentagon Papers, Volume V, Boston, Beacon Press, 1972.

Sheehan, Neil, *Die Pentagon Papiere – Die geheime Geschichte des Vietnamkrieges*, München; Zürich, Knaur-Verlag, 1971.

Shepard, Richard F., *The Paper's Papers – A Reporters Journey through the Archives of The New York Times*, New York, Times Books, 1996.

Sigal, Leon, *Reporters and Officials – The Organization and Politics of Newsmaking*, Lexington, Heath, 1973.

Simmons, Charles, *The Belles-Lettres-Papers*, New York, Morrow, 1987.

Smith, R. F., »On the Structure of Foreign News – A Comparison of the *New York Times* and the *Indian White Papers*«, in: *Journal of Peace Research* 6 / 1969, Nr. 1.

Der Spiegel, »Geblendet vom Weißen Haus«, Nr. 20 / 1990, S. 197 – 203.

Der Spiegel, »Nixon gängelt die Presse«, Nr. 11 / 1973, S. 80 – 84.

Der Spiegel, »Eine unermeßlich wertvolle Entscheidung«, Nr. 28 / 1971, S. 63 – 65.

Der Spiegel, »Brunnen der Geschichte«, Nr. 20 / 1968, S. 140.

Sreberny-Mohammadi, Annabelle, *Foreign News in the Media – International Reporting in 29 Countries*, Paris; New York, UNESCO Reports, Publications on Communication, 1985.

Steinberg, Charles, *The Information Establishment*, New York, Hastings House, 1980.

Stephens, Lowndes F., *Role of Mass Media in Shaping US-Foreign Policy*, Columbia SC, University of South Carolina, International Communication Division; Association for Education in Journalism, 1979.

Sulzberger-Ochs, Iphigene, *My Life and the New York Times*, New York, Times Books, 1987.

Talese, Gay, *The Kingdom and the Power*, New York, World Publ. Co., 1971.

Time, »The Kingdom and the Cabbage«, 15. August 1977 (Titelgeschichte).

Tuchman, Gaye, *Making News – A Study in the Construction of Reality*, New York, Free Press, 1978.

Ungar, Sanford J., *The Papers & the Papers – An Account of the Legal and Political Battle over the Pentagon Papers*, New York, Dutton, 1972.

Verschuren, Jef, *International News Reporting*, Amsterdam; Philadelphia, J. Benjamins Publ., 1985.

Walker, Martin, *Powers of the Press – The World's Great Newspapers*, London; Melbourn; New York, Quartet Books, 1982.

Weiss, Carol, »What America's Leaders Read«, in: *Public Opinion Quarterly*, Spring 1974.

Winski, Joseph, »Profile der 30 größten Medienunternehmen der USA«, in: *Bertelsmann Briefe*, Nr. 110, August 1982.

Zoglin, Richard, »A Power Shift within the Kingdom«, in: *Time*, 20. Oktober 1986.

Zucker, Bat-Ami, *US-Aid to Israel and its Reflection in the New York Times and the Washington Post*, Lewiston, E. Mellen Press, 1991.

Register

ABC 139, 141, 170, 179, 181, 227
Accuracy in Media (AIM) 193f.,
196, 212f., 216
Adver-torials 153, 155
Affiliated Publications 139
Afghanistan 167
Agca, Mehmet Ali 166f.
Agnew, Spiro 18, 29, 33, 35, 39,
43f., 53, 85, 103, 213
Akers, John F. 143
Alsop, Joseph 51
Alterman, Eric 114
AMAX 145
Ameribanc Incorp. 145
American Enterprise
Institute 209f.
American Express
Company 144ff.
American Express Travel Related
Services Company 145
American Legal Foundation 212
American Newspaper Publishers
Association 144, 147
The American Spectator 15
Americas Watch 221
Amnesty International 221
Anderson, James 175
Angola 177, 191
Arms Control and Disarmament
Agency 179
Aronson, James 24, 34, 41f., 48,
53, 55, 166, 170, 183, 190, 219,
227, 235
Asahi Shimbun 198
Associated Press 26, 63, 147, 156,
170, 181, 191, 203, 228f.

AT & T 145, 210
Atlantic Monthly 13

Bagdikian, Ben 10, 30, 122, 131,
134ff., 138, 140ff., 147
Baltimore Sun 197
Bankers Life of Iowa Insurance
Company 145
Bath Iron Works 153
Beamish, Rita 181
Bech, Keyes 51
Beecher, William 183
Belgrad 118
Berlin 201f., 205
Bernstein, Carl 185–189, 191
Bernstein, Ted 94
Bessemer Securities 143
Bigart, Homer 94
Birmingham, Steve 66ff., 71, 76
Black (Richter am US-
Bundesgericht) 52f.
Blackmun (Richter am US-
Bundesgericht) 52
Blass, Gregory 149
Bogart, Leo 217
Bohemian Grove 113
Bonn 181, 201ff., 205
Bonner, Raymond 192–195, 213
Bork, Robert 209
Boston Globe 50f., 139, 176, 183,
229
Braley, Russ 38f., 45, 49f., 53f.,
183, 225f., 229
Brasch, Walter 41, 163
Bristol-Meyers Squibb
Company 143, 145

Kultur & Medien

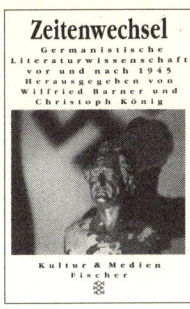  

Doris Bachmann-
Medick
Kultur als Text
Die anthropolo-
gische Wende in
der Literatur-
wissenschaft
Band 12781

Herausgegeben von
Wilfried Barner/
Christoph König
Zeitenwechsel
Germanistische
Literaturwissen-
schaft vor und
nach 1945
Band 12963

Peter Burke
Die Renaissance
Band 12289

Peter Burke
**Städtische Kultur
in Italien zwischen
Hochrenaissance
und Barock**
Eine historische
Anthropologie
Band 10331

Jerome Charyn
Movieland
Hollywood und
die große amerika-
nische Traumkultur
Band 12637

Michael Diers
Schlagbilder
Zur politischen
Ikonographie der
Bundesrepublik
Deutschland
Band 13218
(*in Vorbereitung*)

W. Stefan Elfenbein
**The New York
Times**
Macht und Mythos
eines Mediums
Band 13219

Vilém Flusser
Medienkultur
Herausgegeben von
Stefan Bollmann
Band 13386

Herausgegeben von
Frithjof Hager/
Hermann Schwengel
**Wer inszeniert
das Leben?**
Modelle
zukünftiger
Vergesellschaftung
Band 12958

Fischer Taschenbuch Verlag

fi 1713 / 4 a

Kultur & Medien

Hans Werner Henze
Wie die Englische Katze entstand
Ein Arbeitsjournal
Band 13478

Bruno Hillebrand
Theorie des Romans
Erzählstrategien der Neuzeit
Band 13300

Ursula Keller
Böser Dinge hübsche Formel
Das Wien Arthur Schnitzlers
Band 13432

Maria Kniesburges
Die Schönredner
Politischer Journalismus in der Bundesrepublik
Band 13286

Herausgegeben von Paul Michael Lützeler
Schreiben zwischen den Kulturen
Beiträge zur deutschsprachigen Gegenwartsliteratur
Band 12962

Bettina Pohle
Kunstwerk Frau
Inszenierungen von Weiblichkeit in der Moderne
Band 13296

Marcel Reich-Ranicki
Martin Walser
Aufsätze
Band 13000

Paul Virilio
Die Eroberung des Körpers
Vom Übermenschen zum überreizten Menschen
Band 12994
Rasender Stillstand
Essay. Band 13414

Sigrid Weigel
Entstellte Ähnlichkeit
Walter Benjamins theoretischer Stil
Band 12964
(*in Vorbereitung*)

Herausgegeben von Uwe Wittstock
Der Weg nach Surabaya
Zum Werk von Christoph Ransmayr
Band 13433

Fischer Taschenbuch Verlag

fi 1713 / 1 b

ZeitSchriften

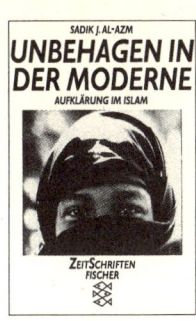

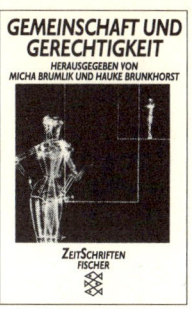

Sadik J. Al-Azm
**Unbehagen in
der Moderne**
Aufklärung
im Islam
Band 11578

Zygmunt Bauman
**Tod, Unsterblich-
keit und andere
Lebensstrategien**
Band 12326

Seyla Benhabib/
Judith Butler/
Drucilla Cornell/
Nancy Fraser
**Der Streit
um Differenz**
Feminismus und
Postmoderne in
der Gegenwart
Band 11810

J. Benjamin (Hg.)
**Unbestimmte
Grenzen**
Beiträge zur
Psychoanalyse
der Geschlechter
Band 11954

Susan Bordo
**Unerträgliches
Gewicht**
Feminismus,
Körper und Kultur
Band 12823

G. Brandstetter
Tanz-Lektüren
Körperbilder und
Raumfiguren
der Avantgarde
Band 12396

Micha Brumlik
**Schrift, Wort
und Ikone**
Wege aus dem
Verbot der Bilder
Band 12257

(Hg.) Micha Brumlik/
Hauke Brunkhorst
**Gemeinschaft und
Gerechtigkeit**
Band 11724

Hauke Brunkhorst
**Demokratie
und Differenz**
Egalitärer
Individualismus
Band 11731

Jacques Derrida
Marx' Gespenster
Band 12380

Rainer Erb (Hg.)
**Zusammen
schlagen**
Gruppengewalt und
Rechtsextremismus
Band 12956

George P. Fletcher
Loyalität
Über die Moral
von Beziehungen
Band 11953

Fischer Taschenbuch Verlag

fi 1401 / 10 a

ZeitSchriften

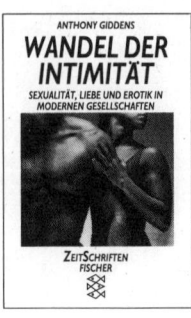

Geneviève Fraisse
**Geschlecht
und Moderne**
Archäologien der
Gleichberechtigung
Band 12616

Herausgegeben von
G. Frankenberg
**Auf der Suche
nach der gerechten
Gesellschaft**
Band 12035

Frank Früchtel u.
Christian Stahl
**Das starke
Geschlecht**
Wie Männer heute
Liebe machen
Band 13309

Anthony Giddens
**Wandel der
Intimität**
Sexualität,
Liebe und Erotik
in modernen
Gesellschaften
Band 11833

Herausgegeben von
Anselm Haverkamp
**Die Sprache
des Anderen**
Band 12783

Ulrike Heider
**Schwarzer Zorn
und weiße Angst**
Reisen durch
Afro-Amerika
Band 12344

Herausgegeben von
Friedhelm Hengs-
bach/Matthias
Möhring-Hesse
**Eure Armut
kotzt uns an!**
Solidarität in der
Krise. Band 12945

Axel Honneth
Desintegration
Bruchstücke einer
soziologischen
Zeitdiagnose
Band 12347

Lynn Hunt (Hg.)
**Die Erfindung
der Pornographie**
Obszönität und
die Ursprünge
der Moderne
Band 12479

Angela Keppler
**Wirklicher als
die Wirklichkeit?**
Das neue Realitäts-
prinzip der Fern-
sehunterhaltung
Band 12258

Gertrud Koch (Hg.)
Auge und Affekt
Wahrnehmung
und Interaktion
Band 12671

Catharine
A. MacKinnon
Nur Worte
Band 12478

Fischer Taschenbuch Verlag